하나님 중심의 복음전도

R.B. 카이퍼 지음

신현광 옮김

민영사

GOD-CENTERED EVANGELISM

A Presentation of the
Scriptural Theology of Evangelism

by
R. B. Kuiper
Professor Emeritus of Practical Theology
Westminster Theological Seminary
President Emeritus of Calvin Seminary
trans. by
Hyun Kwang Shin

Min Young Publishing Co.
Seoul, Korea

옮긴이의 글

이 책은 R. B. 카이퍼 교수의 *God-Centered Evangelism:A Presentation of the Scriptural Theology of Evangelism*(Grand Rapids, Michigan : Baker Book House, 1961)을 우리말로 옮긴 것이다.

R. B. 카이퍼는 웨스트민스터 신학교 실천신학 교수와 칼빈 신학교 학장을 역임한 분으로, 이 책에서 개혁주의적인 복음전도에 관해 명쾌한 해답을 제시해 주고 있다. 그는 복음을 전하는 자나 복음을 받는 자가 초점이 되는 인본주의적 복음전도를 배격하고, 하나님에게서 나오고, 하나님으로 말미암고, 하나님에게로 돌아가는(롬 11 : 36) 하나님 중심의 복음전도를 강조하고 있다.

이 책은 신학적인 접근을 통해 복음전도의 문제를 포괄적으로 다루고 있는데 전반부에서는 주로 복음전도의 교리적인 면을, 그리고 후반부에서는 실제적인 면을 다양하게 다루고 있다. 그는 복음전도에 있어 '신학적 지식을 갖춘 열정'을 매우 강조하고 있는데 이는 오늘날 무분별한 성과위주의 잘못된 복음전도의 실상을 잘 지적해 준 말이라고 생각된다.

R. B. 카이퍼 교수는 이 책명의 부제에서 밝힌대로 성경적 복음전도신학을 명백히 제시해 주고 있다. 이 책을 번역하면서 역자는 카이퍼 교수의 적절한 성경인용 및 명확한 해석과 적용, 그리고 그의 예리

한 통찰력에 깊은 감명을 받았다. 전도학 혹은 선교학에 관한 여러 책들 중 이처럼 마음을 설레게 한 책은 처음 대하는 것 같다. 아마 독자들도 이 책을 읽게 되면 역자와 동일한 느낌을 받게 될 것이다.

수 년 전에 교육과 전도에 관련된 과목을 강의하게 되어 이 책을 교재로 사용하였는데 학생들의 호응도가 높았다. 사실 이 책을 번역하게 된 직접적인 동기는 이 책을 통해 강의를 들었던 학생들의 간곡한 요청으로 인한 것이었다. 그리하여 역자는 무거운 부담감을 안고 성실한 번역이 되도록 힘썼다.

이 책은 1988년 가을에 처음 출판되었다가 이제 다시 정리하여 재출판하게 된 것으로 교수, 목회자, 신학생 및 주님의 지상명령(至上命令)을 기억하는 모든 분들에게 많이 읽혀지기를 바란다.

이 책이 나오기까지 격려를 아끼지 않은 여러분들과 번역을 요청했던 학생들에게 감사를 드린다. 또한 이 책의 출판을 독려해 주시고 배려해 주신 민영사 김동현 대표님과 교정으로 많이 수고해 주신 김정숙 선생님께 감사드린다.

2016년 봄

옮긴이 씀

머리말

선교(mission)와 복음전도(evangelism)는 종종 구별되어 사용되는데 선교는 주로 먼 거리에 떨어져 있는 구원받지 못한 자들에게 복음을 전하는 것으로, 복음전도는 가까이에 있는 구원받지 못한 사람들에게 복음을 전하는 것으로 인식되고 있다. **복음전도**(evangelism)라는 말을 제한된 의미로 사용하는 것은 정당화하기 어렵다. 복음전도는 한 마디로 복음을 반포(頒布)하는 것이다. 지구의 정반대편에 복음을 전하는 것도 바로 이웃집에 복음을 전하는 것과 마찬가지로 **복음전도**라고 명명(命名)할 수 있다. 이 책의 제목과 이 책 전체에서 **복음전도**라는 말은 1938년 국제선교위원회(The International Missionary Council)에 의해서 출판된 「전 세계 기독교 지도자들이 본 현대 세계의 복음전도」(*Evangelism for the World Today as Interpreted by Christian Leaders throughout the World*)라는 책에서 언급된 의미를 그대로 채용하고 있다. 즉 복음전도란 용어는 어느 곳에 있든지 **거리에 관계없이** 구원받지 못한 자들에게 복음을 전하는 것을 지칭하는 의미로 사용되고 있음을 밝혀둔다.

바빙크(J. H. Bavinck)는 그의 최근 연구서인 「선교학 개론(*An Introduction to the Science of Mission*)에서 **선교**(*missions*)를 이렇게 정의하고 있다. "선교란 교회의 활동이다—본질적으로 선교는 교회를 통해서 사역하시는 그리스도의 활동 그 이상의 어떤 것도 아니다－선교를 통해 교회는 종말(the end)이 연기된 중간기(interim period) 동안에 세상 사람들을 불러 회개하게 하고 그리스도를 믿도록 하여 그들로 하여금 그리스도의 제자가 되고 세례를 받음으로써 천국의 도래를 고대하는 자들과의 교제에 들어가게 하는 일을 한다."(62쪽) 이 정의는 "종말이 연기된 중간기"라는 표현 속에 명확히 드러나며 "천국의 도래를 고대하는 자들"이라는 구절에서도 간접적으로 나타나지만, 이러한 구절에서 나타나는 세대주의적인 어조를 제거한다면 이는 분명히 수용할 만하다. 복음전도란 선교를 포함하고 있음이 분명하다.

복음전도자(evangelist)라는 용어는 여러 가지 의미로 적절히 사용되고 있다. 앞으로 진행되는 내용 중에는 신약에서 쓰인 이 용어에 대한 연구가 포함되어 있다. 이 연구를 통해 살펴보면 엄격히 말해 신약에서 사용된 의미의 복음전도자들은 오늘날 한 사람도 없다는 사실이 나타난다. 그러나 이것이 오늘날 복음전도를 일생의 사역으로 삼는 자들에게 그 명칭(복음전도자)을 붙이지 못할 이유가 되는 것은 아니다. 사실상 모든 그리스도인은 제사장과 왕과 선지자로서의 보편적인 직분을 가지기에 복음전도자로 불리어도 좋다고 주저없이 말할 수 있다.

애석하게도 오늘날의 많은 복음전도는 인간 중심으로 되어 있다. 너무나도 자주 복음전도자가 지나치게 각광(limelight)을 받고 있다. 곧 그의 인격, 능변, 조직력, 회심시킨 자의 수, 그리고 그가 행하였다고 여겨지는 신유의 기적 등이 주목을 받고 있는 것이다. 그리고 복음화된 사람들에게 관심이 집중되기도 한다. 곧 그들의 많은 수, 가난과 질병과 부도덕으로 대변되는 가련한 처지, 구원의 복음에 대한 동경,

그리고 가장 해악한 것은 그들 안에 선이 거한다고 하며 중생이 없이도 자유의지로 구원에 이르는 믿음을 얻을 수 있다고 하는 태도이다. 그리고 일시적이든 영원하든 간에 너무 흔하게 인간의 복지가 복음전도의 유일한 목적인 것처럼 호도되고 있지 않은가!

이 책을 통해 필자는 인간 중심이 아니라 **하나님 중심의**(*God-centered*) 복음전도를 모색하고자 한다. 달리 말하자면 복음전도의 **신학**(*theology*)을 제시해 보자는 것이다. 그리고 모든 신학이 그러해야 하듯이 이 복음전도의 신학도 무오한 하나님의 말씀에 확고히 기초해야 한다. 성경은 하나님에게서 나오고, 하나님으로 말미암고, 하나님에게로 돌아가는(롬 11:36) 복음전도를 요구하고 있다. 정확히 말해서 이러한 내용의 복음전도를 이 책에서 추구해 보려는 것이다.

여러분들은 이 책에서 주장하고 있는 신학이 개혁신학임을 발견하게 될 것이다. 성경에 담겨 있는 신학만이 개혁신학이라는 것이 나의 확신이다. 그러나 나는 **개혁신학**(*Reformed theology*)을 통해서 이 신학이 다소 다양한 신학들과 구별되는 점 뿐만 아니라 이러한 신학들과 더불어 공통적으로 가지고 있는 점에 대한 이해가 있길 바란다. 예를 들면, 개혁신학은 소위 칼빈주의 5대 강령, 곧 전적 타락(全的 墮落), 무조건적 선택(無條件的 選擇), 제한 속죄(制限 贖罪), 불가항력적 은혜(不可抗力的 恩惠) 및 성도의 궁극적 견인(窮極的 堅忍)과 더불어 삼위일체(三位一體)의 교리, 그리스도의 신성(神性)의 교리 및 대속(代贖)의 교리 등을 포함하고 있다. 나는 개혁신앙이 가장 순수하고 가장 포괄적인 기독교 신학이라 생각한다. 개혁신앙은 철저히 성경에 기초하고 있는 것이 특징이다. 개혁신앙의 영광은 이 신앙이 "하나님의 뜻을 다”(행 20:27) 포함하고 있다는 점이다.

수 년 동안 사역자 양성을 위한 과정에서 “기독교 선교의 원리”(Principles of Christian Missions)와 “환경적 복음전도”(Environmental Evangelism)라는 두 과목을 학생들에게 가르칠 수 있었던 것은 나에게 주어진 특권이었다. 이 책은 그 두 과목 중 하나의 재판(reproduction)이 아니라 두 과목의 핵심을 제시한 것이라 할 수 있다.

이 책의 성경인용은 달리 지적해 놓은 부분을 제외하고는 모두 흠정역(Authorized King James Version)임을 밝힌다. 또한 개정표준역(Revised Standard Version)에서 인용할 수 있도록 허락해준 미국의 전국기독교회협의회(the National Council of the Churches of Christ)의 기독교교육국(the Division of Christian Education)에 감사를 드린다. 또 1961년 세계연감(World Almanac)에서 몇몇 자료를 인용할 수 있도록 해 준 뉴욕전보사(the New York Telegram and the Sun)와 앞서 언급한 **선교**(*missions*)의 정의를 인용할 수 있도록 허락해 준 필라델피아의 장로교 개혁주의 출판사(the Presbyterian and Reformed Publishing Company)에 사의를 표한다.

R. B. 카이퍼

차례

제1장

복음전도의 창시자 하나님

복음전도의 창시자 삼위일체 하나님

복음전도는 영원 속에 그 근원이 있다. 신학자들은 삼위신격(三位神格)으로 말미암아 영원 전부터 이루어진 pactum salutis란 용어를 사용한다. 이는 **구속의 언약**(covenant of redemption) 혹은 **구속협약**(council of redemption)으로 번역될 수 있다. 필자는 후자를 더 좋아하는데, 그 이유는 **언약**(covenant)이란 용어가 일반적으로 신학에서 하나님이 역사의 흐름 가운데 인간과 맺으신 약속이기 때문이다. 사실상 성부와 성자와 성령 하나님께서는 창세 전에 함께 죄인들의 구원을 계획하셨다.

그 계획에 있어 성부 하나님은 세상을 구속하시기 위하여 그의 아들을 세상에 보내셨으며, 성자 하나님은 구원을 이루시기 위해 자원하여 이 세상에 오셔서 죽기까지 순종하셨으며, 또한 성령 하나님은 죄인들에게 새롭게 되는 은혜를 주심으로써 그들에게 구원을 적용시키셨다.

성경은 이 구속협약의 실재(reality)를 명백히 가르치고 있다. 특히 요한의 기록들을 보게 되면 성부 하나님께서 성자를 보내셨다고 거듭 언급하고 있다. “사랑은 여기 있으니 우리가 하나님을 사랑한 것이 아니요 오직 하나님이 우리를 사랑하사 우리 죄를 위하여 화목제로 그 아들을 보내셨음이니라”(요일 4:10). 그리스도께서는 성부 하나님께서 자신에게 주신 사명에 관해 말씀하셨다. 예를 들어, 그의 지상에서의 사명이 끝날 무렵, 그는 아버지에게 말씀하시기를 “아버지께서 내게 하라고 주신 일을 내가 이루어 아버지를 이 세상에서 영화롭게 하셨사오니”(요 17:4)라고 하셨다. 또 다른 구절 이사야 53장 12절은 아들이 성취한 일에 있어, 아버지가 아들에게 주실 보상(reward)에 대해 언급하고 있다. “이러므로 내가 그로 존귀한 자와 함께 분깃을 얻게 하며 강한 자와 함께 탈취한 것을 나누게 하리니 이는 그가 자기 영혼을 버려 사망에 이르게 하며 범죄자 중 하나로 헤아림을 입었음이라. 그러나 실상은 그가 많은 사람의 죄를 지며 범죄자를 위하여 기도하였느니라.” 또한 성령은 아버지와 아들에 의해 보내심을 받았다고 하는 점을 성경이 분명하게 가르쳐 주고 있다. 예수님께서 제자들에게 성령에 관해 약속하실 때 “아버지께서 내 이름으로 보내실 성령”(요 14:26)이라고 말씀하셨다. 그리고 그는 “내가 아버지께로서 너희에게 보낼 보혜사(保惠師)”(요 15:26)라고 삼위일체 하나님의 제3위이신 성령을 말씀하셨다.

요약해서 말하자면 창세 전에 삼위일체 하나님께서 상호간의 역할을 수행하심으로써 구원계획을 마련하셨는데, 성부 하나님은 보내시는 자(Sender)와 주역(Principal)으로서, 성자는 보냄을 받는 자(Sent)와 중보자(Mediator)와 보내시는 자(Sender)로서, 성령은 보냄을 받은 자(Sent)와 적용시키시는 자(Applier)로서의 역할을 담당하셨다.

따라서 삼위일체 하나님은 구원의 창시자이시다. 그리고 그는 이 영원한 구원계획을 세우시고 복음 안에서 그 사실을 계시하셔서 복음을 구원의 필수불가결한 수단으로 삼으셨으므로 삼위일체의 하나님이 복음전도의 창시자이심은 너무나 명약관화한 사실이다.

복음전도의 창시자 성부 하나님

성부 하나님은 복음전도의 창시자이시다.

그는 영원부터 복음전도를 계획하셨다. 또한 영원부터 그는 죄인들을 구원하시기 위해 아들을 보내시고 이 아들로 하여금 저주받은 십자가 상에서 죽기까지 복종하심으로 아버지 앞에 죄인들의 죄의 댓가를 치루도록 하시어 그 보상으로 죄인들의 영생을 마련토록 하시었다.

성부 하나님은 옛 선지자들에게 영감을 주어 육신으로 오시는 하나님의 아들을 예언하게 하셨고 그 아들이 고난을 받고 자기 영광에 들어갈 것을 미리 예언하도록 하셨다(눅 24:26). 선지자 이사야를 통해서 성부 하나님은 복음의 보편적인 초대, 즉 “땅끝의 모든 백성들아 나를 앙망하라 그리하면 구원을 얻으리라 나는 하나님이라 다른 이가 없음이니라”(사 45:22)는 말씀에 이어 고난받는 ‘여호와의 종, servant of Jehovah’(사 53)을 말씀하셨다. 그리고 “물이 바다를 덮음 같이 여호와를 아는 지식이 세상에 충만할 것임이니라”(사 11 : 9)고 영광의 날을 예언하셨다.

성부 하나님은 그의 아들이 갈보리 십자가상에서의 구원을 위한 희생의 제물이 될 것을 예표하시기 위해 구약에서 피 있는 제사를 제정하셨다.

성부 하나님이 “때가 차매 그 아들을 보내사 여자에게서 나게 하시고 율법 아래 나게 하신 것은 율법 아래 있는 자들을 속량하시고 우리로 아들의 명분을 얻게 하려”(갈 4:4, 5)하신 것이었다.

참 하나님이시며 참 사람이신 성자의 공적 사역 초기에 성부 하나님께서는 성령이 비둘기같은 형체로 그에게 임하게 하셔서(눅 3:22), 아들에게 중보의 사역을 부여하셨다. 성부 하나님은 “가난한 자에게 복음을, 마음 상한 자에게 고치심을, 포로된 자에게 자유를, 눈먼 자에게 다시 보게 함을 전파하며, 눌린 자를 자유케 하고 주의 은혜의 해를 전파하게 하시려고”(눅 4:18, 19) 그에게 기름을 부으셨다.

성부 하나님이 독생자를 주셔서 십자가에 달려 돌아가게 하신 것은 누구든지 그를 믿는 자는 멸망치 않고 영생을 얻게 하려 하심이었다(요 3:16).

성부 하나님은 인류의 모든 죄에 대해 거룩하고 공의로우신 하나님의 진노의 무거운 짐을 지시는 그의 아들을 뒷받침하시었다. 그리하여 아들은 하나님의 섭리 안에서 고통스런 지옥의 고뇌 가운데 아버지를 “나의 하나님”(마 27 : 46)이라고 부르시면서 십자가에 매달리셨던 것이다.

성부 하나님은 아들을 죽음에서 살리심으로 아들이 완성한 사역에 대해 보증의 인을 치셨다. 왜냐 하면 그가 우리 범죄함을 위하여 내어

줌이 되고 또한 우리를 의롭다 하심을 위하여 살아나셨기 때문이다(롬 4:25).

그 아들이 "십자가에 죽기까지 복종하셨기" 때문에 성부 하나님께서 "그를 지극히 높여 모든 이름 위에 뛰어난 이름을 주사 하늘에 있는 자들과 땅에 있는 자들과 땅 아래 있는 자들로 모든 입으로 예수 그리스도를 주라 시인하여 하나님 아버지께 영광을 돌리게"(빌 2:8-11) 하신 것이다.

오순절 날에 성부 하나님께서는 "예루살렘과 온 유대와 사마리아와 땅끝까지 이르러"(행 1:8) 그리스도의 사건을 증거케 하도록 교회에 성령의 능력을 부여하셨다.

복음전도의 창시자 성자 하나님

성자 하나님은 복음의 창시자이시다.

그는 "근본 하나님의 본체이시나 하나님과 동등됨을 취할 것을 여기지 아니하고 오히려 자기를 비어 종의 형체를 가져 사람들과 같이 되셨는데"(빌 2:6, 7), 이는 아버지께서 자기에게 맡기신 구원의 사역을 완성하기 위함이었다. 그가 세상에 오셨을 때 "하나님이여 보시옵소서(두루마리 책에 나를 가리켜 기록한 것과 같이) 하나님의 뜻을 행하러 왔나이다"(히 10:7)라고 말씀하셨다.

그는 "죽기까지 복종하셨으니 곧 십자가에 죽으셨다"(빌 2:8). 이와 같이 저주된 자의 죽음을 대신함으로 그는 율법책에 기록된 대로 온갖 일을 항상 행하지 아니하는 자들을 하나님의 저주로부터 대속하셨다(갈 3:10, 13). 이렇게 하심으로 그는 복음의 핵심이 되셨다. “세상 죄를 지고 가는 하나님의 어린 양”(요 1:29)으로서 그는 복음의 내용을 만드신 것이다.

그는 옛 선지자들을 통하여 자신의 대속적인 죽음을 기다리게 하는 복음을 선포하셨다. 그들은 다만 그의 대변자였을 뿐이다. 노아의 시대에 방주를 예비하는 동안 하나님께서 오래 참으시고 기다리실 때에 순종치 아니하던 자들에게 가서 복음을 전파하신 분이 바로 성자 하나님이셨다(벧전 3:18-20). 옛 선지자들이 “임할 은혜를 예언하던” 때와 “그 받으실 고난과 후에 얻으실 영광을 미리 증거하신” 분은 바로 그들 속에 계시던 “그리스도의 영”이셨다(벧전 1:10, 11).

그는 육신의 몸으로 계시는 동안 하나님 나라의 복음(마 13장)과 탕자에 대한 하나님 아버지의 사랑의 복음(눅 15:11-24)과 이미 옛적에 약속된 우주적이고 영원한 나라의 왕이신 ‘인자’의 복음을 선포하셨다(단 7:13, 14). 그리고 그는 ‘잃어버린 자를 찾아 구원하러’ 오셨는데 심지어 사회의 최하층의 가치없게 여겨졌던 세리와 죄인들까지도 구원하러 오셨다. 그리고 그가 열 두 제자들을 복음전파를 위해 보내시면서 그들에게 “이스라엘 집의 잃어버린 양”(마 10:6)에게로 가라고 그들의 복음전도 사역을 정하여 주셨으며, 그 자신은 사마리아인들에게 복음을 전파하셨다(요 4장).

그가 죽으신 후 다시 살아나셔서 새로운 은혜시대에 들어가신 후, 그는 사도들과 전 세기에 걸친 교회에 다음의 명령을 주셨다. 그는 “하늘과 땅의 모든 권세를 내게 주셨으니 그러므로 너희는 가서 모든 족속으로 제자를 삼아 아버지와 아들과 성령의 이름으로 세례를 주고 내가 너희에게 분부한 모든 것을 지키게 하라"고 하시면서 그같은 위대한(colossal) 과업을 수행하는 자들을 격려하기 위해 다음의 말씀을 덧붙이셨다. "볼지어다. 내가 세상 끝날 때까지 너희와 항상 함께 있으리라"(마 28:18-20).

그리고 다메섹 도상에서 다소 사람 사울을 거꾸러뜨리시고 교회를 핍박하던 그를 변화시켜 온 시대에 걸쳐 가장 위대한 기독교 선교사로 바꾸어 놓으신 분이 바로 하나님의 아들이셨다. 주님은 그를 가리켜 "그는 내 이름을 이방인과 임금들과 이스라엘 자손들 앞에 전하기 위하여 택한 나의 그릇이라"(행 9:15)고 말씀하셨다.

오순절 날에 성령께서 강림하시어 말하는 자와 듣는 자 모두에게 능력으로 역사하셨다. 제자들은 이제 땅끝까지 이르러 그리스도의 증인이 되기 위한 능력을 부여받은 것이다. 이 날에 말씀 듣던 자들 중 3천명이 회개하고 세례를 받았다. 그 교회를 위하여 성령을 보내어 주시고, 계속하여 교회에 성령으로 충만케 부어주시는 분은 바로 하나님의 아들이시다. 베드로는 오순절 날에 그의 설교에서 다음과 같이 말했다. "하나님이 오른손으로 예수를 높이시매 그가 약속하신 성령을 아버지께 받아서 너희 보고 듣는 이것을 부어주셨느니라"(행 2:33).

오늘날도 모든 복음전파자들은 그리스도의 이름으로 외친다. 아니, 오히려 그리스도께서 복음전파자들을 그의 전권대사로 삼으셔서 복음을 전파하신다고 함이 더 좋을 것이다. 모든 복음전도자들은 바울처럼 "우리가 그리스도를 대신하여 간구하노니 너희는 하나님과 화목하라"(고후 5:20)고 말할 수 있다.

진실로 "하나님의 아들은 이 세상의 처음부터 끝날 때까지 모든 인류 가운데서 영원한 생명을 주시고자 선택한 교회를 성령과 말씀으로 말미암아 믿음 안에서 하나가 되도록 모으시고 보호하시고 존속시키신다"(하이델베르그 요리문답, 주의 날 21장, 문답 54항).

결론적으로, 하나님의 아들은 선교사, 복음전도자로 알려진 계층의 사람들의 머리가 되실 뿐 아니라 또한 그 스스로 이러한 계층에 계시는 선교사이시요 복음전도자이시다. 그는 어느 누구와도 감히 비교할 수 없는 분이시다. 그는 복음을 창시하셨으며 스스로 복음의 핵심 주제가 되신다. 그는 성령으로 말미암아 효과적으로 복음을 적용하신다. 그러나 그 자신은 복음을 필요로 하시는 분이 아니시다. 다만 복음의 모든 내용이 오직 하나님의 아들에 관하여 말하고 있을 뿐이다.

복음전도의 창시자 성령 하나님

성령 하나님은 복음전도의 창시자이시다.

옛적에 선지자들이 구세주의 탄생과 사역과 죽음, 그리고 부활을 예언하였다. 그들은 예언을 기록함에 있어 '성령의 감동하심'(벧후 1 : 21)을 입어 신약과 마찬가지로 복음이 담긴 내용으로 기록될 수 하였다.

오순절 날에 성령께서는 보잘 것 없고 무식하고 연약한 남녀들이지만 믿음을 가진 소집단에 그들의 주님이 되신 그리스도를 위해 세상을 정복하라는 위대한 과업을 수행하도록 능력을 부여해 주셨다. 성령의 능력은 바람과 불의 두 가지 큰 자연의 힘에 의해 적절하게 상징되었다. 기억해야 될 것은 이 성령의 능력이 결코 교회를 떠난 적이 없으며 앞으로도 절대로 떠나지 않을 것이라는 점이다. 왜냐하면 그리스도께서 "너희와 영원토록 함께 있게 하시도록"(요 14:16) 성령을 보내시겠다고 하셨기 때문이다. 제 2차의 오순절이 또 있다는 것은 생각할 수 없는 것이다. 오순절의 성령강림은 마치 하나님의 아들의 성육신과도 같이 유일하고 단회적인 사건이다.

성령의 능력으로 말미암아 교회는 증거하는 교회가 되었다. 겁이 많았던 베드로가 담대한 복음전도자로 변화되었을 뿐만 아니라 모든 제자들이 복음전도자가 되었다. "저희가 다 성령의 충만함을 받고 성령이 말하게 하심을 따라 다른 방언으로 말하기 시작하니라"(행 2:4).

거기에는 "천하 각국으로부터 온"(행 2:5) 사람들과 "유대인과 유대교에 들어온 사람들"(행 2:10)이 있었다. 성령이 그들의 심령에 역사하심으로써 약 3천명 가량이나 회심하는 사건이 일어났다. 이들은 세례를 받음으로써 그리스도의 교회에 들어왔으며, 그 후 수세기를 통하여 "각 족속과 방언과 백성과 나라"(계 5:9) 가운데서 교회로 모아질 풍성한 추수의 첫 열매가 되었다.

성령께서는 이 일을 수행하시기 위하여 복음전도자들을 부르셔서 그들에게 주어진 일들을 하게 하시며 또한 그들은 인도하신다. 사도시대에는 그가 특별한 계시를 통해 그들을 부르셨고 인도하셨다. 수리아에 있는 안디옥 교회에 있어서는 "성령이 가라사대 내가 불러 시키는 일을 위하여 바나바와 사울을 따로 세우라"(행 13:2)고 하셨다. 그리고 누가는 바울과 그의 동역자들이 "성령이 아시아에서 말씀을 전하지 못하게 하시고", 비두니아로 가고자 애쓰되 "예수의 영이 허락치 아니하시므로" 초자연적인 환상에 의해 그들이 마게도냐로 인도되었다고 하는 점을 언급하였다(행 16:6-9). 이제는 특별계시가 신구약 성경으로 완성되어 성령의 부르심과 인도하심이 방법상 달라졌다. 그러나 성령이 부르시고 인도하신다고 하는 사실은 마찬가지이다. 성령은 신적인 섭리와 은혜로운 감화로써 복음의 씨앗을 뿌려 추수할 자들의 심령을 부리시고 그들의 사역을 인도하신다. 예수께서는 친히 가시려는 각동(各洞) 각처(各處)로 70인을 앞서 보내시면서 "추수하는 주인에게 청하여 추수할 일군을 보내어 주소서 하라"(눅 10:1, 2)고 명하셨다. 여기에서 "주(主)는(주인은) 주의 영을"(고후 3:17) 나타낸다.

성령께서는 복음을 확장하도록 막힌 문을 열어주신다. 그는 놀라운 섭리로 이방세계의 수도인 로마로 인도하셔서 비록 죄수의 처지에 있었지만 "담대히 하나님 나라를 전파하며 주 예수 그리스도에 관한 것을 가르치되 금하는 사람이 없도록"(행 28:31) 하셨다. 그 결과로 가이사 집 사람 중 몇 명도 그리스도를 믿게 되었던 것이다(빌 4:22). 복음을 전파하는 자들은 매일 수도 있고 종종 매임을 당하기도 하지만 "하나님의 말씀은 매이지 아니한다"(딤후 2:9). 왜냐하면 하나님의 영은 매이지 않으시기 때문이다. 그리고 "왕의 마음이 여호와의 손에 있음이 마치 보(洑)의 물과 같아서 그가 임으로 인도하신다"(잠 21:1). 성령께서는 심히 악한 적들의 뜻을 돌이키게 하사 사람의 노가 변하여 도리어 그를 찬양토록 하신다(시 76:10).

거룩한 삼위일체 하나님의 제 3위 하나님이신 성령께서는 진리의 영으로 복음을 순전하게 보존하신다. 이러한 성령의 역사가 없었다면 이미 복음은 오래 전에 잃어버린 바가 되었을 것이다. 교회 자체가 복음을 파괴해 버렸을지도 모를 일이다. 교회의 역사는 복음을 훼손하고 거절한 사실로 얼룩져 있다. 그러나 오순절 날 교회에 부어진 그 성령께서 교회와 함께 하시고 교회 안에 영원토록 거하시게 되었다(요 14:16). 바로 이러한 이유로 인하여 교회가 존속되어 왔으며 또한 "진리의 기둥과 터"(딤전 3:15)로서 존속될 것이다. 마지막 날이 이르기까지 참된 복음을 전하는 진실한 신자들의 집단이 있을 것이다.

오순절 날에 예루살렘에서 베드로가 선포하는 복음을 영접한 많은 사람들 중에 사도들의 능변으로 인하여 회심한 사람은 단 한 사람도 없다. 그리고 중생하지 못한 자기 자신의 의지를 행사하여 회심된 사람도 결단코 없었다. 말씀을 영접한 모든 사람은 그들 가운데 역사하신 성령의 불가항력적인 은혜로 말미암아 영접하게 된 것이다. 마찬가지로 빌립보에서 루디아가 바울의 말을 청종하게 된 것도 주께서 그 마음을 열어 주셨기 때문이다(행 16:14). 주께서 그의 영의 역사를 통하여 그렇게 하신 것이다. 전 역사를 통해 볼 때 기독교인이 된 진정한 회심자들은 성령 하나님의 중생케 하시는 은혜와 동일한 성령에 의한 복음의 효과적인 적용으로 인하여 회심하게 된 것이다. "성령으로 아니하고는 누구든지 예수를 주라 시인할 수 없느니라"(고전 12:3). "이는 힘으로 되지 아니하며 능으로도 되지 아니하고 오직 나의 신으로 되느니라"(슥 4:6).

성부, 성자, 성령의 삼위일체 하나님은 구원의 창시자이시며 또한 구원의 복음의 창시자이시다. 따라서 하나님은 참으로 복음전도를 창시하신 분이시다.

제2장

하나님의 무한한 사랑과 복음전도

"하나님이 세상을 이처럼 사랑하사 독생자를 주셨으니 이는 저를 믿는 자마다 멸망치 않고 영생을 얻게 하려 하심이니라"(요 3:16). 이 성경구절은 자주 '복음의 핵심'(the heart of the evangel)으로 제시되어왔다.

주권적 사랑

요한복음 3장 16절에 사용된 **세상**(world)이란 용어는 아주 해석하기 어려운 용어이다. 이에 대하여 해석한 세 가지 제안된 내용을 보면 다음과 같다. 어떤 사람들은 세상이란 말이 하나님께서 세상을 만드실 때부터 영원한 생명에로 선택한 자들을 가리킨다고 생각한다. 또 어떤 이들은 이 용어가 이 지상에 과거에 살았던 사람들과 현재에 살고 있는 사람들, 그리고 장차 태어날 모든 사람 개개인을 포함하는 것이라고 말한다. 또 다른 사람들은 이 용어가 사람들 뿐 아니라 식물과 동물, 바다와 강, 산과 계곡, 혹성과 별들과 자연의 세력 등, 창조 전체와 관련된 것이라고 주장한다.

이러한 해석들은 심각한 반대에 직면하고 있다. 성경 어느 곳에서 **세상**(the world)이 선택된 자들과 동일시 되고 있는지 의문이다. 물론 하나님은 모든 사람들을 사랑하시나 그들 모두에게 똑같이 구원의 사랑을 베푸시지는 않는다. 그런데, 이 진리는 일반적으로 위에 언급된 두 번째 해석의 제안으로 인해 빠뜨리고 보지 못하게 되고 만다. 또한 하나님이 모든 만물을 사랑하신다고 말하는 것은 사랑의 속성에 대한 무지를 드러내는 것이다. 사랑의 속성은 그 사랑에 응답할 수 있는 대상에게만 부여될 수 있기 때문이다.

이러한 심각한 반대는 요한복음 3장 16절의 **세상**(world)이란 용어에 대한 앞의 세 가지 해석 내용에 함께 해당된다. 그 해석들은 유한한 용어로 하나님의 무한한 사랑을 측정하려 하고 있다. 선택된 자들은 아무도 능히 셀 수 없는 큰 무리이지만(계 7:9) 그 숫자도 유한한 숫자이다. 또한 인류 역사를 통해 지상에 존재하는 전 인간의 수도 유한하다는 점도 명백하다. 인간의 상상을 초월하는 거대한 우주조차도 유한하다. 다만 창조자만이 무한하시다. 이것이 바로 요한복음 3장 16절의 핵심이다. 그 이유는 부사 '이처럼' 이란 말이 지적해주고 있듯이 하나님의 사랑이 다만 크다는 것을 말하고 있을 뿐 아니라 그 사랑이 **얼마나 큰가**(how great) 하는 문제에 대해 대답을 하고 있다. 하지만 무한한 것을 유한한 말로 측정한다는 것은 전연 불가능한 일이다.

예를 들어 영원에서 10억년을 감하여 보자. 얼마나 남는가? 물론 그 나머지도 영원이다. 이는 10억년의 세월이 아무리 길지라도 영원에 비교하면 아무 것도 아님을 의미하는 것이다.

다시 예를 들어 보자. 옛날에 유행하였던 대장장이의 신체적 무용(武勇)은 천하가 다 아는 일이다. 특히 그의 팔의 근육은 놀라우리만큼 잘 발달되어 있었다. 어떤 사람이 그의 커다란 힘을 묘사하려 하여 "이 사람은 아주 힘이 강해서 그의 손바닥으로 겨자씨 하나를 잡아들 수 있다"고 말했다고 해보자. 그가 지금 무슨 말을 하고 있는 것인가? 분명히 그는 아주 어리석은 말을 하고 있는 것이다. 물론 겨자씨 하나를 들어 올리는데도 약간의 힘은 들겠으므로 전적으로 무의미한 말이라고 할 수는 없을 것이다. 그러나 누군가 무한한 하나님의 사랑은 너무나 커서 그 사랑이 유한한 우주 전체를 망라한다고 하였다면 그는 엄밀히 말해 아무런 가치없는 말을 한 것이다.

유명한 신학자 벤자민 워필드(Benjamin B. Warfield)는 「세상의 구주」(*The Savior of the World*)라는 책에 들어 있는 요한복음 3장 16절에 대한 설교에서 요한복음 3장 16절에 있어서의 "세상"(the world)이란 말은 양적으로 보다는 질적으로 취급되어야 한다고 주장하였다. 필자는 워필드의 견해가 전적으로 옳다고 생각한다. 강조되어야 할 것은 세상의 규모가 아니라 인류의 죄성인 것이다. 이 용어의 이러한 사용법이 요한의 기록에 아주 흔하게 나타나고 있음을 볼 수 있다. 그렇기 때문에 세상이 아주 커서 큰 사랑이 필요한 것이 아니라 요점은 세상이 아주 악하기 때문에 측량할 수 없는 놀라운 사랑이 필요하다는 점이다.

요한복음 3장 16절은 상상을 초월한 선포의 말씀이다. 이 말씀은 역사상 가장 위대한 이적을, 불가해(不可解)한 신비를 드러내 준다. 하나님은 거룩하셔서 스랍천사들도 하나님의 존전 앞에서 그의 지극히 거룩하심을 바라볼 수 없기 때문에 그들의 날개로 자신들의 얼굴을 가리면서 서로 창화(唱和)하여 "거룩하다 거룩하다 만군의 여호와여 그 영광이 온 땅에 충만하도다"(사 6:2, 3)라고 외쳤다. 그 하나님께서 정수리에서 발바닥까지 문둥병으로 뒤덮인 영적 문둥병을 가진 죄많은 인간들을 사랑하신다.

이제 가장 중요한 결론을 내려야 한다. 복음의 핵심에 자리잡고 있는 하나님의 사랑은 **주권적**(sovereign) 사랑이라는 사실이다. 그것은 인간적인 사랑과 같지 아니하며 하나님의 사랑은 그 대상에 의존하지 않는다. 예를 들어 한 사람이 다른 사람을 사랑한다고 하자. 그는 상대방에게서 사랑할 만한 그 무엇을 발견했기 때문에 사랑하는 것이다. 그리고 만약 상대방에게서 사랑할 만한 것을 발견치 못하는 시기가 온다면 그의 사랑은 지속되지 않을 것이다. 하나님의 사랑은 그렇지 않다. 하나님은 경멸감을 받고 혐오감을 주는 자들까지 사랑하신다. 하나님께서 그들을 사랑하시는 이유는 그들 안에 있지 아니하고 바로 하나님 자신 안에 있는 것이다. 만약 죄인들에 대한 하나님의 사랑이 어째서 하나님 안에 있는 것이냐는 질문이 주어진다면 우리 모두는 "하나님은 사랑이시라"(요일 4:8, 16)고 대답할 수 있다. 하나님은 스스로 하나님되시는 까닭에 죄인들을 사랑하신다. 하나님은 죄많은 인간들을 **주권적 사랑**으로 사랑하신다.

희생적 사랑

죄인들에 대한 하나님의 최상의 사랑은 너무나 커서 그의 독자(獨子)를 주시기에 이르렀다.

누가 그 아들에 대한 하나님의 사랑을 측량할 수 있겠는가? 그 사랑은 인간 아버지가 그의 아들을 사랑하는 최고의 사랑에 지나는 사랑이다. 인간 아버지가 그의 아들을 사랑하는 것은 당연한데 이는 그의 아들은 그의 뼈 중의 뼈요, 살 중의 살이며, 혈(血) 중의 혈이기 때문이다. 오늘날 "비이기적인 사랑"(selfless love)에 대해 자주 언급되고 있고 글도 많이 나오고 있다. 그것은 하나님과 하나님의 자녀에 속하는 것으로 생각된다. 그러나, 사실 비이기적인 사랑은 존재하지 않는다. 하나님은 자신을 사랑하신다. 하나님은 그 자신의 이름을 위하여 그 행하시는 모든 일을 하시는 것이다. 그래서 시편기자는 "우리 구원의 하나님이여 주의 이름의 영광을 위하여 우리를 도우시며 주의 이름을 위하여 우리를 건지시며 우리 죄를 사하소서"(시 79:9)라고 기도했다. 그리고 지극히 높으신 하나님께서는 "나는 여호와니 이는 내 이름이라 나는 내 영광을 다른 자에게 내 찬송을 우상에게 주지 아니하리라"(사 42:8)고 선포하셨다. 하나님의 형상을 따라 지음받은 인간은 역시 자신을 사랑한다. 그리고 하나님께서 "네 이웃을 네 몸과 같이 사랑하라"(마 19:19)고 하신 것은 이기심과 대조되는 인간의 자기사랑(self-love)을 인정하신 것이다. 성부 하나님께서 자신을 사랑하시는 까닭에 그의 아들을 사랑하신다. 인간 아버지도 역시 자기를 사랑하는 까닭에 자기의 아들을 사랑한다. 그러나 여기에서 차이점을 발견할 수 있다. 육신의 아버지는 어머니와 조부모 세대와 함께 부모의 영광을 나누어 가지는 반면 하나님은 아무와도 영광을 나누어 갖지 않으시는 분이시다. 부모의 모든 영광은 하나님 자신의 것이다. 그는 영원한 아들의 영원한 아버지이시다. 따라서 어떤 육신의 아버지가 그의 아들을 사랑하는 정도에 비교할 수 없으리만큼 하나님은 그의 아들을 더욱 사랑하신다.

누가 **독생자**에 대한 하나님의 사랑을 묘사할 수 있겠는가? 인간 아버지도 **독자**를 특히 사랑한다. 그러나 독생자에 대한 하나님의 사랑과 독자에 대한 인간 아버지의 사랑에는 커다란 차이가 있다. 물론 비교불가능한 이야기다. 조심스럽게 말하건대, 사실상 독자를 가진 아버지들 중에 어떤 아버지는 아들을 더 얻을 수도 있을 것이다. 그러나 성부 하나님께서 한 아들 외에 더 많은 아들을 갖는다는 것은 전연 생각할 수 없는 일이다. 왜냐 하면 모든 신성(divinity)의 충만함이 오직 하나님의 독생자에게서 나타나시기 때문이다. 그래서 하나님의 아들은 "나와 아버지는 하나이니라"(요 10:30)고 말씀하셨고 또 "나를 본 자는 아버지를 보았느니라"(요 14:9)고 말씀하셨다. 그렇기 때문에 하나님은 자신의 무한충만한 사랑으로 독생자를 사랑할 수 밖에 없다.

그런데도 하나님은 죄많은 인간들을 너무나 사랑하셔서 그들을 위해 자신의 사랑하는 아들을 주셨다. 아무도 이것은 그 아들이 단지 죄많은 인간에게 주어진 하나님의 선물이었다는 의미로만 생각해서는 안된다. "주셨다"(gave)라는 말 속에는 훨씬 많은 의미가 내포되어 있다. 이 말은 **포기하셨다**(surrendered), **희생시키셨다**(sacrificed)라는 의미를 가지고 있다. 지극히 낮아지고 고통과 수치를 당하며 십자가상에서 죽기까지 그 아들이 희생을 당하셨다. 말하자면 지옥의 고통만큼이나 큰 고통을 당하셨다. 십자가에 못박힌 그리스도는 하나님의 저주를 받은 것인데, 성경은 이렇게 말씀하고 있다. "나무에 달린 자마다 저주 아래 있는 자라 하였음이라"(갈 3:13). 그러므로 하나님은 그를 버리신 것이다. 그것이 곧 지옥 그 자체이다. 그가 큰 소리로 "나의 하나님, 나의 하나님 어찌하여 나를 버리셨나이까?"(마 27:46)라고 외치셨을 때, 그는 지옥의 가장 밑바닥에 계셨던 것이다.

요한복음 3장 16절은 놀랍고 이해할 수도 감지할 수도 없는 심오하고 쉽사리 믿겨지지 않는 선언이다. 이는 거룩하신 하나님이 지옥에 던져져야 마땅한 죄인들을 그렇게 최고의 사랑으로 무한히 사랑해 주셔서, 그 자신의 모든 사랑으로 사랑하시는 독생자를 기꺼이 죄인들을 대신하여 지옥에 가도록 하셨다는 말씀이다.

구원하시는 사랑

하나님의 사랑이 모든 사람을 다 구원하는 것은 아니다. 요한복음 3장 16절은 아들을 믿는 자들만이 영생을 얻을 것이라고 분명히 가르치고 있다. 이와 같은 진리가 신약 성경 전체에 아주 광범위하게 드러나 있다.

이러한 점에서 사람들은 하나님의 사랑은 무한한 것이 아니지 않은가하고 추론할지도 모른다. 그러나 그와 같은 추론은 전적으로 부당한 것이다. 왜냐 하면 그것은 앞서 논의하였듯이 무한한 것이 유한한 것에 의해 측정될 수 있다고 하는 잘못된 가정(assumption)에 기초하고 있기 때문이다. 비록 모든 사람이 구원을 받는다고 할지라도 구원받은 사람의 수는 여전히 유한할 것이다. 그러므로 유한과 무한은 비교할 수 없다는 것이 명백하다. 사실상, 단지 믿는 자들만이 구원을 받는다고 하는 사실이 더욱 더 하나님의 사랑의 무한성(the infinitude)을 잘 계시해 준다.

하나님은 전능하시므로 모든 사람을 전부 강제로 구원하실 수 있을 것이다. 그러나 하나님은 사랑이신고로 사랑으로 구원하시기로 작정하셨다. 그는 십자가에 못박힌 아들 안에서 놀라운 사랑을 보여 주셨다. 그는 복음 안에서 죄인들을 사랑으로 설득하셔서 믿음으로 아들을 영접하도록 하여 하나님의 사랑에 대해 반응하도록 하셨다. 하나님은 강제로가 아니라 사랑으로 구원하시기 때문에 믿는 자들만이 구원을 받게 된다.

하나님은 마땅한 값을 받고 구원을 주거나 아니면 완전한 삶에 대한 보상으로 구원을 주실 수 있었을는지 모른다. 그렇게 되었다면 아무도 그 값을 지불하거나 그러한 삶을 살 수 있는 사람이 없을 것이다. 하나님은 그 사랑 안에서 아들을 세상에 보내시고 그로 하여금 모든 대가를 지불하고 맡겨진 구원사역을 성취케 하셨다. 하나님께서는 이러한 공로에 근거하여 주시고자 하는 자들에게 값없이 구원을 베푸시는 것이다. 참으로 측량할 수 없는 놀라운 사랑이 아닌가!

하나님의 사랑이 참으로 크기 때문에 아무도 영원히 멸망당할 수는 없다고 사람들은 말하고 있다. 이는 성경의 명백한 가르침에 반대되는 주장이다. 또 어떤 이들은 믿는 자가 구원받는 것은 하나님의 사랑을 나타내고 믿지 않는 불신자가 저주를 받는 것은 하나님의 공의를 분명히 드러내는 것이라고 말해왔다. 그 말은 옳기는 하지만 충분한 진리를 드러내지는 못하고 있다. 불신자들은 하나님의 사랑을 거절하는 자들이다. 만약 이 사랑이 적은 것이라면 그것을 무시하는 죄는 적은 죄이겠지만 이 사랑이 큰 것이라면 그것을 거절하는 죄는 큰 죄이다. 그러나 사실 이 하나님의 사랑은 무한한 사랑이다. 그래서 이 하나님의 사랑을 거절하는 것은 무한한 죄가 된다. 하나님의 사랑이 너무 크시기 때문에 불신자는 영원한 형벌의 고통을 받을 수밖에 없다.

하나님의 아들을 믿는 **자마다** 구원받을 것이다. 비록 그의 죄가 주홍같이, 혹은 진홍같이 붉을지라도 구원얻을 것이다(사 1:18). 존경받는 시민 뿐만 아니라 살인자와 유괴범과 창기라 할지라도 믿는 자는 구원받을 것이다. 이들 중 아무도 그리스도에 대한 신앙 없이도 구원을 받을 수 있는 사람은 없다. 그를 믿기만 하면 모두 다 구원을 받을 것이다. 얼마나 무한하신 사랑인가!

하나님의 아들을 믿는 자는 모두 "영생"을 얻게 될 것이다. 그들은 하나님으로부터 받아야 할 영원한 멸망의 형벌 대신에 하나님의 무한하신 사랑으로 말미암아 하늘의 풍성한 축복과 하나님과의 교제를 누릴 수 있게 되었다. 이것은 인간의 영원한 최고선이다.

그리고 잊지 말아야 할 것은 비록 정통 기독교에서 "구원을 이루는 믿음"(saving faith)을 습관적으로 말하고 있으나 엄밀히 말해서 구원을 가져오는 것은 믿음이 아니다. 하나님께서는 성령으로 인한 사랑의 주권 안에서 다만 믿음이란 방편(instrumentality)을 통하여 구원하신다. "성령으로 아니하고는 누구든지 예수를 주시라 할 수 없느니라"(고전 12:3)고 하였기 때문이다. 죄인이 그리스도를 소유하고 구원의 유익을 얻게 하는 믿음은 하나님의 사랑의 선물이다(엡 2:8). 그리고 성경은 구원이 믿음으로 **인하여**(by), 또는 믿음으로 **말미암아**(through) 오는 것이라고 말하고 있으나, 결코 구원이 믿음 **때문에**(on account of) 오는 것이라고는 말하지 않는다. 곧 믿음이란 하나님이 베푸시는 구원을 받는 손과도 같은 것이다. 마치 거지가 자기에게 주어지는 선물을 받을 때 공로 때문에 받는 것이 아닌 것처럼 신앙은 어떤 식이 되었건 구원을 받을 공로가 되지 못한다. 그것은 하나님의 무한한 사랑에 의하여 값없이 주어지는 선물인 것이다.

보편적 사랑

비록 요한복음 3장 16절에서 세상의 규모가 아니라 세상의 죄성을 강조하며, 그 결과로 사랑의 포괄성이라기 보다는 그 사랑의 주권성을 강조하고 있다고 해서 하나님의 사랑을 덜 보편적인 것으로 추론해서는 안 될 것이다. 또한 그러한 추론이 하나님의 구원의 사랑이 모든 사람 개개인에게 다 부여되지 않는다고 해서 정당화될 수 없다. 하나님의 사랑은 참으로 보편적이며 그 보편적인 특성이 성경에 분명하게 드러나 있다.

어떤 사마리아인들이 예수님을 믿고자 나왔을 때 그들은 "그가 참으로 세상의 구주신 줄 앎이니라"(요 4:42)고 외쳤다. 그리고 어떤 헬라인들이 예수님을 만나고자 했을 때, 그는 깊은 감동을 받고 "내가 땅에서 들리면 모든 사람은 내게로 이끌겠노라"(요 12:32)고 말씀하셨다. 다른 많은 성경구절에서와 마찬가지로 이와 같은 구절에서는 그리스도가 다만 유대인의 구세주일 뿐 아니라 모든 족속과 백성들의 구세주로 묘사되고 있다. 간단히 말하자면 인류의 구세주로 묘사되고 있다는 것이다. 이것은 하나의 새로운 세대의 보편성의 국면을 보여준다. 이는 하나님의 보편적인 사랑을 전제로 삼고 있다.

요한일서 2장 2절에서는 그리스도께서는 "우리의 죄를 위한 화목제물이니 우리만 위할 뿐 아니요 온 세상의 죄를 위함이라"고 말씀하고 있다. 이 말씀은 온 인간 세상, 곧 인류가 개별적으로가 아니라 집단적으로 구원받게 될 것이라는 것을 의미한다. 말하자면, 모든 개인이 구원받게 될 것이 아니고 구원받는 자들이 참 인류(true humanity)를 구성할 것이다. 새롭게 회복된 인류가 진정한 인류(real humanity)가 될 것이다. 요한복음 3장 16절에서 하나님이 구원의 사랑을 베푸시는 **인간** 세상은 **죄많은** 인간들의 세상이라는 분명한 사실을 간과하지 말기를 바란다. 이것은 보편성의 또 다른 국면이다. 이것 역시 하나님의 보편적 사랑을 전제로 삼고 있다.

이처럼 성경에 있어서 보편주의는 없어지지 않고, 오히려 더 멀리 확장되고 있다. 사랑의 하나님은 복음이 어느 곳에나 전파되어야 할 것이라고 명하셨으며, 말씀을 통해서 복음이 미치는 곳의 모든 죄인들의 구원을 바라신다는 사실을 우리에게 알려주신다. 하나님은 신구약 성경에서 이러한 점에 대해서 확실히 밝혀주고 계신다. 하나님께서는 에스겔을 통해 자신의 삶을 두고 맹세하시면서 "나의 삶을 두고 맹세하노니 악인이 그 길에서 돌이켜 떠나서 사는 것을 기뻐 하노라"(겔 33:11)고 선언하셨다. 사도 바울도 하나님은 "모든 사람이 구원을 받으며 진리를 아는데 이르기를 원하시느니라"(딤전 2:4)고 단언하였다. 베드로 사도 역시 주께서 "오직 너희를 대하여 오래 참으사 아무도 멸망치 않고 다 회개하기에 이르기를 원하시느니라"(벧후 3:9)고 확증해 주고 있다. 이러한 보편적 사랑의 말씀은 구세주의 초대의 말씀 가운데 더욱 분명하게 나타난다. "수고하고 무거운 짐진 자들아 다 내게로 오라 내가 너희를 쉬게 하리라"(마 11:28).

어느 곳에 있는 죄인들일지라도 회개하고 믿는다면 하나님께서는 그들을 구원하기를 기뻐하실 것이라는 점은 너무나 분명한 사실이다. 그러나 그것이 전부가 아니다. 무한한 사랑의 하나님은 죄인들이 회개하고 믿어 구원얻는 것을 참으로 원하신다.

제3장

하나님의 주권적 선택과 복음전도

영원 전부터 하나님은 다가올 모든 일을 미리 정하셨는데, 여기에는 인간들의 영원한 운명도 포함되어 있다. 이 운명에 관한 하나님의 섭리(decree)가 성경에서 **예정**(predestination)이라고 기록되어 있다. 성경에서 가장 두드러진 예정의 국면은 **선택**(election)으로 알려져 있다. 다른 여러 성경구절과 더불어 에베소서 1장 4~6절과 11절에서는 이 점에 대한 교훈이 잘 제시되어 있다. "곧 창세 전에 그리스도 안에서 우리를 택하사 우리로 사랑 안에서 그 앞에 거룩하고 흠이 없게 하시려고 그 기쁘신 뜻대로 우리를 예정하사 예수 그리스도로 말미암아 자기의 아들들이 되게 하셨으니 이는 그의 사랑하시는 자 안에서 우리에게 거저 주시는 바 그의 은혜의 영광을 찬미하게 하려는 것이라… 모든 일을 그 마음의 원대로 역사하시는 자의 뜻을 따라 우리가 예정을 입어 그 안에서 기업이 되었으니."

교회사에서 볼 때, 실제적으로 유럽의 모든 개혁교회가 참석했다고 볼 수 있는 1618년에서 1619년에 걸친 돌트총회(the Synod of

Dort)가 이 주제에 대해 그 기간과 하나님의 말씀에 대해 정성을 쏟은 점에 있어 그 어느 다른 회의에 있어서 보다 훌륭한 회의였다. 그 신성한 회의에서 다음과 같은 결정이 채택되었다. "선택은 하나님의 불변하시는 목적으로 창세 전에 하나님의 기쁘신 뜻을 따라 그들 자신의 허물로 말미암아 최초의 정직(正直)의 상태에서 죄와 멸망으로 타락한 모든 인류 가운데서, 하나님께서 영원 전부터 중보자로, 선택의 머리로, 구원의 기반으로 삼으신 그리스도 안에서 특정한 수의 사람들을 구원하시기로 작정하신 것이다"(돌트신경 1장 7항). 그리고 **웨스트민스터 신앙고백서** 제3장에서 이 주제에 대해 다른 어느 신경보다 잘 설명하고 있다. 웨스트민스터 신앙고백서는 모든 개혁주의 신경 가운데 가장 완벽한 최고의 신경이라고 많은 사람들에 의해 평가되고 있다.

복음전도와 일반적으로 "비밀스러운 하나님의 뜻"(the secret will of God)이라 부르는 이와 같은 국면을 관련시켜 보고자 할 때 우리는 심오한 신비를 다루고 있으며 천사들도 밟기를 두려워하는 거룩한 땅에 있으며, 또 유한한 인간이 무한하신 하나님을 이해할 수 없다는 사실을 기억해야 한다. 따라서 우리는 깨어 있어서 인간의 사색을 철저히 피하고 분명한 하나님의 말씀에 확고히 거하여야 한다는 사실을 잊지 말아야 한다.

선택에 있어서의 사랑의 주권

선택의 근거는 선택받은 사람들에게 있는 것이 아니라 하나님 자신에게 있다. 종종 말해지듯이 하나님은 어떤 사람들이 그리스도를 믿게 될지 미리 아셨기 때문에 그 사람들을 구원하시기로 택하셨다고 하는 말은 참된 말이 아니다. 참으로 하나님은 모든 일어나는 일들을 다 아시는 것처럼 그 점에 대해서도 미리 알고 계신다. 그러나 미리 아신 것이 그의 선택의 이유가 되지는 않는다. 구원에 이르는 믿음은 선택하시는 하나님께서 선택을 받은 자들에게 주시는 선물이다(엡 2:8). 그것은 선택의 근거라기 보다는 선택의 결과 중의 하나인 것이다. 성경은 하나님께서 "그 기쁘신 뜻대로"(엡 1:5) 택하셨다고 분명히 말씀해 주고 있다. 그것은 오직 하나님께서 주권적으로 선택하셨다는 것을 의미한다.

선택의 주권적인 특성은 그 선택이 무조건적이라는 사실에도 나타난다. 하나님께서 어떤 사람들에게 영생을 주시고자 택하신 것은 하나님께서 그들이 그리스도를 믿게 될 것을 미리 아셨기 때문에 택한 것이 아니다. 또한 하나님은 어떤 죄인들을 그들이 **믿는다고 하면** 구원하실 것이라고 선포하신 것도 아니다. 하나님은 구원받는 자들은 그리스도 안의 신앙으로 말미암아 구원될 것이라고 하셨다. 그러므로 바울은 데살로니가 교인들에게 "하나님이 처음부터 너희를 택하사 성령의 거룩하게 하심과 진리를 믿음으로 구원을 얻게 하심이니"(살후 2:13)라고 교훈했다. 따라서 믿음이란 선택의 조건이 아니라 선택의 결과이다. "하나님께서는 모든 가정된 조건들에 근거하여 장차 무슨 일이 일어날 수 있는가를 알고 계신다. 그렇지만 그는 그가 어떤 것을 작정하실 때, 그것이 장차 있을 것으로 예지(豫知)하셨거나, 또는 그 가정된 조건들에 근거하여 일어날 것으로 예지했기 때문에 그 어떤 것을 작정하신 것이 아니다"(웨스트민스터 신앙고백 3장 2항).

또한 주권적 선택은 그 선택의 불변성 속에 분명히 드러난다. 하나님께서는 엄숙히 선언하시기를 "나의 모략이 설 것이니 내가 나의 모든 기뻐하는 것을 이루리라"(사 46 : 10)고 하셨다. 바울은 주장하기를 "또 미리 정하신 그들을 또한 부르시고 부르신 그들을 또한 의롭다 하시고 의롭다하신 그들을 또한 영화롭게 하셨느니라"(롬 8 : 30)고 했다. 하나님의 택함을 입은 모든 자들은 분명히 하늘의 영광에 이르게 될 것이다. 웨스트민스터 신앙고백은 선택된 자들이 "이와 같이 예정되어 있기 때문에, 특별히 그리고 변치 않게 계획되어 있는 것이며, 그래서 그들의 수효는 확실하고 확정적이므로, 그것은 더하거나 뺄 수가 없다"(웨스트민스터 신앙고백 3장 4항)고 한 것은 전적으로 옳은 말이다. 돌트 총회에서도 마찬가지로 선택은 하나님의 "불변하시고 온전하신 뜻"(돌트신경 1장 2항)에 따른 것으로 바르게 설명해 주고 있다. "변함도 없으시고 회전하는 그림자도 없으신"(약 1 : 17) 하나님은 결코 자신의 작정을 변개치 않으실 것이다. 연약한 인간이 그것을 변화시킬 수 없고 사탄도 그렇게 할 수 없다.

그러나 하나님께서 어떤 사람들을 구원하시고자 선택하셨을 때 아무렇게나 멋대로(arbitrarily) 선택하셨다고 생각해서는 안 된다. 하나님이 그렇게 하시는 일이란 하나도 없다. 그가 하시는 모든 일은 스스로 계시는 하나님으로서 행하신다. 그렇다면 과연 하나님의 마음을 움직여 어떤 사람들을 영생에로 선택하게 하는 것은 무엇인가? 이 문제에 대해 하나님께서는 그의 말씀을 통해 명백히 대답해 주셨다. 하나님께서 그들을 사랑하시기 때문에 선택하신 것이다. 로마서 8장 29

절은 "하나님이 미리 아신자들로 또한 그 아들의 형상을 본받게 하기 위하여 미리 정하셨으니"라고 말씀하고 있고, 베드로전서 1장 2절은 "하나님 아버지의 미리 아심을 따라 택하심을 입은 자들"이라고 말씀하고 있다. 이 두 곳에서 나오는 **아신다**(knowledge)라고 하는 말은 성경에 매우 흔하게 사용되고 있는 함축성 있는 의미를 가진 말인데, 그 의미는 곧 **사랑**(love)이다. 따라서 **예지**(豫知, Foreknowledge)는 **영원 전부터의 사랑**(love from eternity)이다. 하나님은 택함을 받은 자들을 영원 전부터 사랑하셨다. 그래서 하나님은 영생을 주시고자 그들을 선택하신 것이다. 그리고 왜 하나님은 다른 사람들과 구별하여 어떤 사람들을 영원 전부터 구원에 이르도록 사랑하셨는가란 질문이 주어진다면 우리는 겸손히 알지 못한다고 말할 수밖에 없다. 우리는 지극히 제한된 범위 안에서 하나님을 따라 하나님의 생각을 읽을 수 있을 뿐이다. 하늘이 땅보다 높음같이 하나님의 생각은 우리의 생각보다 더 높다(사 55:8, 9). 그러나 우리가 알 것은 우리는 아무도 하나님의 사랑을 받을 가치가 없는 자들이란 점이다. 아담 안에서 범죄한 모든 인간은 죽어 영원한 멸망에 이를 수 밖에 없다. 모든 인간은 "본질상 진노의 자녀"(엡 2:3)였다. 만약 하나님께서 모든 사람이 영원히 멸망하도록 내버려두셨다고 할지라도 인간은 자신들의 마땅한 댓가를 받는 것이고 아무도 불평할 수 없다. 이러한 이유로 인해 하나님이 어떤 사람들만 택하시고 다른 이들은 버리시는 예정의 경륜에 대해 어떤 이들이 불평한다고 하는 것은 말할 수 없는 무례가 되는 것이다. 사도는 이 점에 대해 호된 말씀으로 지적해 준다. "이 사람아 네가 뉘기에 감히 하나님을 힐문(詰問)하느뇨 지음을 받은 물건이 지은 자에게 어찌 나를 이같이 만들었냐 말하겠느뇨 토기장이가 진흙 한 덩이로 하나는 귀(貴)히 쓸 그릇을, 하나는 천(賤)히 쓸 그릇을 만드는 권(權)이 없느냐"(롬 9:20, 21). 우리는 마땅히 지옥에 던져질 죄인들을 공의로 다스리시는 하나님에게서 잘못을 발견하려는 어리석음에 처할 것이 아니라 마땅히 심판받아야 할 자들에게 영원하고 은혜로우신 구원의 사랑을 베풀어 주심에 대해 하나님을 찬양해야 한다.

신자들은 하나님께서 **그리스도 안에서** 택한 자들이다(엡 1:4). 이 구절의 정확한 의미에 대해서는 신학자들간에 많은 논의가 있어 왔다. 이제까지 몇 가지 결론이 내려졌다고 볼 수 있다. 그런데 명백히 배제되어야 할 사상은 하나님께서 그리스도와 관련없이 어떤 죄인들을 구원하기로 선택하셨고 그 후에 그리스도를 통하여 그들의 구원을 성취하도록 계획하셨다는 사상이다. 그러한 사상은 선택의 섭리를 수행함에 있어 그리스도를 단지 수단으로 여긴다. 우리는 선택받은 자들이 그리스도를 통하여 구원에로 선택된 것이 아니라 그리스도 안에서 구원에로 선택되었다고 말해야 한다. **그리스도 안에서**(in Christ)라는 구절은 달리 말하자면 하나님과 죄인들 사이의 중보자인 그리스도께서 하나님이 어떤 죄인들에게 영생을 주시도록 권유하였다는 사실을 의미하지 않는다는 것이 명백하다. 그러한 잘못된 해석은 하나님께서 죄인들을 사랑하심으로 그의 아들을 세상에 보내셔서 중보사역을 감당케 하셨다는 요한복음 3장 16절 말씀과 대조된다. 하나님께서 그리스도 안에서 그의 백성을 택한 것은 많은 의미가 있긴 하지만, 그 중에는 선택의 경륜에 있어서 하나님은 그들을 그의 사랑하시는 아들 그리스도 안에 있는 자들로 보셨다는 것을 의미하고 있음이 틀림

없다. 한마디로 말하면 하나님은 자신의 아들을 사랑하시는 그 사랑 안에서 그들을 선택하셨다. 달리 말해서 "우리를 사랑 안에서 예정하사"(He destined us in love-RSV)라는 에베소서 1장 5절의 말씀은 바로 앞선 구절에서 말씀한 내용, 곧 하나님께서 그리스도 안에서 우리를 택하셨다는 말씀과 병행을 이루는 말씀이며 또한 설명하는 말씀이다.

선택으로 인해 요청되는 복음전도

선택은 복음전도를 불필요한 것으로 만드는 것이 아니냐고 종종 말하는 자들이 있다. 그들의 의문은 다음과 같은 것이다. "만약 선택의 섭리가 불변하고 거기에 따라 택한 자들의 구원이 아주 확실하다면 그들에게 복음전도가 무슨 필요가 있단 말인가? 복음을 듣든지 아니 듣든지 택한 자들은 구원받을 것이 아닌가?"

이 논의에 있어 전제(premise)는 전적으로 옳다. 하나님의 선택은 택한 자들의 구원을 확실하게 성취한다. 그러나 이같은 전제로부터 도출된 결론(conclusion)은 선택의 섭리에 나타난 하나님의 주권에 대한 심각한 오해를 드러내고 있다.

선택은 영원 전에 이루어진 것인 반면 그 성취는 시간의 과정 속에서 이루어진다는 사실을 놓쳐서는 안될 것이다. 그 과정 속에는 수많은 요인들이 작용하는데, 이러한 요인들 중의 하나가 바로 복음전도이다. 그리고 그것은 가장 중요한 요인이다.

하나님의 주권이 그의 전능하심과 동등한 것으로 여겨져서는 안 된다. 물론 하나님은 전능하신 분이시다. 짧은 사도신경에서 그러한 하나님의 속성, 곧 전능하심에 대해 한 번이 아니라 두 번이나 언급하고 있는 것은 의미가 깊다. 만약 그가 원하시기만 한다면 적은 힘만 가지고서도 선택받은 자들을 천국으로 들어올리고, 마찬가지로 적은 힘으로 선택받지 못한 자들을 지옥으로 던져버릴 수도 있을 것이다. 그러나 그는 그렇게 하시지 않는다. 예정이란 강제가 아니며, 구원의 확실성이 자유를 배제하는 것이 아니다. 강제로 기독교로 회심한 사람은 한 사람도 없었다. 참으로 회심한 모든 자들은 확실히 새 생명을 부여해 주신 하나님의 선물로 인해 기꺼이 돌아선 자들이다. 하나님은 인간을 합리적이고 도덕적인 피조물로, 자유로운 행위자(agent)로 다루신다. 그러므로 하나님은 복음을 통하여 구원받지 못한 자들과 이야기하시고 변론하신다. 그는 사람을 "권하신다"(고후 5:11). 그리고 선택받은 자들에 대하여 구원의 길로 나아가도록 성령을 통해 그들의 마음에 복음을 적용시키신다.

아무도 하나님의 주권적 섭리는 목적에만 관련된 것이고 수단과는 상관없는 것이라고 생각해서는 안된다. 하나님께서 앞으로 되어질 모든 것을 예정한 것은 너무나 분명한 일이다. 모든 것이라 함은 목적뿐만 아니라 수단도 포함한다. 예를 들어, 하나님께서 어떤 농부가 어느 해 여름에 밀을 5천 부셸(bushel : 밀 1부셸은 60파운드-역자주)을 거두도록만 예정하신 것은 아니다. 하나님께서는 그 농부가 열심히 일한 결과로 그만한 양의 밀을 거두게 될 것이라고 하는 것까지도 예정하신 것이다. 마찬가지로 하나님께서는 어떤 죄인에게 영원한 생명을 주시고자 작정하셨을 뿐 아니라 그가 그리스도 안의 믿음을 통하여 영원한 생명을 얻게 될 것과 복음을 통하여 그리스도를 믿게 될 것까지도 작정하신 것이다.

하나님의 주권은 인간의 책임을 배제하는 것이라고 해석될 수 없다. 가장 유능하고 학식있는 신학자들과 철학자들도 인간 이성의 관문(bar)을 넘기 전에는 하나님의 주권과 인간의 책임을 조화시킬 수 없다. 이 둘 중 하나가 다른 하나를 희생시키거나 심지어 배제해 버린 채 강조될 위험이 항상 도사리고 있다. 그러나 성경은 이 두 가지를 다 함께 아주 강조하고 있다. 겸손한 신앙 가운데 성경을 무오한 하나님의 말씀으로 받아들이는 자는 양자를 함께 강조하게 될 것이다. 그러므로 복음전파자는 단지 구원은 하나님의 주권적인 은혜로 오게 된다는 사실을 말해 줄 뿐 아니라 또한 구원받기 위해서는 그리스도를 구세주와 주님으로 믿어야 한다는 사실을 말해 주어야 한다. 한편으로 하나님의 선택을 받은 자는 반드시 구원받을 것이라고 선포해야 하고, 다른 한편으로는 아들을 믿지 않는 자는 생명을 보지 못할 것이고 도리어 하나님의 진노가 그 위에 머물러 있게 될 것이라고 경고해야 한다. 비록 선택받은 자들이라도 이러한 경고(admonition)가 필요한데, 그 이유는 그것이 바로 하나님이 그들을 구원의 길로 인도하는 한 방편이 되기 때문이다.

이제 가장 중요한 결론을 내릴 수 있게 되었다. 그 결론은 복음전도가 불필요한 것이 아니라 **선택은 복음전도를 필요로 한다**는 점이다. 하나님이 선택한 모든 자들은 분명히 구원받는다. 그들 중 한 사람도 결코 멸망하지 않는다. 그리고 복음은 하나님께서 그들에게 구원받는 믿음을 부여해 주시는 수단이 된다. 사실상 복음은 하나님께서 그러한 목적을 이루시기 위한 유일한 수단이다. "믿음은 들음에서 나며 들음은 그리스도의 말씀으로 말미암았느니라"(롬 10:17).

역설적으로 여겨질 수 있겠지만 선택은 보편적(universal)이다. 확실히 선택은 많은 사람들 중 어떤 특정한 사람들을 영생에 이르도록 택한 것을 말한다. 따라서 선택은 특별은총(particularism)이다. 그러나 진정한 의미로는 선택이 보편적이다. 하나님께서는 모든 족속과 모든 세대에서 선택하셨다. 교회는 "모든 족속으로부터 선택된 자들"로 구성되어 있고 역사의 어느 기간에 있어서도 하나님이 택한 자들이 끊어진 기간이 없었으며 미래에도 그런 일은 없을 것이다. 하나님은 그가 선택한 자들을 모두 모으시기 위해 온 세상에, 그리고 온 세대에 복음이 선포되기를 원하신다. 다시 말하지만 **선택은 복음전도를 필요로 한다**.

이와 같은 진리는 다른 각도에서도 살펴볼 수 있다. 성경은 선택을 선한 일을 위한 것이라고 교훈하고 있다. 바울은 "우리는 그의 만드신 바라 그리스도 예수 안에서 선한 일을 위하여 지으심을 받은 자니 이 일은 하나님이 전에 예비하사 우리로 그 가운데서 행하게 하려 하심이니라"(엡 2:10)고 말했다. 그리고 성경은 선택은 복음을 증거하기 위한 것이라고 교훈하고 있다. 베드로는 "오직 너희는 택하신 족속이요 … 이는 너희를 어두운데서 불러내어 그의 기이한 빛에 들어가게 하신 자의 아름다운 덕을 선전하게 하려 하심이라"(벧전 2:9)고 말했다. 하나님이 어떤 사람들을 택하신 것은 그들이 죽을 때 천국에 가도록 하기 위한 것일 뿐만 아니라 이 땅에 사는 동안 그의 증거자가 되도록 하기 위한 것이다. 다시 한번 말하지만 **선택은 복음전도를 필요로 한다**.

마찬가지로 중요한 결론은 **선택은 복음전도가 진정한 회심을 불러 일으키게 될 것이라는 점을 보증한다**는 사실이다. 복음을 전파하는 자는 그가 전파하는 자들 중에 누가 선택을 받았고 누가 선택을 받지 않았는지 알 도리가 없다. 그러나 하나님은 아신다. 하나님께서는 선택한 자들의 심령에 그의 말씀으로 축복하셔서 구원에 확실히 이르도록 하신다. 하나님께서 선택받은 자들 각 개인에게 있어 언제 그와 같이 역사하시길 기뻐하실런지 우리는 알 수 없다. 그러나 아주 분명한 것은 그 사람이 죽기 전에 그와 같이 구원받는 것은 복음의 말씀이 헛되이 하나님께 되돌아 가지 않는 것과 같이 아주 분명한 것이다(사 55:11 참고).

유기(遺棄)와 복음전도

선택에는 또 다른 측면(obverse side)이 있다. 하나님께서 타락한 인간들 가운데서 제한된 수의 사람들만 영생에 이르도록 선택하셨다면, 그 나머지 사람들은 잃어버린 상태에 내버려두어 그들의 죄에 따라 저주받는 자리에 이르도록 간과하셨다는 것이 분명하다. 신학적으로 예정의 이러한 국면은 간과(看過, preterion), 배제(rejection) 또는 유기(reprobation)라고 부른다. 이 교리가 보편적이고 진지한 복음전도를 배제시킨다고 하는 논쟁을 불러 일으켜 왔다. 만약 하나님께서 영원 전부터 어떤 사람들을 영원히 멸망당하도록 작정하셨다면 그가 결코 모든 사람을 구별없이 영생에로 초대하였다고 생각할 수 없다는 것이다.

이 주장을 반박하기 위한 시도로서 종종 전도자는 하나님께서 선택한 자와 선택하지 않은 자를 알 도리가 없기 때문에 모든 사람들에게 차별없이 복음을 선포할 수밖에 없다고 하는 견해가 제시된다. 이러한 견해는 진실이긴 하지만 전혀 핵심과는 거리가 멀다. 문제는 선택받은 자와 선택받지 못한 자를 명확히 알고 계시는 하나님께서 복음을 접하는 모든 사람들에게 진정으로 구원을 베풀어 주시는가 그렇지 않은가 하는데 있는 것이다.

가장 중요한 사실은 하나님의 말씀이 복음전도의 신실성과 마찬가지로 하나님의 유기와 보편성을 분명히 교훈해 주고 있다는 점이다. 유기의 문제에 대해서는 로마서 9장 21, 22절에서 뚜렷하게 가르쳐 주고 있다. "토기장이가 진흙 한 덩어리로 하나는 귀히 쓸 그릇을 하나는 천히 쓸 그릇을 만드는 권(權, power)이 없느냐 만일 하나님이 그 진노를 보이시고 그 능력을 알게 하고자 하사 멸하기로 준비된 진노의 그릇을 오래 참으시고 관용하시고…?" 그리고 베드로전서 2장 8절에서는 "저희가 말씀을 순종치 아니하므로 넘어지나니 이는 저희를 이렇게 정하신 것이라"고 말씀하고 있다. 전장(前章)에서 보았듯이 복음의 보편적이고 신실한 제의는 에스겔 33장 11절과 베드로후서 3장 9절 등에서 분명하게 가르치고 있다.

사실상 우리는 이러한 가르침들이 인간의 이성에 서로 조화될 수 없다는 점을 인정하는 편이 좋을 것이고, 또 인정할 수밖에 없다. 인간의 논리로 생각하면, 한 논리가 다른 논리를 배제시키는 것처럼 보인다. 그러나 다른 한 편의 입장을 배제시킨 채 한 편의 입장만을 받아들이는 것은 합리주의로 비난받아야 한다. 인간의 이성이 아니라 하나님의 무오한 말씀이 진리의 규준이다. 이 말씀은 많은 역설

(paradox)를 내포하고 있다. 그 전형적인 예가 바로 하나님의 주권과 인간의 책임의 역설이다. 지금 생각해보고 있는 두 교훈 역시 뚜렷한 역설을 담고 있다. 이 요소 중 하나를 배제시킴으로써 성경적인 역설을 파괴시키는 것은 인간의 논리를 거룩한 말씀 위에다 두는 것이 되고 만다. 인간의 논리를 하나님의 **말씀**(logos)에 복종시키는 것은 신앙의 기본적인 차원이다.

기독교회사에 있어 하나님의 배타적 진리를 가장 강조해왔던 신학자들이 또한 가장 강력하게 복음의 보편적이고 신실한 전파를 주장해왔다는 점은 크게 주목할만한 일이다. 몇 가지 예를 더 들어보자.

요한 칼빈이 신적 유기를 가르쳤다는 것은 일반적으로 알려져 있는 일이다. 때로 그는 소위 전택설적 입장(supralapsarian position)을 취하기까지 했다. 말하자면 그는 예정의 섭리가 논리적으로 창조와 타락의 섭리보다 선행된 것임을 주장했던 것이다. 그러나 그는 에스겔 33장 11절과 병행을 이루고 있는 에스겔 18장 23절을 주석하면서 "하나님께서는 멸망하고 있고 멸망을 향해 달려가고 있는 자들이 안전한 길로 되돌아 오는 것보다 더 진지하게 원하시는 것은 없다"고 말했다. 그리고 그는 계속해서 언급하였다. "만약 어떤 사람들이 거절한다면–이는 구원의 수를 확정한 하나님의 선택에 들어 있지 않아–그 대답(answer)은 분명하다. 이 선지자는 여기서 하나님의 비밀의 경륜을 말하고 있는 것이 아니라 다만 절망에 빠진 비참한 인간들에게 용서의 소망을 깨닫고 회개하여 제시된 구원의 길로 나오라고 상기시키고 있는 것이다. 만약 어떤 사람이 다시 거절한다면–이는 하나님의 사역을 불성실하게 대하는 것이어서–그 대답은 뻔하다. 하나님은 비록 다른 방법을 취하시든지 또는 우리가 이해할 수 없는 방식을 통해서일지라도 항상 그들이 구원의 길로 나오기를 원하신다. 그러므로 비록 하나님의 뜻은 단순할지라도 그 뜻에는 우리의 오관으로 이해할 수 없는 다양성이 동반되어 있다. 그 밖에도 강력한 빛으로 인해 우리의 눈이 멀어서 어떻게 하나님께서는 모든 사람이 구원받기를 원하시는지, 그런데 어찌하여 택함을 받지 못한 모든 자들을 모두 멸망으로 버려두시는지를 확실히 판단할 수 없다는 점은 너무나 분명한 사실이다. 우리가 지금은 거울을 통해서 희미하게 보고 있지만 이 정도의 이해로 만족해야 할 것이다."

돌트신경(The Canons of Dort)은 유기의 섭리를 명백히 가르치고 있다. 돌트신경은 다음과 같이 말한다. "영원하고 공로없이 주어진 선택의 은총을 우리에게 특별히 예시해 주고 충고해 주는 것은 성경의 명백한 증거로, 성경은 모든 사람이 아니라 다만 얼마간의 사람들만이 영원한 섭리 가운데 선택되었고, 반면에 나머지 사람들은 유기되었다고 증거한다. 하나님은 정당하게 그의 주권과 공의와 기쁘신 뜻에 따라서 그들 자신들의 뜻대로 자신들을 몰아넣은 비참의 상황에 내버려 두시고 그들에게 구원의 믿음과 회개의 은총을 베풀지 않기로 결정하셨다. 그러나 하나님은 그의 공의에 따라 그들에게 그들의 길을 가도록 하신 것이며, 결국 공의의 선언으로 그들의 불신 뿐만 아니라 그 외의 그들의 모든 죄에 대해 영원히 그들을 정죄하고 형벌하시기로 한 것이다"(1장 15항). 그러나 그 신경은 또한 다음과 같은 내용을 주장한다. "복음에 의해 부름을 받은 많은 사람들은 참으로 부름을 받은 자들이다. 왜냐하면 하나님은 자신에게 받아들여질 만한 것이 무엇인지를 그의 말씀 가운데서 가장 진지하고 참되게 선언하셨기 때문이다. 즉 부름을 받은 자들은 하나님께로 나와야 한다는 것을 선언하셨기 때문이다"(Ⅲ-Ⅳ, 8항).

헤르만 바빙크(Herman Bavinck)는 유기에 대해 전술한 돌트신경의 교훈을 지지하면서 믿음이 선택의 요인이며 죄가 배제의 요인이라고 하는 이 두 가지 주장을 부인하고 선택과 배제는 하나님의 기쁘신 뜻에 근거한 것이라고 주장하였다. 정확히 말해서 그는 하나님께서 주권적으로 영원전부터 어떤 사람들은 그들의 죄의 형벌을 피할 수 있도록 하시고 또 어떤 사람들은 그 형벌을 피할 수 없도록 섭리하셨다고 가르쳤다(Gereformeerde Dogmatiek, 2장 399항). 또한 같은 입장에서 잘 균형잡힌 칼빈주의자들은 이렇게 주장했다. "비록 부르심을 통해서 구원이 소수의 몫이 되지만 … 그럼에도 불구하고 그 부르심은 또한 그 부르심을 거절하는 자들을 위해서도 커다란 가치가 있다. 그 부르심은 예외없이 모든 사람에 대한 하나님의 무한하신 사랑을 증거하는 것이며 또한 하나님께서 죄인이 죽은 것을 기뻐하시지 않고 그가 돌이켜 사는 것을 원하신다고 하는 말씀을 보증하는 것이다"(4장 7항).

불신자에 대한 선택교리의 소개

그냥 덮어둘 수 없는 문제가 있는데 그것은 선택의 교리가 불신자에게 복음을 전하는 가운데 포함되어야 한다는 점이다.

성경과 개혁주의 신앙고백은 선택의 진리는 주로 신자들을 위한 것이라고 우리에게 말한다. 신자들을 위한 이 교리의 취지는 돌트신경에 다음과 같이 훌륭히 요약되어 있다. "이 선택교리를 의식하고 확신하게 되면 하나님의 자녀들은 매일의 삶 속에서 하나님 앞에 겸비하여지고 그 긍휼하심의 깊이를 찬양하게 되고 자신들을 정결케 하게 되며 또한 먼저 그 큰 사랑을 자신들에게 나타내신 하나님에 대해 열렬한 사랑으로 감사의 보답을 드리게 되는 것이다"(1장 13항).

어떤 오래된 예화는 불신자들에게 이 선택의 교리가 사용되어서는 안 된다고 하는 것을 매우 분명하게 밝혀준다. 우리는 그 예화를 구원의 집에 관한 예화라고 말할 수 있을 것이다. 그 집의 기초는 선택이라고 하는 하나님의 섭리이며, 그 현관은 그리스도이다. 그는 "내가 문이니"(요 10 : 9)라고 말씀하셨다. 하나님의 은혜로 인해 그 집 안에 있는 자들이 집 밖에 있는 자들에게 집의 기초를 가리킬 것인가 아니면 문을 가리킬 것인가? 그 대답은 자명하다. 그래서 빌립보 감옥의 간수가 바울과 실라에게 무엇을 해야 구원을 받을 수 있느냐고 물었을 때 그들은 그에게 선택된 자들 가운데 속해 있는지 아닌지를 확인해 보라고 충고하지 않고 주 예수 그리스도를 믿으라고 그에게 명했다(행 16 : 31).

그렇다고 한다면 사람들이 믿음으로 그리스도를 영접할 때까지는 선택교리에 대해 무지해도 좋은가 하는 문제가 생긴다. 물론 이 질문에 대한 대답은 부정적인 대답이 나올 수밖에 없다. 확실히 웨스트민스터 총회는 다음과 같이 경고함으로써 바른 입장에 있었다. "아주 신비한 이 예정교리는 특별히 신중하고 조심성 있게 다루어져야 한다"(3장 8항). 그러나 이것은 이 교리가 불신자에게는 감추어져야 한다는 것을 의미하는 것은 아니다. 오히려 사람들이 이 진리를 왜곡하는 것을 경고하고 그 올바른 사용을 권면하는 것이다.

특히 이 선택교리는 하나님의 은혜로 인한 구원을 말하고 있으며 인간의 공로는 문제되지 않아 죄인 괴수에게도 소망이 있다는 사실을 말해 준다. 선택하시는 하나님은 신실하게, 충심으로, 심지어 절박하게 모든 죄인들을 구원에로 초대하고 계신다. 예정은 인간의 책임을 배제시킴 없이 명백히 포함시키고 있는데 이는 선포되는 복음을 듣는 모든 자들이 믿어야 할 신성한 의무가 주어져 있음을 보여주는 것이다. 그리고 하나님은 믿음을 주시는 분이시기는 하나 그렇다고 불신을 주시는 분은 아니다. 믿지 아니하는 자들은 전적으로 그들의 허물로 인해 멸망하는 것이다. 선택의 섭리는 아무도 자신이 택자에 속했는지는 알 수 없으되 선택의 열매요 또한 증거인 그리스도에 대한 신앙으로 인해 누구나 그리스도를 믿는 자이면 선택된 자들 가운데 속해 있다는 확신을 가질 수 있다는 의미에서는 비밀이 아니다. 또한 그들이 초대된 집은 영원하고 흔들리지 않는 기초를 가지고 있어서 그 집에 들어가는 자는 지옥의 세력이 제 아무리 그를 공격한다 하여도 멸망치 않을 것이며 확고불변하게 영생을 기업으로 받게 될 것이다.

제4장

하나님의 은혜언약과 복음전도

사람이 에덴동산에 살고 있을 때 하나님께서는 선악을 알게 하는 나무의 실과를 먹지 말라고 하시면서 죽음의 고통에 대해 그에게 경고하셨다(창 2:17). 이것은 만약 그가 순종하면 영원한 생명을 얻게 될 것이라는 의미를 내포하고 있다. 말하자면 순종했더라면 죄를 짓고 죽을 수밖에 없는 상태를 벗어나 죄를 짓지 않고 살 수 있는 상태가 되었을 것이란 말이다. 이러한 협정-그것을 이렇게 부를 수 있다면-은 **행위언약**(the covenant of works)이라고 일컬어져 왔다. 이 명칭은 비난의 표적이 될 수도 있는데, 그 이유는 하나님께서 이러한 재량(disposal)을 부여하신 것이 과분한(unmerited) 사랑의 사건이며, 곧 순전한 은혜(grace)의 사건이기 때문이다. 그럼에도 불구하고 인간은 타락하고, 그 결과 아주 부패해져서 하나님께 대한 완전한 순종이 불가능하게 되었다.

이 일이 발생하자마자 하나님은 인간의 불순종이 초래한 형벌을 대신 지불하고 인간을 위해 처음부터, 그리고 계속하여 영생의 조건으로 구세주를 인간에게 약속하셨다. 하나님께서 죄인이 구원의 반열에 들어오는데 있어 요구하신 것은 오직 이 구세주에 대한 믿음, 곧 사랑의 행위로 나타나는 산 믿음이었다. 이 협정은 일반적으로, 그리고 정확하게 **은혜언약**(the covenant of grace)이라고 일컬어진다.

이 은혜언약은 소위 원복음(原福音)인 창세기 3장 15절에 함의되어 있다. 인간의 타락 직후에 하나님은 뱀에게 이렇게 말씀하셨다. "내가 너로 여자와 원수가 되게 하고 너의 후손도 역시 여자의 후손과 원수가 되게 하리니 여자의 후손은 네 머리를 상하게 할 것이요 너는 그의 발꿈치를 상하게 할 것이니라." 동일한 언약이 공적으로 하나님과 아브라함 사이에 세워졌다. 하나님은 그의 친구에게 이같이 말씀하셨다. "내가 내 언약을 나와 너와 네 대대 후손의 사이에 세워서 영원한 언약을 삼고 너와 네 후손의 하나님이 되리라"(창 17:17). 언약의 계시에는 단계가 있었다. 달리 말해서 언약은 점진적으로 계시되었다. 이것은 예레미야 31장 31-34절의 약속이며 히브리서 8장 8-12절에도 인용된 말씀으로 오순절 이후의 교회에 적용되는데 그 약속은 다음과 같다. "나 여호와가 말하노라 보라 날이 이르리니 내가 이스라엘 집과 유다 집에 새 언약을 세우리라 나 여호와가 말하노라 이 언약은 내가 그들의 열조의 손을 잡고 애굽 땅에서 인도하여 내던 날에 세운 것과 같지 아니할 것은 내가 그들의 남편이 되었어도 그들이 내 언약을 파(破)하였음이니라 나 여호와가 말하노라 그러나 그 날 후에 내가 이스라엘 집에 세울 언약은 이러하니 곧 내가 나의 법을 그들의 속에 두며 그 마음에 기록하여 나는 그들의 하나님이 되고 그들은 내 백성이 될 것이라 그들이 다시는 각기 이웃과 형제를 가리켜 이르기를 너는 여호와를 알라 하지 아니하리니 이는 작은 자로부터 큰 자까지 다 나를 앎이니라 내가 그들의 죄악을 사하고 다시는 그 죄를 기억지 아니하리라 여호와의 말이니라." 비록 언약이 단계적으로 계시되었다고는 하지만 하나의 은혜언약이 전 세대의 신자들에게 관련되어 있다. "믿음으로 말미암은 자들은 아브라함의 아들인 줄 알지어다"(갈 3:7). 신자들에게 다음과 같은 말씀이 주어진다. "너희가 그리스도께 속한 자면 곧 아브라함의 자손이요 약속대로 유업을 얻을 자니라"(갈 3:29).

언약과 선택

복음전도에 있어 은혜언약의 관계를 연구함에 있어, 먼저 선택의 섭리와 언약을 관련시켜 보는 것이 유익할 것이다.

기독교 신학은 대부분 상호보완적인 진리로 짝을 이루어 구성되고 있다. 하나님의 선택교리와 은혜언약의 교리도 그러한 하나의 짝을 이루고 있다. 이 두 교리는 서로 구별되어야 한다. 그러나 이 교리들이 서로를 폐기할 수 없다는 것은 자명하다. 왜냐 하면 이 두 교리는 다같이 하나님의 무오한 말씀에서 명백히 가르치고 있는 교리이며, 또 진리에는 자기모순이 없기 때문이다. 그들의 상호보완적 특성을 인식하는 것은 매우 중요한 문제이다.

선택은 영원 전에 발생하였다. 그러나 언약은 영원 전에 계획되긴 하였을지라도 때가 차서 세워졌으며 역사를 통하여 수행된다.

선택에 있어서 인간은 전적으로 수동적이었다. 그러나 언약에 있어서 인간은 능동적이 된다. 그는 그리스도에 대한 능동적인 믿음을 행사하고 그 믿음에 의하여 감사하는 순종의 생활을 영위해 나간다.

신학적으로 표현하면 선택은 일방적인데 비해 언약은 일방적인 동시에 상호적이다. 하나님께서는 특정한 죄인들을 구원에로 선택하셨다. 어떤 의미로도 그들이 그들 자신을 선택했다고 할 수 없다. 마찬가지로 은혜의 언약을 세우신 분도 바로 하나님이시다. 그것은 하나님과 인간 사이의 상호협정에 의해 세워진 것도 아니며 또한 인간의 동의로 세워진 것도 아니었다. 이 언약은 하나님의 섭리로 세워진 것이다. 동산에서 하나님은 "내가 원수가 되게 하고"(창 3:15)라고 말씀하셨고, 아브라함에게는 "내가 내 언약을 세우리니"(창 17:7)라고 말씀하셨다. 그러므로 언약은 하나님과 인간 사이의 협정으로 묘사하기보다는 인간을 위하여 하나님에 의해 만들어진 처분(disposition)으로 정의하는 것이 훨씬 더 좋을 것이다. 신약성경에서 **언약**(covenant)에 해당되는 원어는 **순데케**(συνθήκη)가 아니라 **디아데케**(διαθήκη,)이다. 전자의 용어는 동등한 권리를 가진 양편 사이의 협정을 나타내며, 후자는 예를 들어 유언(遺言)이나 소원(所願) 같이 상대방을 위해 한 편에 의해 마련된 처분(處分)을 나타낸다. 그러나 그 시행에 있어 언약은 양편을 가지고 있다. 하나님은 약속하시고 명령하시며 인간은 믿고 순종할 의무가 있다.

선택은 구원받게 될 **자**(who)를 결정한다. 그러나 은혜언약은 그들을 구원하는 **방법**(manner)과 관련된다. 선택된 자들은 그리스도를 믿음으로 말미암아 구원을 얻게 될 것인데 그리스도께서는 저주의 십자가에서 그들을 대신하여 죽으심으로써 하나님의 형벌의 공의를 만족시키셨으며, 하나님의 법에 완전히 순종하심으로써 그들의 영원한 의를 위한 공로를 마련하셨다. 이것은 그리스도의 '수동적'이고 '능동적'인 순종이 죄인들의 구원의 근거가 된다고 하는 말의 의미를 보여준다. 이러한 근거에 의해서만 그들은 믿음을 가질 수 있다. 그들은 믿음으로 그리스도와 그의 모든 구원의 유익들을 얻게 된다.

선택은 전적으로 무조건적이다. 인간의 믿음과 순종도 선택의 조건이 되지 못한다. 하나님께서는 죄인들이 믿고 순종한다고 해서 영생을 주시고자 그들을 선택한 것이 아니다. 또한 하나님께서는 어떤 사람들이 믿고 순종할 것을 미리 아셨기 때문에 그들에게 영생을 주시기로 선택하신 것도 아니다. 반면에 은혜언약은 조건적이며 또한 무조건적이다. 구원은 믿음과 순종에 근거하여 주어진다. 그리스도를 구주로 믿고 그를 주님으로 경배하는 자들만이 구원을 얻게 될 것이다. 그러나 이러한 조건들은 하나님의 주권적인 은혜로 인해 주어진 것이다. 믿음과 순종은 인간의 행위가 되기 이전에 하나님의 선물인 것이다. 성경은 이같이 말씀하고 있다. "너희가 은혜를 인하여 믿음으로 말미암아 구원을 얻었나니 이것이 너희에게서 난 것이 아니요 하나님의 선물이라." 또한 "우리는 그의 만드신 바라 그리스도 예수 안에서 선한 일을 위하여 지으심을 받은 자니 이 일은 하나님이 전에 예비하사 우리로 그 가운데서 행하게 하려 하심이니라"(엡 2:8, 20).

우리는 종종 선택은 하나님의 주권을 강조하는 반면에 언약은 인간의 책임을 강조한다고 말하는 사람들을 보게 된다. 이들의 진술은 지나치게 단순화된 말이다. 그러나 그 진술이 다소간의 진리를 담고 있다는 것은 인정할 수 있다. 그렇긴 하지만 이는 다음과 같이 말하는 것이 더욱 정확할 것이다. 즉 선택의 교리에서는 하나님의 주권이 강하게 강조되어 있고 인간의 책임이 그 속에 내포되어 있는 반면에, 언약의 교리에서는 하나님의 주권은 마찬가지로 강하게 강조되어 있으나 인간의 책임이 명백히 드러나 있다는 점이다. 은혜언약에서 하나님은 가장 명백하게 믿음과 순종을 요구하신다. 하나님은 인간에 믿음을 보이고 순종을 드러내 보여야할 책임이 있다고 하는 것을 단호하고 철저하게 주장하신다.

선택에 있어서 하나님이 그가 택한 백성들을 유기체로 여기시지 않고 다만 많은 개인들로만 여기신다고 말하는 것은 옳지 않다고 보아야 할 것이다. 그들은 "택하신 족속"(a chosen generation)이다(벧전 2:9). 그러나 언약에 있어서는 하나님의 백성의 유기적인 연합이 더욱 강조된다고 말할 수 있다. 선택은 하나님이 쌍둥이 형제 중 하나, 즉 에서가 아니라 야곱을 택하셨다는 사실을 강조하는 반면에(롬 9:10-12), 은혜의 교리는 하나님께서 인간들에게 구원의 은혜를 부여하심에 있어 비록 가족 단위로 묶으신 것은 아니지만 은혜롭게 그들을 생각에 넣고 계셨다는 사실을 강조한다. 하나님께서는 아브라함과 그의 대대 후손과 언약을 세우시면서 그와 그의 후손의 하나님이 되리라고 하셨다(창 17:7).

이미 언급한 바와 같이 선택은 진정한 의미에 있어서 보편적이다. 비록 하나님께서 모든 인간의 구원을 작정하신 것은 아니라고 하여도 하나님은 모든 족속 가운데서, 그리고 인간 역사의 전 기간을 통하여 택한 자들을 이끌어 내신다. 그러나 이 보편주의의 특징은 선택교리에 있어서와 같이 언약의 교리에서도 아주 현저하게 나타나고 있다는 사실이 받아들여져야 한다. 선택은 모두가 아니라 얼마간의 사람들의 구원을 말하는 것이다. 은혜언약도 확실히 모든 개인들의 구원을 말하고 있지는 않으나 인류와 세상의 구원을 말하고 있다. 그리스도는 참으로 "세상의 구주"(요일 4:14)이시다.

은혜언약의 성경적 교훈은 다양한 방식으로 하나님의 선택에 관한 성경적 교훈을 보완하고 있음이 명백해졌다. 이러한 사실에서 복음전도에 대한 언약의 관련성에 대해 의미있는 추론을 내릴 수 있다. 이제 이러한 추론 중 몇 가지를 이야기해 보고자 하는데 이것들은 모두 성경적인 것들이다.

선택의 현실화

하나님은 영원 전부터 자기 백성을 선택하시고 그들이 구원받을 것을 영원히 섭리하셨다. 마찬가지로 그는 그들을 구원하는데 있어서의 모든 방법과 수단도 영원히 섭리하셨다. 그러나 이러한 방법과 수단에 의해 선택된 자들의 실제적 구원은 때가 되어 성취된다. 정확히 말해서 그것은 **은혜언약**(covenant of grace)이란 말 가운데 포함되어 있다.

선택된 자들을 구원하기 위해 하나님의 아들이 성육신(成肉身)하셔야 했다. 그는 하나님과 인간 사이의 중보자로서 인간의 죄에 대한 하나님의 진노를 감수해야만 했고 첫 번째 아담이 실패한 것을 완전한 순종으로 하나님께 갚아야만 했다. 그는 이 모든 것을 다 하시므로 선택된 자들을 위한 영생을 마련하셨다. 그러나 그들의 구원이 현실화된 것은 아니다. 그들은 그리스도의 구원사역에 관해 말씀을 들어야 한다. 이 일은 복음으로 이루어진다. 그리고 그들은 복음을 들을 때 구주이신 그리스도를 믿어야 하며 그를 주님으로 섬겨야 한다. 이 일은 성령께서 그들의 심령에 복음을 은혜롭게 적용시킴으로 말미암아 성취된다. 결국 그들의 구원은 은혜언약을 통해서 실현된다.

따라서 복음의 전파는 선택의 실현을 이루는 사건의 사슬에 있어 하나의 중요한 고리이다. 그것은 단순히 중요한 고리일 뿐 아니라 필수적인 고리이다. 유아 시절에 죽은 선택자와 저능아로서 선택된 자들을 제외하고 하나님의 택함을 입은 모든 자는 복음을 통하여 구원을 받는다. 그들 중 단 한 사람도 복음 없이는 구원받지 못한다. "그런즉 저희가 믿지 아니하는 이를 어찌 부르리요 듣지도 못한 이를 어찌 믿으리요 전파하는 자가 없이 어찌 들으리요"(롬 10:14).

앞장에서 선택은 복음전도를 필요로 한다고 반복하고 강조했다. 마찬가지로 이제 복음전도는 하나님이 택하신 자들의 구원을 현실화하는데 있어 필수적이라는 점이 단호히 강조되어야 한다. 이것은 은혜언약과 복음전도가 분리될 수 없다는 것을 말하는 것이다. **복음전도는 본래 은혜언약 안에 들어 있다.**

보편구원을 위한 구별

하나님께서 아브라함과 은혜언약을 세우려 하셨을 때 그와 후손들을 그 땅의 백성들로부터 구별시키셨다. 하나님께서는 그에게 "너는 너의 본토 친척 아비 집을 떠나 내가 네게 지시할 땅으로 가라"(창

12:1)고 명령하셨다. 역사의 초기에 하나님은 이같이 그의 언약의 백성과 세상 사이에 분명한 경계선을 그어 놓으셨다. 다시 말하자면 하나님께서는 이 경계선을 인간이 지우는 것을 결코 허락치 않으실 것이다. 이 경계선은 전 역사를 통해 계속되고 영원에까지 이를 것이다. 하나님의 친구들과 하나님의 대적들이 대조를 이루는 상태는 영원할 것이다.

그러나 이것이 결코 역사의 전부는 아니다. 하나님께서는 계속해서 아브라함에게 말씀하셨다. "내가 너로 큰 민족을 이루고 네게 복을 주어 네 이름을 창대케 하리니 너는 복의 근원이 될지라 너를 축복하는 자에게는 내가 복을 내리고 너를 저주하는 자에게는 내가 저주하리니 땅의 모든 족속이 너를 인하여 복을 얻을 것이니라"(창 12:2, 3). 아브라함과 그 후손의 구별 그 자체가 목적이 아님이 분명하지 않은가! 그것은 목적을 위한 수단에 불과했다. 그 목적은 모든 족속이 그들로 인하여 축복을 받는 것이었다. 목적은 보편구원(여기에서 보편구원이란 흔히 말하는 만인구원설을 지칭하는 것이 아니라 모든 시대와 민족 가운데 구원을 얻을 자가 있다는 의미이다-역자주)에 있었다.

이와 같은 교훈이 신비스러운 인물 발람의 예언 속에 내포되어 있다. 비록 그가 하나님의 적이었지만 하나님께서는 발람의 입술에 그의 말씀을 두셨다. 브올의 아들은 바위 위에서 계곡에 진치고 있고 이스라엘 자녀들은 내려다 보면서 "이 백성은 홀로 처할 것이라 그를 열방 중의 하나로 여기지 않으리로다"(민 23:9)라고 말했다. 그러나 그는 마지막 축도에서 메시아를 예언했다. "한 별(Star)이 야곱에게서 나오며 한 홀(笏, Sceptre)이 이스라엘에게서 일어나서 모압을 이 편에서 저 편까지 쳐서 파(破)하고 또 소동하는 자식들을 다 멸하리로다 그 원수 에돔은 그들의 산업이 되며 그 원수 세일도 그들의 산업이 되고 그 동시에 이스라엘은 용감히 행하리로다 주권자가 야곱에게서 나서 남은 자들은 그 성읍에서 멸절하리로다"(민 24:17-19).

하나님에 의해 가나안 땅에 정착한 하나님이 택한 백성들은 울타리쳐진 포도원과 유사했다. 서쪽으로는 대해(the Great Sea)에 의해 보호되어 있고, 북쪽으로는 헤르몬과 레바논 산지로 잠겨있고 동쪽과 남쪽으로는 광활한 사막으로 둘러싸여 있었다. 이스라엘은 어느 정도 지리적으로 고립되어 있었다. 그러나 팔레스틴은 사방으로 영향을 끼칠 수 있는 한 복판에 이상적으로 위치해 있었다. 팔레스틴은 지중해 연안에 위치해 있었는데 지중해(Mediterranean Sea)라는 명칭이 뜻하는 것처럼 고대 세계의 중심지였다. 이 땅은 3대륙 즉 아시아, 아프리카, 유럽의 교차로에 있다. 그래서 이곳은 복음의 빛이 온 족속에게 비치고 기독교의 불길이 모든 민족에게 전달될 수 있는 더할 나위없이 좋은 전략요충지였다.

사람들은 종종 고대 이스라엘은 세계로부터 **고립**되어 있었다고 말해 왔다. 그러나 이는 이스라엘의 구별적인 **격리**라고 말하는 것이 훨씬 더 나을 것 같다. 그러한 이스라엘의 고립은 보편구원의 목적을 위한 하나의 수단으로 활용되었다. 마치 전선이 전류가 서로 합선되지 않고 의도된 목적지에 도달할 수 있도록 절연하듯이, 때가 차면 세상의 구주를 나게 하시고 그의 복음을 땅끝까지 전파하기 위해 하나님은 그의 택한 백성들을 그 땅의 이방민족들로부터 구별하셨다.

역시 현 세대에 있어서도 구별은 보편구원의 목적을 위한 하나의 수단이다. 신약성경은 교회에 대하여 세상으로부터 나와야 한다는 권면의 말씀으로 가득차 있다. 교회를 가리키는 말로 가장 흔하게 사용되는 단어인 **에클레시아**(ἐκκλησία)라는 말은 **불러내심을 받은** 회중을 뜻한다. 그러나 구세주께서는 그의 교회의 성도들에게 설교하시면서 "너희는 세상의 소금이라"하셨고 또 "너희는 세상의 빛이라" 하셨다(마 5:13, 14). 그리고 그는 그들에게 "땅끝까지 이르러"(행 1:8) 자신의 증거자가 되라고 명하셨다.

구별은 보편구원을 위한 것이라는 진리가 종종 무시되어 왔다. 많은 교회들이 보편구원을 무시한 채 구별만을 강조해왔다. 심지어 오늘날 선교의 시대에 있어서 조차도 그러한 교회들이 있다. 그들은 세상이 교회로 침투하는 것을 막으려 하나 또한 교회가 세상에 침투하지 못하게 만들고 만다. 아마 그들은 오직 순수한 하나님의 말씀만이 그들의 강단에서 선포되어야 한다고 주장하는 것 같다. 그러나 그들은 잃어버린 자들에게 진정한 복음을 선포하는 일에는 실패하고 있는 것이다. 그들은 스스로 정통파라고 자랑하고 있을지는 모르겠으나 실로 그들은 정통주의로 괴로움을 당하고 있는 것이다. 그러한 교회들은 잠자고 있는 교회들이다. 만약 그들이 깨어 교회의 왕이신 주님의 나팔소리에 귀 기울이지 않고 바깥에 있는 사람들에게 복음을 선포하지 않는다면 조만간 그들은 죽음의 잠에 빠지게 되고 말 것이다.

다른 한편으로는, 구별이 보편구원을 위한 것이라는 진리가 종종 왜곡 되고 있다. 적지않은 교회들이 구별을 희생시켜 가면서 보편구원을 강조하고 있다. 이상하게 느껴질지 모르나 그들은 교회의 세속주의를 막기 보다는 세상에 복음을 전하는 일에 더욱 관심을 갖는다.

그들은 상당한 수의 선교사를 이방세계에 파송하였지만 그간 줄곧 세속주의의 암이 회원들을 통해 널리 퍼져나갔다. 그런데 그들은 이에 대해선 아무런 대책도 세우지 않고 있다. 그러나 세속적인 교회는 진정한 기독교 선교에 있어 능동적으로 오래 계속 사역할 수 없다. 복음 메시지의 부패는 반드시 세상과 짝하여 세상을 따라가기 마련이다. 그러한 교회들은 회개하지 않는 한 사단의 회당으로 타락하고 말 것이 분명하다.

언약의 자녀와 이방인

신자의 자녀들은 그 부모들과 마찬가지로 하나님의 은혜언약에 포함되어 있다. 그것은 분명한 성경의 교훈이며 또한 두드러진 교훈이다. 하나님은 아브라함과 그의 후손들과 더불어 언약을 세우셨다(창 17:7). 그리고 베드로는 그의 오순절 설교에서 거의 대부분이 유대인으로 구성된 청중을 향해 "이 약속은 너희와 너희 자녀에게 하신 것이라"(행 2:39)고 말했다.

그러나 언약이 자동적으로 세대에서 세대로 계승되는 것은 아니다. 자녀들이 재산의 일부분을 상속받듯이 구원 받는 은혜도 그들의 부모들로부터 유업으로 받는 것은 아니다. 그리고 그러한 언약의 계승이 예외없이 이루어지는 것도 아니다. 어떤 신자의 자녀들에게 그의 언약을 계승시키는데 있어 흔히 수단을 사용하신다. 이 수단은 바로 기독교 교육이다. 그리스도인 부모가 아이에게 마땅히 행할 길을 가르칠 때에만 그 아이가 늙어서도 그것을 떠나지 아니 할 것이다(잠

22:6).

그런데 이상하게도 자녀들의 종교 교육을 전적으로는 아니지만 대체로 무시하고 있다고 고백하는 그리스도인들이 있다. 그들은 집에서나 교회에서 자녀들을 위해 그러한 교육을 시키는데 실패하고 있으며 자녀들을 기독교 주간학교에 등록시키지도 않고 있다. 또 이상한 것은 그들이 복음전도에 대해 분명한 열정을 가지고 있다고 하는 점이다. 이러한 부모들은 빈궁한 이웃의 자녀들에게는 의복과 먹을 것을 주지만, 자기 자신의 가정을 위해 생활필수품을 제공하는 데는 소홀한 어떤 부모와 같다. 또 다른 비유를 들자면, 그들은 자기 나라의 작전기지를 견고히 지키지 못하면서 다른 나라를 침략하는 어떤 장군과도 같다. 만약 모든 그리스도인 부모들이 이러한 예와 같이 되고 만다면 곧 타 민족에게 파송할 선교사들이 없게 되고 말 것이다.

이와 반대로, 언약의 자녀들의 교육에만 집중하여 "그리스도 밖에 있[었]고 이스라엘 나라 밖의 사람이라 언약의 약속들에 대하여 외인이요 세상에서 소망이 없고 하나님도 없는"(엡 2:12) 자들에 대해 복음을 전하는 일에는 거의 관심이 없거나 전혀 관심이 없는 신자들도 또한 있다. 역시 그것도 가장 비난할 만한 것이다. 이러한 일은 은혜언약에 대한 견해를 지나치게 제한시켜 생각하는데 기인되어 있다.

하나님께서는 모든 나라와 모든 세대에 그가 택한 백성이 있으며 그들 모두를 알고 계신다. 그는 아들에게 그들을 주셨고 아들은 이들 중 한 사람이라도 멸망치 않도록 살피실 것이다. 그리스도는 그들을 그의 양으로 계산에 넣고 계시는데, 이는 그가 처음 제자들에게 하신 말씀 가운데 잘 나타난다. "또 이 우리에 들지 아니한 다른 양들이 내게 있어 내가 인도하여야 할터이니 저희도 내 음성을 듣고 한 무리가 되어 한 목자에게 있으리라"(요 10:16). 하나님께서는 그들을 자기 백성으로 여기시기 때문에, 언뜻 보기에는 하나님을 버린 고린도 지방에 있었던 그의 종 바울을 격려하셨다. "두려워하지 말며 잠잠하지 말고 말하라 … 이는 이 성중에 내 백성이 많음이니라"(행 18:9, 10). 베드로는 그의 오순절 설교에서 유대인 청중들에게 이 약속은 그들과 그들 자녀 뿐만 아니라 "모든 먼데 사람 곧 주 우리 하나님이 얼마든지 부르시는 자들"(행 2:39)에게 하신 것이라고 가르쳤다. 전 세기를 통하여 하나님은 그의 약속을 마음에 두고 계신다. "전에 저희에게 이르기를 너희는 내 백성이 아니라 한 그곳에서 저희에게 이르기를 너희는 사신 하나님의 자녀라 할 것이라"(호 1:10, 롬 9:26). 이 약속은 여전히 남아있는 약속이다. 그리고 주 예수께서는 언약의 자녀들에 대한 엄중한 경고와 이방인과 외인들에 대한 축복의 약속을 함께 말씀하셨다. "동서로부터 많은 사람이 이르러 아브라함과 이삭과 야곱과 함께 천국에 앉으려니와 나라의 본(本) 자손들은 바깥 어두운데 쫓겨나 거기서 울며 이를 갊이 있으리라"(마 8:11, 12).

'복음이 있는 곳이라면 어디든지 언약이 존재한다'라는 포괄적인 진술이 너무나도 명백하지 않은가! 교회는 참으로 하나님의 언약의 자비를 받아들이는 축복된 수령자(recipient)이며, 또한 다른 사람들에게 이와 같은 자비를 확장시키기 위해 하나님이 임명하신 책임있는 대리인(agent)이다. 이 일은 언약의 자녀들에 대한 교육과 더불어 교회의 **언약적 의무**(covenantal duty)이다.

회심자와 그의 가정

빌립보 감옥의 간수가 어떻게 하여야 구원을 얻을 수 있느냐고 물었을 때 바울과 실라는 "주 예수를 믿으라 그리하면 너와 네 집이 구원을 얻으리라"(행 16:31)고 대답했다.

그들이 간수에게 말할 때 그가 믿으면 그 자신과 더불어 그 가정까지도 구원을 얻을 것이라고 한 그 의미는 무엇인가? 그들은 은혜언약의 가장 소망적인 측면을 마음에 두고 있었음이 틀림없다. 즉 하나님은 믿는 자들의 하나님이 되실 뿐 아니라 그들의 후손들의 하나님이 되실 것이라고 약속하셨고, 따라서 하나님은 일반적으로 신자들의 자녀들에게 구원의 은혜를 베푸시는 분이시라는 것이다.

그 간수와 같이 복음을 접해야 할 영혼들을 찾는 일은 참으로 장려해야할 일이 아니겠는가! 그들의 믿음은 그들 자신의 구원과 더불어 가깝고 친한 사람들과 그들의 자녀들과 새로 태어날 세대의 구원까지 이루게 될 것이다.

불신자에게 복음을 전하는 자는 이와 같은 성경의 교훈으로 말미암아 얼마나 크게 격려를 받고 있는가! 그는 있음직하지 않은 곳에서도 하나님은 자기 백성을 가지고 계시며 그리스도는 그의 양을 가지고 계시다는 것, 그리고 그들 모두는 조만간 믿음으로 복음에 응답하리라는 것을 확신한다. 뿐만 아니라 그는 아버지와 어머니의 심령에 선한 일을 시작하신 하나님께서 대체로 그 자녀들의 심령에도 그 선한 일을 계속하실 것이며 그 구원의 은혜를 대대의 먼 후손에게까지 이르게 하실 것이라는 것을 확신한다. 이처럼 모든 회심은 수많은 회심을 유도하리라는 기대를 갖게 되며 오늘 뿌려진 복음의 씨앗은 수 세기, 아니 수 천년에 걸쳐 열매를 맺고 더 풍성한 열매를 맺어갈 것이다.

제5장

하나님의 주권적 명령과 복음전도

어떤 신학생이 "뜻이 하늘에서 이룬 것 같이 땅에서도 이루어지이다"(마 6:10)라는 본문을 가지고 '실제적인 복음선포'라는 제목으로 한 편의 설교를 준비해야만 했다. 그는 이 본문을 어느 정도 연구한 후 교수와 상담했다. 그 학생은 "주기도문의 이 간구는 하나님의 숨겨지거나 법령적인 뜻이 아니라 하나님의 계시된 혹은 교훈적인 뜻에 대하여 말하는 것이라는 결론에 도달했습니다"라고 말했다. 그 교수가 옳을지도 모른다고 의견을 말하자, 그 학생은 "그러면 본문은 하나님의 주권과는 상관이 없다고 결론을 내려도 될까요?"하고 물었다. 이에 대한 대답으로 그가 매우 잘못 생각하고 있다는 것을 지적할 수밖에 없을 것이다.

하나님의 주권은 하나님의 섭리에만 나타나 있다고 하는 관념이 다소 널리 퍼져 있는데 이는 크게 잘못된 일이다. 하나님의 주권은 또한 하나님의 명령에도 나타나 있다.

그렇기 때문에 인간의 책임은 단지 하나님의 주권의 당연한 결과이다. 하나님은 주권적으로 명령하시며 그 명령에 대해서는 이성까지도 복종해야 한다. 그러므로 건전한 논리의 법칙에 따라 하나님의 주권을 강력히 강조하는 자는 또한 인간의 책임도 강력하게 강조하여야 한다.

여기에서 개혁주의 신학에 대한 별난 오해에 주의해야 한다. 칼빈주의는 하나님의 주권을 아주 강조하는 반면 알미니안주의는 인간의 책임을 매우 강조한다는 말이 종종 들린다. 그러나 이 말보다 더 칼빈주의를 곡해하는 말은 생각해보기 힘들다. 물론 인간의 책임을 하찮게 여기는 자칭 칼빈주의자들이 있어 왔지만 그들이 그렇게 여기는 이유는 그들의 모순에 있다. 칼빈주의에는 그러한 모순이 없다. 정확히 말해서 칼빈주의는 하나님의 주권을 매우 강조하기 때문에 인간의 책임도 하나님의 주권 못지 않게 강조한다. 그리고 개혁주의 신학이 사실상 알미니안주의 신학보다 인간의 책임을 덜 강조하고 있는 것이 아니라 더욱 더 강조하고 있음이 분명치 않은가? 알미니안주의에서는 하나님께서 연약한 인간의 능력에 맞추어 그의 명령을 내리시므로 결코 인간이 할 수 없는 것을 인간에게 요구하지 않는다고 가르친다. 그러나 개혁신앙에서는 비록 타락한 상태에 있는 인간이 그러한 완전한 순종이 불가능하다고 할지라도 그의 율법에 대한 완전한 순종을 인간에게 요구하신다는 것을 주장한다. 알미니안주의는 우리에게 인간의 책임은 인간의 무능력에 의해 제한되어 있다고 말한다. 그러나 개혁신앙은 그러한 제한을 인정치 않는다.

앞서 말한 내용을 복음전도에 적용시켜 본다면, 하나님의 주권은 성경의 많은 선교적 명령에 강력히 표현되어 있다. 하나님의 주권을 인정하는 자라면 그 인정하는 만큼이나 그러한 명령을 수행하는데도 열심이어야 한다.

그리스도의 중보적 주권

그리스도는 하나님이시며, 하나님이신 그리스도는 주권적이시다. 주권은 삼위일체 하나님의 각 위에 함께 속해 있다.

주권은 또 다른 의미에서 그리스도에게 속해 있다. 그가 갈보리 십자가에서 돌아가셨을 때 그는 중보사역의 가장 중요한 역할을 성취하셨다. 신학자들이 흔히 말하는 그의 수동적이며 능동적인 순종으로 그리스도는 아버지께서 그에게 주신 자들을 위해 구원을 이루셨다. 그래서 돌아가시기 직전에 그는 "다 이루었다"(요 19:30)고 선언하셨다. 그가 완성하신 사역으로 인하여 그는 하나님께로부터 중보적 왕직을 부여받으셨다. 그가 십자가에서 죽기까지 복종하셨기 때문에 하나님이 그를 지극히 높여 모든 이름 위에 뛰어난 이름을 주셨다(빌 2:8, 9). 그러므로 그는 "만물의 머리"(엡 1:22)가 되셨다. 이제 그는 정당하게 엄청난 주장을 말하실 수 있다. 곧 "하늘과 땅의 모든 권세를 내게 주셨으니"(마 28:18). 중요한 것은 지상명령에 앞서 이러한 주장을 하셨다는 점이다. 이로 보건대 지상명령은 그리스도의 중보적 주권의 확증이다.

공생에 기간 동안 그리스도께서는 12제자와 70인을 보내어 병든 자들을 고치는 일과 더불어 복음을 전하게 하셨는데, 특별히 "이스라엘 집의 잃어 버린 양"(마 10:6)에게 가라고 그들의 복음전도 활동을 제한하여 명령하셨다. 그의 죽음과 부활은 급격한 변화를 가져왔다. 이러한 사건들은 옛 세대의 상대적인 민족주의로부터 새 세대의 무제한적인 보편주의에로의 변천을 보여준다. 그의 제자들에게 나타난 부활하신 주님은 거듭해서 온 세상에 복음을 전하라고 명령하셨다. 예루살렘에서 그는 제자들에게 다음과 같이 가르쳐 주셨다. "이같이 그리스도가 고난을 받고 제 3일에 죽은 자 가운데서 살아날 것과 또 그의 이름으로 죄사함을 얻게 하는 회개가 예루살렘으로부터 시작하여 모든 족속에게 전파될 것이 기록되었으니 너희는 이 모든 일의 증인이라"(눅 24:46-48). 또 열한 제자가 갈릴리의 주님이 명하신 산에서 주님을 만났을 때 주님께서는 그들에게 후에 지상명령이라고 알려지게 된 말씀을 주셨다(마 28:18-20). 그리고 감람산에서 하늘로 승천하시기 직전에 그는 다음과 같이 말씀하셨다. "오직 성령이 너희에게 임하시면 너희가 권능을 받고 예루살렘과 온 유대와 사마리아와 땅끝까지 이르러 내 증인이 되리라"(행 1:8).

여기에서 가장 중요한 사실을 관찰해야 한다. 이미 언급한 바와 같이 그리스도의 죽음과 부활은 민족주의로부터 보편주의에로의 변천을 보여준다. 그러나 또한 이 동일한 사건은 중보자 그리스도의 대관식을 말해주는 사건임을 기억해야 한다. 그러한 변천과 대관식이 비록 동시적인 사건이라고 해서 무관한 사건은 아니다. 오히려 그러한 사건이 동시적으로 일어난 것은 그러한 사건이 한 사건이요 동일한 사건이기 때문이다. 그리스도께서는 "하늘에 있는 자들과 땅에 있는 자들과 땅 아래 있는 자들로 모든 무릎을 예수의 이름에 꿇게 하시고 모든 입으로 예수 그리스도를 주라 시인하여 하나님 아버지께 영광을 돌리게 하기"(빌 2:10, 11) 위하여 왕관을 쓰셨는데, 이 모든 일은 그의 복음의 보편적인 선포에 의해 실현되어야 했다. 그리스도는 지엄하신 왕으로서 그의 사도들에게 선언하셨다. "아버지께서 나를 보내신 것 같이 나도 너희를 보내노라"(요 20:21). 주권적으로 자신의 교회에 지상명령을 부여하신 분은 바로 주권적인 그리스도이셨다. "하늘과 땅의 모든 권세를 내게 주셨으니 그러므로 너희는 가서 모든 족속으로 제자를 삼아 아버지와 아들과 성령의 이름으로 세례를 주고 내가 너희에게 분부한 모든 것을 가르쳐 지키게 하라 볼지어다 내가 세상 끝날까지 너희와 항상 함께 있으리라"(마 28:18-20).

지상명령의 지속적인 효력

성령강림 후 신약교회는 지상명령의 필요성을 거의 가지고 있지 않으며, 설혹 가지고 있다손 치더라도 미미하였다고 말하는 사람들이 있다. 성령을 받았기 때문에 교회는 명령이라는 외적 강요에 의해서가 아니라 기꺼이 자유롭고 자발적으로 증거하게 되었다고 말한다. 새로운 세대의 신자들에게 있어 복음증거 하는 일은 숨쉬는 것처럼 자연스러운 것이 되었다고 말한다. 마치 새가 하늘을 날고 물고기가 헤엄치는 것처럼 그리스도인이 복음을 증거하게 되었다고들 말한다.

오순절의 성령강림이 교회로 증거하는 교회가 되게 하였다는 점은 이의 없이 받아들여져야 할 뿐만 아니라 매우 강조되어야 한다. 예수님께서는 그의 교회의 주축이 될 열 한 제자들에게 위로부터의 능력이 임할 것을 약속하시면서 이 일에 대해 여러 말씀으로 선언하셨다.

주님은 "너희가 내 증인이 되리라"(행 1:8)고 말씀하셨다. 복음증거가 기독교의 본질(essence)이라는 점은 또한 틀림없는 사실이다. 복음이 증거되지 않는 곳에는 기독교가 존재하지 않는다. 예수님은 "누구든지 사람 앞에서 나를 부인하면 나도 하늘에 계신 내 아버지 앞에서 저를 부인하리라"(마 10:33)고 말씀하시지 않았던가? 그러나 기독교회와 그리스도인 개인이 성장하여서 지상명령을 포함하여 복음을 증거하라는 성경의 명령이 필요없게 되었다고 결론을 내리는 것은 아주 부당한 말이다.

그와 같은 결론은 세대주의적인 함의를 지니고 있다. 옛 세대와 새 세대가 중대한 차이에 의해 특징지워진다는 것은 인정하지만 이를 율법시대와 성경시대로 서로 대조하여 구분짓는 것은 비성경적이다. "주의 성신(聖神)을 내게서 거두지 마소서"(시 51:11)라고 한 다윗의 기도는 그가 성령의 새롭게 하시는 은총(influence)을 체험하였다는 것을 분명히 암시한다. 그리고 복음서와 서신서를 비롯한 신약성경은 그리스도인의 삶에 대한 명령으로 가득 차 있다.

또한 논의되고 있는 입장은 완전주의(perpectionalism)의 경향이다. 가장 훌륭한 그리스도인이라 할지라도 여전히 부족함이 있다. 성령의 영향에 완전히 굴복하는 신자는 한 사람도 없다. 우리 모든 신자는 "내가 원하는 바 선은 하지 아니하고 도리어 원치 아니하는 바 악은 행하는도다"(롬 7:19)라고 빈번히 고백해야 한다. 주님께 고백하게 될 때 부끄럼없이 고백할 수 있는 신자는 결코 한 사람도 없다. 그리고 우리 중에 어느 누구도 시몬 베드로와 같은 처지와 이유로 인해 심히 통곡하지 않아도 될 사람은 없다(마 20:75). 우리 모두는 율법의 크고 첫째되는 계명을 상기할 필요가 있다. "네 마음을 다하고 목숨을 다하고 뜻을 다하여 주 너의 하나님을 사랑하라"(마 22:37). 그리고 우리 중에 누구도 구세주이신 주님을 증거하라는 명령이 더 이상 필요하지 않을 정도로 성숙된 사람은 없다. 우리는 마땅히 사랑해야 할 만큼 주님을 사랑하지 못한다. 우리가 성령의 자비하신 은총 아래 최대로 철저히 복종하여 우리의 마음이 먼저 우리를 사랑하신 주님에 대한 사랑으로 불타오르는 때일지라도 우리는 하나님의 법으로부터의 해방을 선언하기보다는 오히려 "내 속 사람으로는 하나님의 법을 즐거워 하나이다"(롬 7:22)고 말하기를 기뻐해야 한다.

그리스도의 주권에 대한 보편적 인식

주권적인 그리스도께서는 지상명령을 부과하시면서 그의 제자들에게 **가르치라**(teaching)고 명하셨다. 그는 어디에서나 사람들을 **가르치셨다**. **가르치는 일**의 책임은 매우 크다.

흠정역(Authorized Version)에는 가르치라는 명령이 지상명령 가운데 두 번 나타나고 있다. 흠정역에는 "그러므로 너희는 가서 모든 족속으로 가르쳐서(Go ye therefore, and teach all nations) … 내가 너희에게 분부한 모든 것을 가르쳐(teaching them to observe all things whatsoever I have commanded you)"라고 되어 있다. 미국표준역(American Standard Version)에는 "모든 족속으로 제자를 삼아(Make disciples of all the nations)"라고 번역된 반면 거의 비슷한 번역으로 "모든 족속을 가르쳐(Teach all nations)"라는 번역을 택했는데 이 두

표현은 그리 차이나는 표현은 아니다. **제자**(disciple)란 단어는 **배우다**(to learn)라는 뜻을 가진 라틴어 동사에서 유래되었다. 그래서 제자란 배우는 자이며 또 배우는 자란 가르치는 자를 가정하고 있음이 명백하다. 또한 전술한 세 번역본 모두 그 구절의 후반부에서 **가르쳐**(teaching)라는 말을 사용하고 있음에 주목해야 한다.

따라서 복음전도에 있어 제자를 삼기 위해서는 가르침 이외의 어떤 다른 수단, 예를 들어 강력한 감정적 호소 등에 의해 먼저 분위기를 조성하고 그 후에 가르쳐야 한다는 관념은 배제되어야 한다. 가르치는 일에 있어서 감정적인 요소가 필요치 않은 것은 아니며 그리스도의 모든 제자들은 살아있는 동안 배워야 한다는 점은 확실하다. 그러나 중요한 점은 사람들이 하나님의 말씀을 배움으로써 제자가 될 수 있다는 점이다.

사람들은 먼저 제자가 되어야 하고 그런 다음에 그리스도의 명령을 준수하라는 가르침을 받아야 한다는 관념도 역시 배제되어야 한다. 만약 그리스도께서 그런 뜻을 의미하셨다면 "모든 족속으로 제자를 삼으라 그리고 내가 너희에게 분부한 모든 것을 가르쳐 지키게 하라(Make disciples of all the nations and teach them to observe all things whatsoever I have commanded you)"고 말씀하셨을 것이다. 그러나 그렇게 말씀하신 것이 아니라 오히려 그리스도가 분부한 것을 **가르쳐 지키게 함으로써** 사람들이 그리스도의 제자가 될 수 있다는 것을 말씀하신 것이다. 그러한 분부를 가르쳐 지키게 하는 것이 그들을 제자로 삼는 방법인 것이다.

그리스도의 분부를 지키는 것은 제자도(discipleship)의 한 부분이라 말할 수 있다. 이 진리는 매우 강조되어야 한다. 어떤 사람이 그리스도의 제자가 되는데에는 그를 구세주로 믿을 뿐만 아니라 그를 주님으로 인식하는 일이 요구된다. 이 두 가지 일은 불가분의 일이다. 말하자면 그리스도에 대한 신앙과 그에 대한 순종은 동전의 양면과도 같은 것이다. 신약성경에서 같은 단어가 어떤 문맥에서는 **믿는 것**(to believe)을 의미하고 다른 문맥에서는 **순종하는 것**(to obey)을 의미한다는 사실은 그리 놀라운 일이 못된다. 사도행전 28장 24절에 보면 로마에 있는 유대인들에 대한 바울의 설교의 반응이 나타나고 있는데, 그 반응 가운데는 "그 말을 **믿는**(believed) 사람도 있고 믿지 아니하는 사람도 있었다"고 하였다. 갈라디아 5장 7절에는 "누가 너희를 막아 진리를 **순종치**(obey) 않게 하더냐" 하는 바울의 경책하는 말씀이 있다. 이 두 구절에서 동일한 헬라어 동사가 사용되고 있다.

따라서 지상명령은 복음전도를 목적으로 하는 진술임이 분명해진다. 그것은 모든 족속이 그리스도의 분부를 지키게 하고 그렇게 함으로써 그의 주권을 인식하게 하라는 것이다. 복음전도의 목적은 그리스도의 주권에 대한 보편적 인식이다.

그리스도의 주권에 대한 신뢰

제자들은 주님께서 그들에게 모든 족속으로 제자를 삼으라고 위임하셨을 때 틀림없이 놀랐을 것이다. 그러한 과업은 너무나 엄청난 것이었다. 그것은 열한 명과 세상의 문제였으며 하늘 아래 가장 경멸받은 나라에 살고 있는 비교적 무식한 열한 명과 세상의 모든 능력과 지혜의 대립이었다. 인간적인 기준으로 보면 지극히 미천하고 연약한 사람들에게 헬라의 영광과 가이사 통치 밖에 있는 야만 족속과 더불어 세계적인 로마제국의 위풍과 권력을 정복하라는 명령이 주어진 것이다.

“불가능한 일이야!” 그들은 이렇게 생각했다. “어처구니 없는 불가능한 일이고 말고!” 그들은 암만해도 그렇게 밖에는 생각할 수가 없었다. “생각해볼 수도 없는 일이야!” 그들은 그렇게 느꼈다.

그들에게 명령을 주신 분은 그들의 생각을 아셨다. 그분의 생각은 더 높았고 무한히 높았다. 사실 그는 다음과 같이 말씀하셨다. “너희가 너희 자신들의 힘만 확신한다면 너희들의 투쟁은 진정 실패하고 말것이다. 그러나 너희는 홀로 있지 않다는 것을 기억해라. 하나님이 친히 택하신 인자인 내가 너희의 편에 있다. 내 이름은 만군(萬軍)의 주(主, Lord Sabaoth)이니라. 하늘과 땅의 모든 권세와 능력은 나의 것이니라. 참으로 사단과 그 군대조차도 나의 허락없이는 움직일 수도 없다. 분명히 세상에서는 너희가 환난을 당하나 담대하라 내가 세상을 이기었노라(요 16:33). 나를 떠나서는 너희가 아무 것도 할 수 없느니라(요 15:5). 그러나 내가 너희에게 줄 능력으로 인해 너희는 모든 것을 할 수 있느니라(빌 4:13). 내 안에서는 너희 수고가 헛되지 않을 것이니라(고전 15:58). 나의 주권적인 은혜가 사람들의 마음에 역사함으로 말미암아 수많은 회심자들이 생겨나게 되어 너희가 아버지와 아들과 성령의 이름으로 세례를 베풀게 될 것이며 그리하여 삼위일체 하나님에 의한 구원과 교회의 교통 가운데 하나님과 교제하는 것을 알리고 보증하게 될 것이다. 그리고 너희에게 주어진 과업이 너희의 생애 동안에 완성하지 못하게 될지라도 용기를 잃지 말아

라. 지옥의 방법들도 내 교회를 이기지 못한다(마 16:18). 내 교회는 계속 존속될 것이다. 내가 너희와 함께 있듯이 세상 끝날까지 내 교회에 함께 하리라. 마귀의 사역까지라도 지배하여 하나님 나라 완성에 도움이 되도록 할 것이다. 또한 순교자들의 피로 교회의 씨앗이 되게 할 것이다. 지상의 주권자들이 복음이 들어오지 못하게 나라들의 문을 닫을 때에도 구원의 메시지가 놋대문과 철의 장막을 관통하는 것을 보고야 말 것이니라. 복음을 전파하는 자들은 매일지라도 나의 말(Word)은 결코 매이지 아니할 것이니라(딤후 2:9). 그리고 때가 차면 하늘에서는 큰 소리로 '세상 나라가 우리 주와 그 그리스도의 나라가 되어 그가 세세토록 왕노릇 하시리로다'(계 11:15)라고 노래하게 될 것이니라."

지상명령은 보통 선교명령으로 생각된다. 그러나 지상명령은 선교명령인 동시에 선교명령 그 이상의 것이다. 이 지상명령의 주제는 **주권적 그리스도**(The Sovereign Christ)이다. 지상명령은 그의 주권에 대한 하나의 영광스러운 선포이다. 그것은 모든 족속에게 자신을 선포하라는 주님의 주권적인 명령이다. 이는 그리스도의 주권을 보편적으로 인식케 하라는 절대적인 요구이다. 지상명령은 그리스도의 주권의 성취에 대한 확실한 예언(prophecy)이다.

햇빛을 받는 곳마다 주 예수 왕이 되시고
주예수 계신 곳마다 그 은혜 충만하도다
온천하 만국 백성들 그 사랑 찬송하리니
이 세상 끝날 때까지 그 나라 왕성하리로다.

제6장

하나님과 복음전도의 영역

종교계에서는 보편주의(universalism)의 무제가 많이 논의되어지고 있다. 보편적인 아버지이신 하나님, 보편적인 형제인 인간, 보편적인 평화, 그리고 보편적인 구원 등은 흥미있는 주제들이다. 이러한 화제의 대부분은 현대주의자들의 진영에서 나왔으며, 그러므로 줄잡아 말하더라도 신자들에게 회의를 가져다 준다. 그러한 화제 중 어떤 것은 분명히 적그리스도적이다. 그러나 아무도 거기에 기독교적인 보편주의라곤 전혀 없다고 속단해서는 안 된다. 그러한 화제 중에는 분명히 기독교적인 것도 있다. 기독교는 보편적인 종교이며 보편적인 복음전도를 요구한다.

구약시대에 있어서의 보편주의

구약시대와 신약시대는 관례적으로 민족주의 시대와 보편주의 시대로 구분된다. 대체로 이러한 구분은 타당성이 있다. 이스라엘은 하나님의 특별한 백성이었다. 모세는 그 민족에게 말하길 "너는 여호와 네 하나님의 성민(holy people)이라 네 하나님 여호와께서 지상(地上) 만민(all people) 중에서 너를 자기 기업의 백성으로 택하셨나니"(신 7:6)라고 하였다. 시편기자는 노래하길 "저가 그 말씀을 야곱에게 보이시며 그 율례와 규례를 이스라엘에게 보이시는도다 아무 나라에게도 이같이 행(行)치 아니하셨나니 저희는 그 규례를 알지 못하였도다 할렐루야"(시 147:19, 20)라고 하였다. 다른 한편으론 신약시대 초기에 교회는 모든 족속에게 복음을 전하라는 위임을 받았으며 또 모든 족속에게 복음을 전할 능력을 부여받았다.

그러나, 누구라도 구약시대의 민족주의가 절대적인 것이었다는 생각을 품어서는 안 된다. 그렇게 생각하는 것은 가장 중대한 오류일 것이다. 결코 그렇지 않기 때문이다.

그 이유는 매우 의미심장하다. 신약과 마찬가지로 구약도 하나님의 계시이기 때문이다. 신약과 구약에서 계시된 하나님은 동일하신 분이다. 물론 하나님이 자신을 계시함에 있어 점진적으로 계시하시지만, 그러나 그 어느 것에도 모순은 없다. 어거스틴(Augustine)이 신약은 구약 속에 숨겨져(latent) 있고, 구약은 신약 속에 드러나(patent) 있다고 한 말은 옳은 말이다.

이제 분명한 것은 신약의 하나님은 온 땅과 모든 족속의 하나님이시라는 사실이다. 베드로는 하나님께서 로마 백부장에게 세례를 주라고 명하셨을 때 "내가 참으로 하나님은 사람의 외모를 취하지 아니하시고 각 나라 중 하나님을 경외하며 의를 행하는 사람은 하나님이 받으시는 줄 깨달았노라"(행 10:34, 35)고 말했다. 구약의 하나님은 모든 민족의 하나님이라는 사실도 역시 명백하다. 여호와는 한 부족이나 기껏해야 한 민족의 하나님에 불과하다는 관념은 인간 상상의 허구이며 전적으로 구약성경과는 이질적인 내용이다. 그는 인류를 창조하셨다. 그는 타락한 인류에게 구세주를 약속하셨다. 하나님은 그의 종 노아를 통해 불경건한 자들에게 임박한 심판을 경고하셨다. 하나님은 대홍수로부터 노아와 그의 가족을 구원하심으로써 인류를 보전하셨다. 아브라함을 택한 백성의 조상으로 따로 구별하셨을 때, 하나님은 아브라함으로 인하여 땅의 모든 족속이 축복받게 될 것이라고 약속하셨다.

다시 말해서, 신약의 하나님은 참되고 살아계신 하나님이라고 하는 주장을 반박할 사람은 아무도 없다. 바울은 우상으로 가득찬 고린도에 있는 신자들에게 이렇게 썼다. "비록 하늘에나 땅에나 신이라 칭하는 자가 있어 많은 신과 많은 주가 있으나 그러나 우리에게는 한 하나님 아버지가 계시니 만물이 그로 말미암고 우리도 그로 말미암았느니라"(고전 8:5, 6). 구약의 하나님도 동일하신 하나님이라는 사실도 마찬가지로 반박할 수 없는 사실이다. 사실상 구약성경에서는 이 진리가 분명하게 나타나고 있다. 모세의 선포, 즉 "이스라엘아 들으라 우리 하나님 여호와는 오직 하나인 여호와시니"(신 6:4)라는 말씀이 이에 대해 기조를 이루고 있는 말씀이다. "주만 하나님이시니이다"(시 86:10)라는 반복구가 구약에서 전체적으로 나타나고 있다.

하나님은 온 땅의 하나님이시며 유일하신 하나님이시기 때문에 구약의 하나님은 보편적인 인식과 충성을 요구하시지 않을 수 없다. 이런 모든 사실은 그의 부르심(call) 가운데 잘 드러나 있다. "땅 끝의 모든 백성들아 나를 앙망하라 그리하면 구원을 얻으리라 나는 하나님이라 다른 이가 없음이니라"(사 45:22).

그런 까닭에 이스라엘의 하나님께서는 그의 종 요나에게 앗수르의 수도 니느웨에 사는 사악한 주민을 회개토록 선포하라고 명령하셨던 것이다. 그들이 그들의 죄에서 돌이켜 떠났을 때, 하나님께서는 "그들에게 내리리라 말씀하신 재앙을 내리지 아니하셨다"(욘 3:10).

구약성경이 다가오게 될 보편주의에 대한 예언들로 가득차 있다고 말하는 것은 결코 과장된 말이 아니다. 이 말씀들이 반복적으로 여러 곳에서 나타나고 있다. 시편 72편 8절은 친숙한 말씀으로 "저가 바다에서부터 바다까지와 강에서부터 땅 끝까지 다스리니" 라고 말씀하고 있다. 시편 86편 9절에서는 "주여 주의 지으신 모든 열방이 와서 주의 앞에 경배하며 주의 이름에 영화를 돌리리이다"라고 노래하고 있으며, 시편 87편 4절에서는 "내가 라합과 바벨론을 나를 아는 자 중에 있다 말하리라"라고 말씀한다. 선지자 요엘은 오순절의 사건을 미리 예언했다. 하나님께서는 그의 입을 통해 "그 후에 내가 내 신을 만민에게 부어주리니"(욜 2:28)라고 말씀하셨다. 의심할 바 없이 느부갓네살의 꿈의 형상에 대한 다니엘의 해석은 가장 강력하게 메시야적인 함의(Messianic overtones)를 지니고 있다. 선지자는 사람의 손으로서가 아니라 뜨인 돌이 정금과 은과 놋과 철과, 진흙이 섞인 신상(神像)을 부숴뜨리고 우상을 친 돌이 태산을 이루어 온 세계에 가득하게 되었다는 것을 말하면서 "이 열왕 때에 하늘의 하나님이 한 나라를 세우시리니 이것은 영원히 망하지도 아니할 것이요 그 국권(國權)이 다른 백성에게로 돌아가지도 아니할 것이요 도리어 이 모든 나라를 쳐서 멸하고 영원히 설 것이라"(단 2:44)고 말했다.

여기에서 몇 가지 예수님의 비유를 또한 언급해야 하겠는데 이는 이 비유들이 새 언약의 시대가 도래하기 전에 말씀된 것이기 때문이다. 예수님은 그 당시의 유대 종교지도자들에 대해 하나님의 나라가 그들의 손에서 빼앗기고 그 나라의 열매맺는 백성에게 주어질 것이라는 것을 말씀하시므로 불충성스러운 농부들의 비유를 마무리하셨다(마 21:43). 그리고 잔치의 비유에서 그는 청함을 받았던 자들이 오기를 거절했을 때 시내의 거리와 골목에서, 또한 거리와 산울에서 가난한 자들과 몸 불편한 자들과 맹인들과 저는 자들이 그들을 대신해서 초청받게 될 것이며 심지어 강권하여서라도 오도록 초대될 것이라고 가르치셨다(눅 14:16-24).

더욱 눈길을 끄는 것은 구약시대에도 신약시대의 보편주의에 대한 실제적인 기대가 있었다는 사실이다. 여리고의 라합(수 6:17-25; 히 11:31; 약 2:25), 모압여인 룻(룻기; 마 1:5), 수리아인 나아만(왕하 5장; 눅 4:27), 동방박사들(마 2:1-2), 그리고 사마리아 여인(요 5장) 등은 뚜렷한 예들이다. 이 사람들은 모두 신자가 되었다.

그리스도의 탄생과 보편주의

보편주의의 시대가 하나님의 아들의 탄생으로 시작되었다고 주장하는 것은 옳지 못하다. 만일 그렇다고 한다면, 주님은 그의 첫 제자들의 복음전도 활동을 이스라엘에 국한시키지 않았을 것이다(마 10:6). 이제 곧이어 설명하게 되겠지만 보편주의는 그리스도의 죽음으로 시작되었다. 그러나 그의 탄생은 보편주의를 하나의 확실한 일(foregone conclusion)로 만들어 놓았다. 그것은 그가 "때가 차매"(갈 4:4) 탄생했다는 성경의 교훈속에 내포되어 있었다.

하나님은 영원 전부터 자기 아들이 육신을 입고 오실 정확한 때를 예정하셨다. 그는 또한 그 때의 세계상황도 예정하셨다. 그의 영원한 계획을 수행하는 섭리 가운데서 복음의 전파에 있어 가장 적절한 때를 마련하신 것이었다.

섭리적으로 누런 티벨(Tiber) 강가에 있는 도시는 이제 인류의 수도가 되었다. 로마인들은 이 지역에서 저 지역으로 여행할 수 있도록 많은 길들을 닦아 놓았을 뿐만 아니라 하나님의 일반은총에 의해 전 세계에 걸쳐 훌륭한 법령과 제도를 마련해 놓았다. 바울의 로마시민권은 여러 번에 걸쳐 그의 전도여행에 유익을 가져다 주었다(참조, 행 16:36-40;22:24-29;25:9-12).

왕의 마음을 그 손에 가지고 계셔서 마치 보(洑)의 물과 같이 임의로 인도하시는(잠 21:1) 하나님께서 알렉산더 대왕(Alexander the Great)의 마음을 움직여서 헬라어를 세계의 문예언어(language of literature)로 만들도록 하셨다. 그런 까닭에 신약성경은 대부분 유대인에 의해 기록되었지만 헬라어로 쓰여지게 되었던 것이다. 보편적인 언어(common language)가 있다는 것은 각 나라를 복음화시키는데 있어 커다란 혜택(boon)이 아닐 수 없었다.

또한 이스라엘 백성을 여러 나라로 흩으신 분도 바로 하나님이셨다. 유대인들은 어디를 가든지 메시야적 예언과 약속이 담긴 구약의 말씀을 가지고 다녔다. 의심할 바 없이, 이 사실은 이방세계에서도 오실 메시야에 대한 기대를 갖게 하는데 기여하는 한 요인이 되었다. 베르질리우스(Vergil), 스에토니우스(Suetonius), 타키투스(Tacitus)와 같은 로마작가들은 마지막 날이 임하게 되면 하나님의 아들이 하늘로부터 내려와 사단을 멸망시키고 황금시대를 이룩하게 될 것이며, 유대를 중심으로 한 세계제국(World-empire)이 건설될 것이라는 고대 예언(ancient prediction)에 대한 관심을 환기시켰다.

예수님은 보편주의 시대가 막 열리려는 때에 탄생하셨다.

그리스도의 죽음과 보편주의

성경말씀(sacred story)의 모든 빛은 그리스도의 십자가에 초점이 맞추어진다. 전 인류역사는 그의 십자가에 중심을 두고 있다. 이 십자가는 옛 시대의 마지막인 동시에 새 시대의 시작을 나타낸다.

이것은 하나님의 말씀에서 쉽게 예증된다. 옛 시대는 그림자의 시대였고 새로운 시대는 실제적인 의미에서 진리의 시대이다. 의식적(儀式的)인 율법, 특히 피를 흘려 드리는 제사와 같은 율법은 갈보리 산상에서의 예수께서 흘리신 희생적인 보혈을 예표하는 것이었다. 그러므로 그리스도는 자신의 죽음을 통해 의식의 법을 폐지하셨다. 그가 운명하시는 바로 그 순간에 "성소 휘장이 위로부터 아래까지 찢어져 둘이 되었다"(막 15:37, 38). 그 휘장은 성소와 지성소를 구분하였었다. 지성소에는 시은좌(mercy seat)로 덮힌 언약궤가 놓여 있었으며 그 위에는 하나님의 장엄하신 임재의 광운(光雲, Shekinah)과 날개를 펼친 그룹 천사들이 함께 하였다. 오직 일년에 한번 대속제일에 대제사장 한 사람만이 휘장을 통과하여 하나님이 임재하시는 지성소에 들어가는 것이 허락되었는데, 대제사장일지라도 그 자신의 죄와 백성들의 죄를 속하기 위해 언약궤 위에 그가 뿌리게 될 피 없이는 들어갈 수 없었다(레 16:1-17). 이제는 그리스도께서 보혈을 흘리셨기 때문에 하나님께서는 휘장을 둘로 찢으셨다. 이는 의식법이 무효화된 것을 의미하며, 따라서 그리스도 안의 모든 신자는 성소나 인간 제사장이나 죄를 위한 희생의 제물의 중보없이 담대히 하나님의 은혜의 보좌 앞에 나아갈 수 있게 된 것을 의미한다. 그리스도의 죽음이 옛 시대를 마감하고 새 시대를 열었다고 하는 것은 아주 분명한 사실이 아닌가!

성경은 특별히 그리스도의 죽음이 민족주의 시대의 종말과 보편주의 시대의 개시를 나타내고 있다는 점을 가르쳐 주고 있다. 헬라파 유대인이 아닌 이방인인 어떤 헬라인들이 예수님을 만나 뵙고자 했을 때 크게 감동하신 예수님은 "내가 진실로 진실로 너희에게 이르노니 한 알의 밀이 땅에 떨어져 죽지 아니하면 한 알 그대로 있고 죽으면 많은 열매를 맺느니라"(요 12:24)고 선언하셨다. 또 자신의 죽음의 방식 곧 십자가에서 죽으실 것과 관련하여서 "내가 땅에서 들리면 모든 사람을 내게로 이끌겠노라"(요 12:32)고 선언하셨다. 그리고 바울은 에베소에 있는 이방신자들에게 전에는 그들이 멀리 있었으나 그리스도 예수 안에서 그리스도의 피로 가까워졌다는 사실과 또 그리스도께서 십자가로 유대인들과 이방인들을 한 몸으로 하나님과 화목시키셨다는 사실을 말했다(엡 2:13, 16).

그리스도께서 돌아가신 후 하나님 아버지께서 그를 죽은 자들 가운데서 일으키심으로써 그리스도 사역의 완성을 인정하셨기 때문에 이제 지상명령이 주어지고 성령의 강림이 이루어지게 되는 국면을 맞이하게 되었다. 그리고 성령강림으로 말미암아 교회는 땅 끝까지 이르러 복음을 전파할 수 있는 능력을 부여받았다.

만약 그리스도의 죽음이 보편주의를 가져왔다면 그 죽음은 보편적으로 선포되는 복음의 핵심적인 주제가 될 수 있을 것이다. 사실 그것은 참으로 복음의 핵심적인 주제이다. 위대한 선교사인 바울사도는 고린도 교회에 보낸 서신에서 "우리는 십자가에 못 박힌 그리스도를 전하노라"(고전 1:23)고 말했으며, 또 "내가 너희 중에서 예수 그리스도와 그의 십자가에 못 박히신 것 외에는 아무 것도 알지 아니하기로 작정하였음이라"(고전 2:2)고 말했다.

그리스도의 승귀(昇貴)와 복음전도

앞 장에서 그리스도의 승귀와 전세계적인 복음전도의 관계에 대하여 여러 번 언급했다. 이제 그것을 간략히 정리해 보기로 하자.

하나님 아버지께서는 죽은 자들 가운데서 그를 일으키심으로 아들이 완성한 중보사역을 확고히 인정하신다는 점을 나타내셨다. 그래서 예수 그리스도와 그의 십자가에 못 박히신 것 외에는 아무 것도 알지 아니하기로 작정한 그 사도가 부활을 그의 복음선포의 내용으로 삼은 것은 전혀 이상한 일이 아니다. 그리스도의 죽음과 부활은 하나의 주제를 구성한다.

그리스도는 고난을 통하여 그의 영광에 들어가셨다(눅 24:26). 그리스도께서 죽기까지 순종하심의 보상으로 하나님 아버지께서는 그로 존귀한 자와 함께 분깃을 얻게 하며 강한 자와 함께 탈취물을 나누게 하셨으며(사 53:12), 또 하나님께서는 그를 지극히 높여 모든 이름 위에 뛰어난 이름을 주사 모든 무릎을 예수의 이름에 꿇게 하시고 모든 입으로 그를 주라 시인하도록 하셨다(빌 2:9-11). 이것은 주님이 죽은 자들 가운데서 부활하시고 하나님 아버지 우편에 앉아계신다는 의미이다. 부활하시고 승천하신 그리스도께서 그의 복음을 보편적으로 선포하라고 명령하신 것은 얼마나 당연한 일인가!

영화롭게 되신 그리스도께서 그의 제자들에게 보편적인 복음전도를 요구하셨으며, 하나님의 권능의 손으로 높이우신 그리스도께서 교회에 성령을 부어주셔서 교회로 하여금 모든 족속에게 그를 증거할 수 있도록 하셨다(행 2:33).

이 전능하신 왕은 물이 바다를 덮음같이 여호와를 아는 지식이 세상에 충만할 때까지 복음을 선포하는 일에 있어서 교회와 함께 하시면서 교회를 보호하시고 왕성케 하실 것이다(사 11:9).

그리스도의 승귀(昇貴)는 보편적인 복음전도를 요구한다. 그의 복음은 모든 곳에 선포되어야 한다. 왜냐 하면 그리스도는 우주적인 왕이시며 또한 우주적으로 인식되어야 할 분이시기 때문이다.

오순절과 보편주의

오순절은 기독교회의 생일이라고 종종 말해지고 있는데 이는 잘못된 말이다. 인간이 타락한 이래 구원에 이르는 길은 단 한 길 밖에 없다. 구원받은 모든 사람은 그리스도를 믿음으로 구원받은 것이다. 그리고 그를 믿은 사람은 모두 그의 몸인 교회의 지체들이었다. 구원과 관련해서 옛 시대의 성도들과 새 시대의 성도들 사이에 유일한 차이점이 있다면 그것은 후자가 역사적인 그리스도를 믿음으로 구원받은데 반하여 전자는 예언된 그리스도를 믿음으로 구원받았다는 점이다. 예언된 그리스도와 역사적 그리스도는 한 분이시며 동일하신 분이라는 것은 말할 필요조차 없는 일이다. 따라서 그러하였으리라고 생각되지만, 아담과 하와가 창세기 3장 15절에 원복음(protevangelium)을 믿었다면 그들은 그리스도의 교회의 첫 지체들이 된다. 그리고 아벨과 아브라함과 다윗과 이사야도 베드로와 바울과 어거스틴과 루터와 마찬가지로 기독교회의 지체들이었다.

오순절이 기독교회의 생일은 아니었다고 할지라도, 오순절은 교회의 역사에 있어 가장 중요한 전환점이다. 교회에 성령께서 강림하심은 민족주의에서 보편주의에로의 변환을 효과있게 수행하도록 하는 계기가 되었다.

오순절에 어떤 일이 일어났는지를 한번 살펴보라!

예수님의 제자들이 한 곳에 모여 있었다. 그들은 땅의 모든 족속으로 제자를 삼으라는 명령을 받아 가지고 있었다. 그러나 그들의 숫자는 적었으며, 너무나 적었다. 또한 그들은 연약하고, 극히 연약한 자들이었다. 만약 그들이 그들 자신들의 힘만을 의지했더라면 그들의 투쟁은 실패하였을 것임이 틀림없다. 사실상 그들은 너무나 약했기 때문에 그들의 힘으로는 세상의 세력에 대항할 수 없었다. 그들은 힘이 없었으며 그들 자신이 이 사실을 잘 알고 있었다. 그러나 세상정복의 과업이 그들의 코 앞에 놓여 있었다. 갑자기 그리고 기적적으로 하나님의 우편에 계신 주님께서 그들의 도움이 되셨다. 그는 약속하셨던 바 위로부터의 능력을 그들에게 주셨다. 그들은 "홀연히 하늘로부터 급하고 강한 소리가 있어 저희 온 집에 가득한" 것을 체험하였으며 그 외에도 "불의 혀 같이 갈라지는 것이 저희에게 보여 각 사람 위에 임하였다"(행 2:2-3). 두 가지 가장 큰 자연의 세력이 나타나고 있는데, 이는 성령으로 하나님의 전능하시고 불가항력적인 능력을 상징하고 있다. 이와 같이 성령의 능력을 부여받은 후 그들은 "천하 각국으로부터 온" 사람들에게 다른 방언으로 복음을 전파하기 시작했다(행 2:4-6). 그들로서는 아주 불가능하리라 여겨졌던 과업이 잘 성취되어가고 있었다.

이것이 말하고자 하는 전부는 아니다. 예루살렘에 있던 제자들은 유대인들이었다. 그들은 다른 모든 유대인들과 마찬가지로 이방족속에 대해 심한 편견(powerful prejudices)을 가지고 있었다. 요나가 니느웨 사람들에게 경고하기를 거절했던 것도 그가 다만 지나친 개인주의로 행동했을 뿐만 아니라 오히려 더욱 전형적인 이스라엘 사람으로 행동했다고 보아야 할 것이다. 이스라엘 사람들은 여호와의 백성이라는 자만심으로 인하여 다른 민족들을 거만한 경멸로 무시하곤 했다. 예수님의 제자들이 모든 족속으로 제자를 삼아야 한다면, 그들은 이러한 편견을 극복해야만 했다. 그들은 이 점을 느끼고 있었지만, 어떻게 그렇게 극복할 수 있는지, 참으로 어느 정도라도 그럴 수 있을 것인지 하는 의아심을 가지고 있었다. 그러나 눈깜빡할 사이에 성령께서는 그러한 편견을 없애버리셨다. 그들은 스스로 그들이 하려하는 일을 인식하기도 전에, 유대인과 유대교에 들어온 사람들과 이방인들에게 복음을 전파하고 있는 자신들을 발견했다(행 2:10).

그러나 그들의 복음전파에 효과적인 결과가 있을 것인가? 이러한 의문이 그들의 마음 속에서 일어났다. 왜냐 하면 주님께서 그들에게 모든 족속에게 복음을 전할 뿐만 아니라 모든 족속으로 **제자를 삼으라**(to make disciples)고 명령하셨기 때문이다. 그들이 이 문제에 관해 고민하였을지는 몰라도, 아마도 고민하였을 듯한데, 그들의 고민은 곧 사라졌을 것이다. 그날이 저물기 전에 성령에 의한 불가항력적인 복음적용의 역사로 말미암아 약 3천명이나 회개하고 그리스도를 믿었기 때문이다(행 2:41).

이리하여 사도행전 2장의 예루살렘은 창세기 11장의 바벨탑과 대조를 이루는 사건이 되었다. 두 경우에 있어서 모두 하나님의 능력의 기적적인 역사가 베풀어졌는데, 그 기적이 매우 유사하다. 하나님은 바벨탑 사건에서와 예루살렘 사건에서 초자연적으로 인간들로 하여금 여러 방언으로 말하게 하셨다. 그러나 그 결과는 너무나 상이했다. 바벨탑 사건에서는 혼란과 분열이 초래되어 사람들은 온 지면으로 흩어지게 되었고, 결국 그것은 민족주의의 시초가 되었다. 그러나, 예루살렘 사건에서는 한 메시지가 여러 방언으로 선포되었다. 이것이 복음이다. "살았고 운동력이 있는"(히 4:12) 하나님의 말씀을 통하여 하나님의 성령은 천하 각국에서 온 사람들을 그리스도의 한 교회 안으로 인도하셨다. 오순절은 보편주의(universalism)와 통일(和合, unity)을 의미한다.

성령의 강림은 기독교 보편주의의 강력한 이행(履行)과 효과적인 실현의 전조(前兆)였다.

보편주의와 사도적 교회

20세기에 살고 있는 이방신자들이 1세기의 기독교 시대에 살았던 유대인 신자들의 입장에 서서 생각한다는 것은 힘든 일이다. 그들은 땅 위의 모든 족속 가운데서 하나님의 선택된 백성이라는 사실이 그들의 마음속에 아주 깊은 인상으로 남아 있었기 때문에, 그들이 그들과 이방인 사이의 중간에 막힌 담이 허물어지게 되었다는 것(엡 2:14)과 그리스도 예수 안에서는 유대인이나 헬라인이나 하나이다 라는 것(갈 3:28)을 이해하는 것이 거의 불가능했다.

의심할 바 없이 이런 이유로 인해 하나님께서는 여러 기회에 사도적 교회에 유대인들에게와 마찬가지로 이방인들에도 복음을 전파해야 할 책임이 주어져 있음을 강력히 상기시키셨다. 그렇게 상기시키신 내용 중에 적어도 네 가지는 특별히 주목할 가치가 있다.

전도자 빌립은 성령에 의해 아주 초자연적인 방식으로 간다게 여왕의 신하인 한 에디오피아 사람에게 복음을 전했다. 그리고 성령께서는 빌립의 메시지가 이 이방인의 마음에 역사하도록 축복하심으로 그가 곧바로 예수 그리스도를 하나님의 아들이라고 고백하게 되었으며, 그의 몸된 교회의 지체로 세례를 받게 되었다(행 8:26-39).

베드로가 오순절 사건에 있어 적극적으로 참여하는 모습을 보게 되면 사람들은 그가 그 후로부터 이방 어느 곳에라도 복음을 전할 준비가 충분히 되어 있었다고 추측해 볼 수도 있었을 것이다. 그러나,

그 점은 절대로 그렇지 않다. 그가 기꺼이 로마사람을 신자들의 교제 안으로 받아들이는데 있어서 특별한 가르침을 필요로 하였다. 베드로는 해안가인 욥바에서 피장(皮匠) 시몬의 집 지붕에서 비몽사몽간에 하늘이 열리며 한 그릇이 내려오는 것을 보았다. 그 안에는 땅에 있는 각색 네 발 가진 짐승과 기는 것과 공중에 나는 것들이 있었다. 또 하늘로부터 소리가 있어 그에게 그것들을 먹으라고 했다. 그가 하나님께서 친히 유대인들에게 주신 율법을 기억하면서 깨끗지 아니한 물건을 먹지 않겠다고 거절하였을 때, 그는 "하나님께서 깨끗케 하신 것을 네가 속되다 하지 말라"라는 소리를 들었다. 베드로에게 하나님의 뜻임을 확신하도록 하기 위해 이런 일이 세 차례나 있었다. 이 천래적(天來的) 환상에 순종하여 베드로는 고넬료와 그의 가족들에게 복음을 선포했는데, 그가 설교를 마치기도 전에 성령이 말씀을 듣는 모든 사람에게 내려오셨다. 그래서 베드로와 함께 온 유대인 신자들은 이 일에 놀라게 되었다. 그리하여 베드로는 성령을 받은 자에게 세례를 주는 일은 금할 수 없다고 판단했다. 그들은 비록 이방인이었지만 세례를 받고 그리스도의 몸이 되었던 것이다(행 10장).

그런데 베드로는 하나님께서 자기 이름을 이방인들에게 전하기 위하여 택하신 그릇은 아니었다. 이방인을 위해 택한 그릇은 다소 사람 사울이었다(행 9:15). 할례자를 위한 복음전도가 베드로에게 맡겨진 것처럼 무할례자를 위한 복음전도는 바울에게 맡겨졌다. 베드로에게 역사하여 할례자의 사도로 삼으신 하나님이 또한 바울에게 역사하셔서 이방인의 사도로 삼으셨다(갈 2:7, 8). 바울은 비록 "히브리인 중의 히브리인"(빌 3:5), 즉 히브리인 아버지와 어머니 사이에서 태어났지만 길리기아 지방에서 태어나 거기에서 자랐다. 나면서부터 그는 로마시민이었으며 다른 사도들과는 달리 헬라문화를 배웠다. 그의 회심과 성령에 의한 그의 소명, 그리고 그의 선교여행들은 사도시대의 보편주의 내력에 있어 아주 중요한 역할을 담당하고 있다. 그의 복음전도 사역은 유대인의 수도 예루살렘에서부터 세계의 수도 로마에 이르는 예수 그리스도의 복음의 승리적인 행진을 뜻하는 것이었다.

사도행전 15장에 흔히 예루살렘공의회라 불리우는 사건이 있었다. 하나의 중대한 문제는 초대교회의 신자들 가운데 소위 유대파 신자들이 있었는데, 그들은 이방인이 기독교회 안으로 들어오려면 반드시 유대인의 문을 통해야 한다고 주장한 것이다. 이는 곧 그들이 할례의식을 행해야만 한다는 말이었다. 이 문제가 예루살렘공의회에서 논의되었고 성령께서 이 회의에 역사하셨다. 이 회의에서 이방인 신자들에게 꼭 필요한 어떤 것 외에는 짐을 지우지 않는 것이 좋다는 선언이 채택되었고, 할례는 꼭 필요한 것이 아니라는 결론이 내려졌다. 따라서 바울은 갈라디아 교회에 보낸 편지에서 유대주의적 이단을 강력히 공박하였다. 그는 공적으로 저주하면서 이렇게 말했다. “우리나 혹 하늘로부터 온 천사라도 우리가 너희에게 전한 복음 외에 다른 복음을 전하면 저주를 받을지어다”(갈 1:8).

보편주의와 오늘날의 교회

기독교회가 세계를 복음화하라는 지상명령과 능력을 부여받은지 20세기 이상 흘렀으나 아직 그 과업은 성취되지 않았다. 전도에 나태

한 점에 대해 역사적 교회는 다만 죄책감을 느낄 뿐이다. 이러한 게으름에 대해 무슨 변명을 할 수 있겠는가? 물론 많은 요인들이 있겠지만 가장 주된 요인은 교회가 신성하지 못했다는 점이다. 교회는 마땅히 가지고 있어야 할 하나님에 대한 의식이 결여되어 있었다. 만약 교회가 항상 하나님의 무한한 사랑, 하나님의 주권적 선택, 하나님의 은혜언약, 하나님의 주권적 명령, 그리고 성경의 하나님이 온 세상의 하나님인 동시에 오직 참되시고 살아계신 하나님이시라고 하는 진리에 대해 충분한 의식을 가져왔더라면 교회는 복음전파의 사역에 있어 비교할 수 없을 정도로 더욱 활발하였을 것이다.

비록 많은 현대의 복음전도가 하나님 중심이라기 보다는 인간 중심으로 흘러가고 있지만 오늘날의 시대는 부인할 수 없는 선교의 시대이다. 동기야 어떠하든지 19세기와 20세기에 걸쳐 거의 모든 기독교회 교파들이 전에 볼 수 없을 정도로 세계적인 복음전도에 열을 올리고 있다. 드디어 교회는 전세계적으로 복음을 선포하라는 하나님이 주신 과업을 충분히 인식하고 있는 것처럼 보인다.

정말 그런가? 이렇게 말하긴 안됐지만 심지어 오늘날까지도 교회가 기독교 보편주의의 의미를 충분히 이해하고 있다고 주장할 수는 없는 상황이다. 그 몇 가지 증거를 들어보기로 하자.

유대인들 사이에서의 복음전도는 소홀히 되고 있다. 자유주의적인 신교도들은 유대인을 복음화하기 위한 시도는 그와 그의 종교를 모독하는 것이라고 느끼고 있다. 유대주의와 기독교는 동등하게 정당성을 가진 혹은 거의 동등한 종교로서 평가되어진다. 기독교 지도자들과 유대교 지도자들과의 회의에 있어서 이 두 종교는 동등한 위치에 놓인다. 다른 한편으로 유대인들에 대한 선교는 쓸데 없는 것이라고 확신하는 복음주의자들도 있는데, 이는 유대인들에게 전도해 보았자 그 결과로 “그의 피를 우리와 우리 자손에게 돌릴지어다”(마 27:25)라는 저주적 반응이 나올 뿐이라고 생각하기 때문이다. 때때로 “유대인들은 그들의 전도받을 기회를 가져왔다”고 말하는 사람들도 있다. 이런 말이 어느 정도는 사실이라는 점을 부정할 필요는 없다. 대체로 이스라엘 사람들은 심령이 굳어져 있다. 바울의 글에 보면 “이스라엘은 완악하게 되었다”고 했는데, 그러나 이 말은 하나님의 옛 백성 중 ‘더러는’(in part) 완악하게 되었다는 것을 말하고 있음을 간과해서는 안 된다. 성령의 은혜로 인해 오순절날 문자 그대로 수천 명의 유대인들이 기독교로 개종했다. 그리스도 자신은 다메섹 도상에서 한 유대인을 권능으로 붙잡으셔서 그와 교회를 박해한 자를 역사상 가장 위대한 선교사로 바꾸어 놓으셨다. 이 한 유대인의 회심은 전 세계 모든 세기에 걸쳐 수 많은 회심자를 낳는 결과를 가져왔다. 또한 주님께서 “이방인들 앞에서” 뿐만 아니라 “이스라엘 자손들 앞에” 그의 이름을 전하기 위하여 사울을 택한 그릇으로 삼으셨다는 사실을 잊어서는 안 된다(행 9:15). 바울이 그의 선교사역에 있어 관례적으로 복음을 “첫째는 유대인에게”(롬 1:16) 전하였다는 것은 의미있는 일이다. 그는 이방 로마에 도착했을 때도 역시 먼저 그 도시의 유대인들과의 접촉을 시도하였었다(행 28:17).

미국을 포함한 많은 나라에서는 다른 종족 특히 흑인 신자들을 자신들이 속해 있는 교회조직의 회원으로 받아들이지 않는 백인 그리스도인들이 있다. 물론 그들은 다른 종족에게 복음을 전하며 다른 종족들도 그리스도의 영적인 몸이라는 사실을 부인하지는 않는다. 그러나 그들은 흑인들이 그들과 함께 같이 공적 예배에 참여하는 것을 허락하지 않고 또한 그들과 함께 성만찬에 참여하는 것을 허락하지 않는다. 그런데 사실 예배와 성만찬은 바울이 "떡이 하나요 많은 우리가 한 몸이니 이는 우리가 다 한 떡에 참여함이라"(고전 10:17)고 말하였듯이 다른 어떤 진리보다도 신자들의 연합을 의미하고 있는 것으로서 주님에 의해 제정된 것들이다. 이러한 백인들의 태도는 기독교 보편주의를 부인하지는 않는다고 할지라도 안타깝게도 그 속에 함축된 의미를 이해하지 못하고 있음을 분명히 드러내 준다. 그런 태도를 취하고 있는 자들은 그리스도 안에서는 "헬라인과 유대인이나 할례당과 무할례당이나 야만인이나 스구디아인이나 종이나 자유인이 분별이 있을 수 없나니 오직 그리스도는 만유시요 만유 안에 계시니라"(골 3:11)는 말씀을 명심해야 할 필요가 있다.

이러한 측면에서 너무나 소홀히 되고 있는 복음전도에 관한 성구들을 주목해야 한다. 기독교적 보편주의를 논의하는 경우 일반적으로 나라와 종족들을 관련시키고 있으나 이 개념은 그 이상의 의미를 지니고 있다. 이 개념은 또한 사회의 다양한 계층에 적용되어야 한다. 그리스도의 제자들은 "육체를 따라 지혜있는 자가 많지 아니하며 능한 자가 많지 아니하며 문벌 좋은 자가 많지 아니 하도다. 그러나 하나님께서 세상의 미련한 것들을 택하사 지혜 있는 자들을 부끄럽게 하려 하시고 세상의 약한 것들을 택하사 강한 것들을 부끄럽게 하려 하시며 하나님께서 세상의 천한 것들과 멸시받는 것들과 없는 것들을 택하사 있는 것들을 폐하려 하시나니 이는 아무 육체라도 자랑하지 못하게 하려 하심이라"(고전 1:26-29)하신 것처럼 자랑할 것이 없다는 것은 대체로 사실이긴 하지만, 그러나 그리스도 안에서는 부자나 가난한 자나, 교육받은 자나 교육받지 못한 자나, 통치하는 자나 지배받는 자나 차별이 없다. 일반적으로 말해서, 교회는 가난한 자와 무식한 자, 도시 빈민가의 사람들, 사회 '하층'에 있지만 아직 복음을 '받지 못한' 사람들을 주로 복음전도 대상으로 삼는데 익숙해 있다. 그러한 사람들에게 분명히 복음이 필요하다. 그러나 은행장들, 기업의 중역들, 정부관리들 및 대학교수들에게도 마찬가지로 복음이 필요하다. 그리스도께서는 유대인의 최고법정 산헤드린의 회원인 니고데모에게 복음을 전하셨다. 그는 고등교육을 받고 교양있는 바울을 구원하셨다. 빌립은 에디오피아 여왕의 모든 국고를 맡은 사람에게 전도하였다. 바울의 선교여행에 대한 누가의 기록을 보면 가장 먼저 기록된 회심자는 구브로의 총독 서기오 바울이었다(행 13:4-12). 바울의 복음전도 사역의 결과로 가이사 집 사람 중 몇 사람이 믿음의 권속의 지체가 되었다(빌 4:22). 상류층에 있는 사람들도 하류층에 있는 사람들과 마찬가지로 동일한 복음을 참으로 필요로 하고 있다. 복음은 가난한 죄인과 부유한 죄인에게 구세주를 전파하는 것이다. 모든 사람은 다 함께 갈보리 산상에서 구세주의 오른 편에 달렸던 강도처럼 구원받아야 한다. 하나님의 저주를 받아 마땅한 죄인들인 우리는 십자가에 못 박히신 주님에게 우리 자신을 맡김으로써 구원을 받아야 하는 것이다.

제7장

하나님과 복음전도의 긴급성

그리스도께서 제자들에게 모든 족속으로 제자를 삼으라고 명하시고 그 과업을 완성토록 성령의 선물을 주셔서 그 제자들에게 능력을 부여하신지 20세기가 훨씬 더 경과했다. 그러나 2000년을 기준하여 전 세계에 걸쳐 그리스도인이 세계 인구의 3분의 1이 되지 못하며 타 종교인과 무신론자들의 숫자는 3분의 2가 넘는다. 그리스도인의 숫자에 포함된 사람들 중에는 아주 많은 사람들이 단지 명목상의 그리스도인이라는 사실과 더불어 이러한 상황은 복음전도의 심각한 긴급성을 지적해 준다. 그러나 이 장에서는 다른 관점, 즉 신학적 관점에서 이 주제를 다루려고 한다.

긴급한 복음전도와 이단

어떤 신학들은 서로 상이한 신학들이긴 하지만 복음전도의 긴급성을 모호하게 하거나 심지어 부인하는 점에 있어서 똑같은 역할을 하고 있다.

이런 저런 형태로 이차적 집행유예(second probation)의 그릇된 신학이 널리 퍼져 있다.

동서방의 초대교회 교부들과 그 후의 많은 사람들, 그리고 현대신학자 중 많은 이들은 아마도 베드로전서 3장 18-20절의 말씀이 그리스도께서 그의 죽음과 부활의 기간(the interval) 동안 옥에 갇혀 있는 노아시대의 사람들, 곧 하나님의 사람의 경고에 귀를 기울이지 않아 홍수로 심판을 받았던 자들에게 복음을 전파하기 위하여 죽은 자들의 영역에 내려가셨다는 것을 가르치고 있는 것 같다고 주장한다. 어거스틴은 이 해석을 반대하고 이 구절은 노아를 통해 홍수에 앞서 노아의 동시대 사람들에게 복음을 전파하신 분은 바로 그리스도의 영(the Spirit of Christ)이었으며, 그 사람들은 베드로가 이 서신을 썼을 때 이미 영원한 형벌의 감옥이 있었다고 하는 것을 의미한다고 주장했다. 후자의 해석이 개혁교회의 주된 해석이 되었고 전부는 아니라고 할지라도 많은 개혁주의 주석가들에 의해 지지되었다. 전자의 해석(construction)을 지지한다 하여도 오늘날 복음전도의 긴급성을 꼭 약화시켜야 할 필요는 없다. 왜냐 하면 그리스도께서 노아시대의 사람들에게 복음을 전하기 위해 옥에 내려가신 것은 이차적 집행유예의 한 고립된 실례로 고려될 수 있기 때문이다. 그럼에도 불구하고 이 해석은 다른 가능한 예를 위한 여지를 남기고 있다. 이같은 죽음 이후의 시련의 기간에 대한 어떤 교리는 죽음 이전의 복음전도의 중요성을 떨어뜨리는 경향이 있다.

기독교 교리사를 총괄해 보면 그리스도를 떠나서는 구원받을 수 없지만 이 땅에 사는 동안 그리스도에 관해 전혀 들어보지도 못한 자들에게 영원한 멸망에 처하게 하시는 것은 하나님 편에서 불공정하신 것이 아니냐고 주장하는 사람들이 있었다. 결론은 구세주를 알지 못하고 죽은 사람은 그 죽은 후에 얼마간 구원의 복음을 영접할 기회를 가져야만 한다는 것이다. 이러한 주장은 아담 안에서 범죄한 모든 인류는 지옥에 떨어져 마땅하다는 사실을 간과하고 있다. 이 일은 인간이 범한 어떤 죄나 그 모든 죄의 마땅한 댓가는 영원한 죽음이라는 사실을 알지 못해서 생긴 일이다. 또한 심판에 있어서 알지 못하고 맞을 일을 범한 자는 알고서 범한 자보다 적게 맞을 것은 분명하지만 그럼에도 불구하고 맞는다는 점은 분명하다는 예수님의 말씀(눅 12:48)을 바로 보지 못해서 생긴 일이다. 분명히 성경에서 떠난 이러한 이탈의 결과는 복음전도의 긴급성을 크게 감소시킬 수밖에 없다.

어떤 이단들은 이생에서 구원에 관하여 들어보지 못한 모든 자와 또한 복음을 들었던 자들까지도 죽은 후에 또 다른 "구원의 기회"(chance at salvation)를 갖게 될 것이라고 뻔뻔스레 가르치고 있다. 여호와증인(Jehovah's Witness)이 대표적인 예이다. 만약 그것이 사실이라면 누구나 불신앙 가운데 죽어 돌이킬 수 없는 멸망에 떨어져서는 안 된다는 생각을 가지고 그리스도를 믿고자 하는 이들에게 그 긴급성을 약화시킬 것임이 틀림없다. 이 경우에 있어 구원받지 못한 자에게 구원의 복음을 전파하는 것도 마찬가지로 덜 긴급한 것이 되고 말 것이 분명하다.

여기에서는 영원한 지옥에서 불신자들이 당하는 의식있는 고통을 부인하는 점에 대해 언급해야 한다. 그와 같은 부인은 두 번째 시험에서 구원받지 못한 자들이 멸절(滅絶)될 것이라는 여호와증인의 가르침 가운데 구체적으로 표현되고 있다. 제칠일예수재림론자(The Seven-day Adventist)의 조건적 불멸성(conditional immortality)도 유사한 결론에 귀착된다. 이미 언급한 종파 이외에도 역시 성경적인 지옥에 관한 진술은 너무나도 시대에 뒤떨어졌기 때문에 그것을 받아들일려면 적어도 300년 이전에 태어났어야 하며 성경에서 말하는 지옥은 두려워 떨만한 것이라기 보다는 농담거리에 불과하다는 견해가 널리 퍼져 있다. 그러나 무흠하신 그리스도께서 그를 믿지 않는 자에게는 하나님의 진노가 그 위에 머물러 있다고 하시고(요 3:36), 또 심판의 날에 그가 불의한 자에게 마귀와 그 사자(使者)들을 위하여 예비된 영영한 불에 들어가라고 선고(宣告)하실 것이다(마 25:41, 46). 그 영영한 불의 장소는 "구더기도 죽지 않고 불도 꺼지지 아니하는"(막 9:44, 46, 48) 무서운 실재(reality)라고 하신 그의 무오한 말씀(Word) 가운데서 우리에게 말씀하신 사실은 구원받지 못한 자에게 복음을 전파하는 일이 매우 긴급한 것임을 밝혀주고 있다. 반대로 이 사실에 대한 부인은 그 긴급성을 크게 약화시킨다. 그런데 만약 여호와증인과 제칠일 예수재림교회 교인들이 선교적인 열정이 뛰어나다는 점에 이의가 있다면 그 대답은 바로 이렇다. 그들은 복음전도하는 일보다 개종시키는 일에 관심이 더 많다. 그들은 성경적인 구원의 복음이 아니라 흔히 역사적 기독교 진리를 떠난 그들 나름의 독특한 이단사설(異端邪說)을 전파한다.

신학적으로 보아 오늘날의 상황은 3세기에 죽은 오리겐의 시대 이래 기독교계를 혼란시켜온 과오가 다시 크게 나타나고 있다. 이것은 보편적 구원에 관한 이단들이다. 유니버셜리스트(Universalist, 18세기 미국에서 일어난 이단, 만인구원설을 믿음 – 역자주)들, 유니테리안 교도(Unitarian, 삼위일체를 인정하지 않고 일신론을 신봉하는 자 – 역자주)들, 그리고 크리스천싸이언스 신자(Christian Scientist, 약품을 쓰지 않고 신앙요법을 특색으로 하는 이단종파의 신자 – 역자주)들이 그러한 학설을 제의했다. 여러 종파에 있어서 오늘날 자유주의자들의 거의 모두는 여기에 동조하고 있다. 그리고 일반적으로 오늘날 가장 영향을 끼치고 있는 신학자로 평가되고 있는 신정통주의 학자인 칼 바르트(Karl Barth) 역시 전적으로 일치하지는 않지만 그러한 이단적인 주장을 가르치고 있다. 긴급한 전도에 이 이상 반대되는 교훈들은 없다. 여하튼 모든 사람이 천국의 영원한 축복을 누리게 된다면 그들에게 구원의 복음을 서둘러 전해야 할 긴급한 이유가 없게 되고 말 것이다.

복음전도의 긴급성을 심각하게 약화시키는 또 다른 이단을 말해야 하겠다. 자칭 그리스도인이라 하는 많은 사람들이 오늘날 기독교만이 유일한 참종교인 것을 부인하고 있으며, 또 그리스도께서 유일한 구세주이시라는 사실과 구원의 유일한 길은 인간의 공적(功績)으로 인해서가 아니라 하나님의 은혜(恩惠)로 인한 것이라는 사실을 부인하고 있다. 기독교는 어쩌면 가장 뛰어난 종교일 수도 있고 그저 다른 종교와 같은 수준의 종교일 수도 있으나 어쨌든 많은 종교들 가운데 하나의 종교에 불과하다고 말하는 자들이 있다. 부처나 공자도 역시 구세주라는 것이다. 그리고 구원이란 자기부인(自己否認)이나 이웃사랑과 같은 미덕을 실천함으로써 얻어지는 것이라고 한다. 이러한 견해가 전도의 긴급성을 파괴시킨다고 말하는 것이 가장 핵심을 말하는 것이다. 분명한 사실은 그런 잘못된 견해는 기독교 복음전도의 여지를 전혀 남겨두고 있지 않다는 점이다.

정통 기독교와 긴급한 복음전도

긴급성에 대한 기록은 예수님의 명령 가운데서도 분명히 나타난다. “추수할 것은 많되 일군이 적으니 그러므로 추수하는 주인에게 청하여 추수할 일군들을 보내어 주소서 하라”(눅 10:2).

성경 전체를 통하여 볼 때 복음전도의 긴급성에 대한 강조는 복음의 초청 가운데서 단호하게 울려나고 있다. 그 몇 가지 예로는 다음과 같은 구절들이 있다.

“… 너희 섬길 자를 오늘 택하라 오직 나와 내 집은 여호와를 섬기겠노라”(수 24:15).

“너희가 어느 때까지 두 사이에서 머뭇 머뭇 하려느냐 여호와가 만일 하나님이면 그를 좇고 바알이 만일 하나님이면 그를 좇을지니라”(왕상 18:21).

“너희는 므리바에서와 같이 또 광야 맛사의 날과 같이 너희 마음을 강퍅하게 말지어다”(시 95:8).

“너희 목마른 자들아 물로 나아오라 돈 없는 자도 오라 너희는 와서 사먹되 돈 없이 값없이 와서 포도주와 젖을 사라 너희가 어찌하여 양식 아닌 것을 위하여 은을 달아주며 배부르게 못할 것을 위하여 수고하느냐 나를 청종하라 그리하면 너희가 좋은 것을 먹을 것이며 너희 마음이 기름진 것으로 즐거움을 얻으리라 너희는 귀를 기울이고 내게 나아와 들으라 그리하면 너희 영혼이 살리라 내가 너희에게 영원한 언약을 세우리니 곧 다윗에게 허락한 은혜니라”(사 55:1-3).

“주 여호와의 말씀에 나의 삶을 두고 맹세하노니 나는 악인의 죽는 것을 기뻐하지 아니하고 악인이 그 길에서 돌이켜 떠나서 사는 것을 기뻐하노라 이스라엘 족속아 돌이키고 돌이키라 너희 악한 길에서 떠나라 어찌하여 죽고자 하느냐 하셨다 하라”(겔 33:11).

“수고하고 무거운 짐진 자들아 다 내게로 오라 내가 너희를 쉬게 하리라 나는 마음이 온유하고 겸손하니 나의 멍에를 메고 내게 배우라 그러면 너희 마음이 쉼을 얻으리라 이는 내 멍에는 쉽고 내 짐은 가벼움이라 하시니라”(마 11:28-30).

“주인이 종에게 이르되 길과 산울 가로 나가서 사람을 강권하여 데려다가 내 집을 채우라”(눅 14:23).

“이러므로 우리가 그리스도를 대신하여 사신(使臣)이 되어 하나님이 우리로 너희를 권면하시는 것 같이 그리스도를 대신하여 간구하노니 너희는 하나님과 화목하라”(고후 5:20).

“내가 은혜 베풀 때에 너를 듣고 구원의 날에 너를 도왔다 하셨으니 보라 지금은 은혜 받을만한 때요 보라 지금은 구원의 날이로다”(고후 6:2).

“너희는 삼가 말하신 자를 거역하지 말라 땅에서 경고하신 자를 거역한 저희가 피하지 못하였거든 하물며 하늘로 좇아 경고하신 자를 배반하는 우리일까 보냐”(히 12:25).

전도의 긴급성에 대한 이유는 바로 하나님께로부터 말미암는다. 왜냐 하면 그는 참 하나님이신 까닭에 죄인들이 자기에게 돌아오기를 간절히 원하고 계시기 때문이다.

성경의 하나님만이 유일하신 하나님이다. 그는 홀로 살아계신 하나님이시다. 소위 다른 모든 신들은 말 못하는 우상들이다. 그러므로 사람들을 모든 형태의 우상에게서 떠나 하나님께로 돌아오도록 즉각적으로 급히 서둘러야 한다.

성경에서 말하는 하나님만이 구원하실 수 있는 능력이 있다. 구원은 삼위일체이신 하나님께 속한 것이다. 아버지께서 이끌지 아니하시면 아무라도 아들에게 나와 믿을 수 없다(요 6:44). 아들이 길이요 진리요 생명이기 때문에 그로 말미암지 않고는 아버지께로 올 자가 없다(요 14:6). 그리고 성령으로 아니하고는 누구든지 예수를 주시라 할 수 없다(고전 12:3). 이것이 사실일진대 죄인들은 어쩔 도리없이 지체하지 말고 구원받기 위해 하나님 앞에 나아와야 한다.

성경의 하나님은 공평하시고 의로우신 하나님이시다. "의와 공평이 그 보좌의 기초로다"(시 97:2). 그는 완전한 공의의 길에서 한 터럭만큼도 벗어나지 않으시는 분이다. 주는 일향(一向) 미쁘시기 때문에 자신을 부인하시지 않는 분이시다(히 2:13). "긍휼은 심판을 이기고 자랑하느니라"(약 2:13)는 말씀을 하나님의 긍휼로 인해 하나님의 공의가 시행될 수 없음을 의미하는 것이라고 이해하는 자는 가장 어리석게 성경을 해석하는 죄를 저지르는 자이다. 이 말씀은 결코 그런 뜻을 가지고 있지 않다. 야고보는 긍휼을 행하지 아니하는 자에게는 긍휼없는 심판이 있으리라고 말한 후, 대조적으로 그리스도인의 긍휼의 생활을 영위한 자는 두려움 없이 기쁨으로 하나님의 심판의 자리에 서게 될 수 있다고 덧붙이고 있다. 간단히 말하자면 그 의미는 진정한 믿음을 가진 자 곧 "사랑으로 역사하는 믿음"(faith which worketh by love, 갈 5:6)을 가진 자에게는 정죄함이 결코 없다는 것이다. 태초부터 죄를 범하게 되면 그 형벌로 죽음을 면할 수 없는 것이 하나님의 공의 가운데 섭리되었다(창 2:17). "죄의 삯은 사망이라"(롬 6:23)는 것은 하나님 자신도 변개하실 수 없는 법이다. 그리고 사망이란 하나님으로부터의 단절, 참으로 그로부터의 영원한 단절을 함의하고 있다. 그러한 하나님께서 죄인을 만나신다. 대소동에 이끌려 나가신 주님은 갈보리로 인도되셨고, 십자가 아래서 지옥에 던져져야 마땅할 죄인들처럼 무릎을 꿇고, 마침내 저주받아 나무에 달리신 그의 흘리신 보혈로 말미암아 하나님과의 화목을 열정적으로 마련하셨다.

성경의 하나님은 사랑이시며(요일 4:8, 16), 무한한 사랑의 하나님이시다. 많은 사람들이 그렇게 생각하듯이 하나님은 그의 어떤 피조물이라도 지옥의 영원한 형벌을 받도록 정죄하실 수 없을 것이라고 추론하는 것은 성육신하심으로 사랑을 구체적으로 보여주신 하나님의 아들과 대조되는 것일 뿐만 아니라, 하나님의 사랑은 무한하시기 때문에 그 사랑에 대해 보답하지 않는 자들은 지옥의 가장 낮은 곳에 떨어져 마땅하다는 진리에 아주 무지한 것이다. 하나님의 사랑은 무한하시기 때문에 그 사랑을 경멸하는 것은 무한한 크기의 죄악이다. 그리고 이러한 죄악은 하나님의 사랑의 선물이신 하나님의 아들을 믿지 않고 거절하는 자들에 의해 저질러진다. 하나님께서는 그의 독생자를 이 세상에 보내셔서 경건치 않은 자들을 위하여 죽게 하심으로써 그의 무한한 사랑을 확증하셨다(롬 5:6). 그리고 그는 무한하신 사랑으로 "모든 사람이 구원을 받으며"(딤전 2:4) 또 "아무도 멸망치 않고 다 회개하기에 이르기를 원하신다"(벧후 3:9)는 것을 도처의 죄인들에게 확신시켜 주셨다. 이와 같은 사랑을 거절하는 것은 하나님의 임재로부터 영원한 추방을 초래하는 것이다. 그러한 사랑에 대해 믿음과 사랑으로 응답하면 영원한 생명을 유업으로 얻게 된다. 양자 중 하나를 선택하는 일보다 더 긴급한 일은 있을 수 없다.

그리스도의 재림과 긴급한 복음전도

예수님께서는 그의 제자들이 그의 재림과 세상 끝날의 징조가 무엇이냐고 하는 물음에 대답하시면서 거짓 선지자의 미혹과, 난리와 난리의 소문과 기근과 지진과 그의 제자들에 대한 핍박과 불법이 성(盛)할 것이라고 말씀하셨다. 그는 특히 천국복음이 모든 민족에게 증거되기 위하여 온 세상에 전파되기까지는 끝날이 오지 않을 것이라고 덧붙이셨다(마 24:3-14). 후자의 진술은 놀랄만한 것이 못된다. 하나님은 모든 민족 가운데 택한 자들을 가지고 계시며 그 모든 택한 자들은 마지막 심판날 전에 모이게 된다는 것이다. 또한 그날에는 어느 민족이라도 복음에 대한 무지를 변명할 수 없을 것이다.

그리스도께서 모든 민족에게 복음이 전파되기까지는 재림하시지 않을 것이라는 사실은 복음전도의 긴급성에 대해 직접적이고 강력한 관련이 있다.

의심할 바 없이 그리스도의 재림의 날은 하나님의 영원하신 경륜 속에서 완벽히 결정되어 있다. 하나님께서는 그 날을 알고 계시는데,

이는 하나님만이 전지(全知)하시며(마 24:36) 또한 하나님이 친히 그의 예정의 경륜 가운데서 그날을 정하셨기 때문이다. 그러나 또한 그 경륜 가운데 그리스도의 재림에 앞서 선행되고 미리 요구되는 사건들 중에 두드러진 사건은 모든 민족에 대한 복음의 선포이다. 예수님의 재림의 날을 결정하신 동일한 하나님의 섭리는 그날에 앞서 전세계적인 복음전도를 요구하신다.

복음이 먼저 모든 민족에게 전파되기까지는 그리스도께서 재림하시지 않는다고 주저없이 말할 수 있을 것이다. 바울을 이달리야로 호송하던 배가 심한 풍랑을 만났을 때 하나님께서는 바울에게 한 생명도 잃지 않을 것이라고 확신시켜 주셨으며, 바울은 이러한 확신을 배에 타고 있던 선원들과 군사들에게 전하였다. 그러나, 잠시 후 선원들이 스스로 거루(구명보트)를 이용해 탈출을 시도했을 때 바울은 "이 사람들이 배에 있지 아니하면 구원을 얻지 못하리라"고 백부장과 군사들에게 말했다(행 27:23-31). 이러한 실례의 요점은 하나님의 경륜은 확고불변하나 그 시행에 있어 하나님은 인간에게 책임을 부과하신다는 점이다.

복음전도가 그리스도의 재림에 기여한다는 결론은 충분히 근거가 있다. 이러한 주장은 전적으로 교회가 복음전파를 통해 그의 재림에 **불가결**의(indispensable) 공헌을 하기 위한 것이다.

교회는 그리스도께서 속히 재림하시길 기다리며 기도한다. 주께서 "내가 진실로 속히 오리라"고 하신 말씀에 대해 교회는 "아멘 주 예수여 오시옵소서"라고 대답한다(계 22:20). 그리고 교회는 세상에 복음을 전함으로 그의 신속한 재림을 위해 **사역한다**(works).

왜 교회는 주님이 속히 재림하실 것을 기다리고 기도하며 사역하는가? 그것은 그 사건으로 인해 성도들의 완전한 구원, 곧 죽음의 권세 아래에 있는 그들의 육체가 다시 썩지 않을 육체를 입어 완전한 영혼과 연합하여 천국의 영광에 들어가게 되기 때문일까? 물론 그렇다. 또 그것은 그 사건으로 인해 성도들이 대적을 이기고 궁극적인 승리를 쟁취할 것이기 때문일까? 이 또한 물어볼 필요가 없는 질문이다.

그런데 그 이상으로 깊이 생각해 볼 것이 있다. 구세주의 재림은 성도에게 영광을 가져다 줄 뿐만 아니라 하나님과 그리스도께 영광이 된다. 그것은 그리스도의 몸된 교회의 완전을 의미하게 될 것이며, 한때 심판의 자리에서 그를 정죄하여 부당하게 죽음을 선고했던 세상에 대해 심판하고 공의롭게 정죄하실 그리스도의 정당성(vindication)을 의미하게 될 것이다. 또한 그것은 모든 피조물이 보편적으로 그리스도를 왕으로서 인식하게 될 것과 하나님을 영화롭게 할 것을 의미하게 될 것이다. 왜냐 하면 하늘에 있는 자들과 땅에 있는 자들과 땅 아래 있는 자들로 모든 무릎을 예수의 이름에 꿇게 하시고 모든 입으로 예수 그리스도를 주(主)라 시인하여 하나님 아버지께 영광을 돌리게 될 것이기 때문이다(빌 2:10, 11). 그리고 만물은 아들에게 복종하게 되고 아들 자신도 만물을 자기에게 복종케 하신 이에게 복종케 되리니 이는 하나님이 만유(萬有)의 주로서 만유 안에 계시려 하심이라"(고전 15:28)하였기 때문이다.

무엇보다도 그리스도인의 복음전도가 긴급한 이유는 하나님께서 하나님의 위대하시고 거룩하신 이름에 합당한 모든 영광을 받으실 날을 촉진하는데 기여하는 것이 되기 때문이다.

제8장

하나님과 복음전도의 동기

기독교회는 그 역사의 과정에서 다양한 동기로 복음을 전하였다. 이러한 동기들 중 많은 동기들이 고상한 것이었으나 반면 받아들여질 수는 있지만 비열한 동기들도 있었다. 예를 들면, 식민주의의 전성기 때에 선교는 때때로 미개한 민족들에 대한 지배권을 획득하고 그들의 자원을 수탈하는 목적으로 이용되었다고 생각된다. 군인들과 탐광자(探鑛者)들은 소위 기독교 국가의 깃발 아래 선교사를 동반하였고 어떤 경우에 있어서는 십자가의 깃발보다 국기에 더욱 관심을 가졌었다. 식민주의가 완전한 악으로 정죄되어야 하느냐 그렇지 않느냐의 문제를 떠나서 세속적이고 물질적인 목적으로 복음이 이용되는 것은 그리스도의 복음과 복음의 그리스도를 모독하는 것으로 생각될 수밖에 없다.

그러나 이 연구의 목적은 역사의 과정에 있어 복음전도의 노력에 작용했던 동기에 대해 평가하기 보다는 복음전도의 동기에 대해 성경이 요구하는 것을 발견하려는 데 있다.

복음전도의 동기로서의 자기사랑

앞에서 지적한 바와 같이 자기사랑은 그 자체로는 악한 것이 아니다. 오히려 그것은 선한 것이다. 인간은 자신을 사랑하는데 그 까닭은 자신을 사랑하시는 하나님의 형상을 지니고 있기 때문이다. 하나님께서는 인간에게 그의 이웃을 자신의 몸과 같이 사랑하라(마 19:19)고 명령하시고, 남편들에게 자기 아내 사랑하기를 제 몸 같이 하라(엡 5:28)고 분부하셨을 때, 자기사랑에 대한 하나님의 승인이 부여된 것이다. 그러나 인간이 타락함으로 말미암아 자기사랑이 쉽게 이기주의로 악용되었다. 이기심은 죄일 뿐만 아니라 모든 죄의 뿌리이다.

예수님 당시 바리새인들이 교인 하나를 얻기 위해 바다와 육지를 두루 다니다가 생기면 그들보다 배나 더 지옥 자식이 되게 한 것은 이기주의적 자만과 위선적 율법주의에 의해 동기를 부여받았기 때문이다(마 23:15). 바울은 사도적 교회 안에 있던 유대주의자들에 대해 이렇게 판단하였다. "무릇 육체의 모양을 내려하는 자들이 억지로 너희로 할례를 받게 함은 저희가 그리스도의 십자가를 인하여 핍박을 면하려 함 뿐이라 할례 받은 저희라도 스스로 율법은 지키지 아니하고 너희로 할례 받게 하려 하는 것은 너희의 육체로 자랑하려 함이니라" (갈 6:12, 13). 유대주의자들은 기독교로 개종한 이방신자들의 영적 유익을 추구하는 대신에 그들 스스로의 안위(comfort)와 영광을 추구했다. 그들은 스스로 십자가의 치욕을 피하고 대신에 종교적 외형에 있어 그들의 엄격한 준수에 대해 영광을 얻고자 이방개종자들에 대한 할례를 주장하였다.

오늘을 사는 우리들도 복음전도에 있어 이기적인 동기를 경계해야 할 필요가 있다. 자기 나라의 교육받은 청중들에게 복음전하는 부담스러운 일을 피하기 위해 뒤진 민족에게 선교사로 나갈려는 목사가 있다면 그는 이기주의의 죄를 범하는 것이다. 외국 선교사로 나가는 것에 대한 감상적인 사람들이 생각하는 영광 때문에 먼 나라로 복음 전하러 가겠다고 하는 남녀들도 마찬가지의 죄를 범하는 것이다. 문명화된 나라에서 열등감으로 고민하다가 미개한 아프리카인들에 대해 우월감을 얻을 수 있을 것이라고 생각하고 있는 남녀들도 마찬가지이다. 미지의 세계에 대한 모험을 복음전도 이상으로 또는 복음전도와 동등하게 생각하는 선교사들도 마찬가지이다. 그리고 개인적인 경건을 과시하기 위해 복음전도에 참여하는 사람도 참으로 똑같은 사람이다.

다른 한편 복음전도의 동기로 적절하게 역할을 할 수 있는 정당하고, 심지어 칭친할만한 자기사랑이 있다. 만약 어떤 사람이 복음전도에 대한 내적 충동이 일어나 그 충동에 굴복하지 않고서는 못 배길 만큼의 강한 충동을 느낀다면 마음의 평안을 얻기 위해 그의 삶을 복음전도 사역에 헌신해도 좋을 것이다. 바울도 그런 강한 충동을 의식했던 사람이다. 그 점에 대해 그는 이렇게 말했다. "내가 복음을 전할지라도 자랑할 것이 없음은 내가 부득불 할 일임이라 만일 복음을 전하지 아니하면 내게 화가 있을 것임이로라 내가 내 임의로 이것을 행하면 상을 얻으려니와 임의로 아니한다 할지라도 나는 직분을 맡았노라"(고전 9:16, 17). 바울이 억지로 복음을 전했다고 추론해서는 안 될 것이다. 의심할 바 없이 그는 기쁨을 가지고 사랑의 헌신으로 그 일을 했다. 그는 반복적으로 자신을 "예수 그리스도의 종"(롬 1:1, 각주참조)이라고 말했다. 그러나 그것은 참으로 그렇게 되길 바라는 마음으로부터 가장 간절한 소원이었던 것이다. 만약 어떤 사람이 구원받지 못한 자에게 복음을 전하고자 하는 갈망을 가지고 있는데, 정복할 수 없는 것처럼 보이는 장애물과 그렇게 영광스럽고 그렇게 가혹한 과정에 대한 어찌할 수 없는 자신의 무력감과 부족함에도 불구하고 그 갈망이 약하여 지지 않고 강렬하며 순간적이 아닌 지속적인 갈망이라고 한다면, 그로서는 그 갈망에 복종하는 것이 자신의 만족과 행복을 위하여 매우 합당한 일이다.

그러나, 이 점에 있어 가장 중요한 단서가 있다. 그러한 충동과 그러한 갈망에 복종하는 자는 그 자신을 위해 그렇게 하는 것이다. 그런데 그것은 결코 전반적인 진리는 아니다. 그것은 상황의 단 한 국면일 뿐 모든 면에서 그렇게 중요한 것이라고는 볼 수 없다. 그는 또한 그가 전파하는 복음을 받게 될 자들을 위해서도 복종하는 것이다. 그리고 가장 중요한 것은 그 충동과 갈망의 심정을 부여하신 하나님을 위해 복종하는 것이다. 그러한 충동과 갈망은 하나님으로부터 온 것이기 때문에 그것들은 또한 그에게 되돌려져야 한다. 헌신적이고 근면한 신약학자인 요한 알브레히트 벵겔(Johann Abrecht Bengel)은 "하나님을 사랑하는 자는 이기심 없이 적절하게 자신을 사랑하게 될 것이다"라고 말했다. 이 말은 하나님에 대한 사랑이 이기심의 죄로부터 자신을 지켜줄 뿐만 아니라 자신에 대한 사랑도 하나님에 대한 사랑으로부터 흘러나오게 될 것이라는 것을 말해 주고 있다.

복음전도의 동기로서의 이웃사랑

주 예수께서는 율법 중 어느 계명이 크냐는 질문을 받으셨을 때 "네 마음을 다하고 목숨을 다하고 뜻을 다하여 주 너의 하나님을 사랑하라 이것이 크고 첫째되는 계명이라"라고 대답하시고, 덧붙여서 "둘째는 그와 같으니 네 이웃을 네 몸과 같이 사랑하라"고 대답하셨다(마 22:37-39). 그는 이웃사랑에 대한 하나님의 요구와 하나님 사랑에 대한 하나님의 요구를 거의 같은 수준에 둘 정도로 이웃사랑을 강조하셨다.

예수님은 선한 사마리아인의 비유(눅 10:29-39)에서 모든 사람이 우리의 이웃이며 우리의 이웃에는 지리적으로 뿐만 아니라 문화적, 종교적으로 우리로부터 멀리 떨어져 있는 사람들도 포함된다고 하는 것을 우리에게 가르쳐 주셨다.

따라서 필연적으로 구원받지 못한 사람들에게 복음을 전파함에 있어 그리스도인은 그들에 대한 사랑으로 말미암아 동기를 부여받아야 한다. 이러한 동기는 바람직한 것일 뿐만 아니라 고결하고 필수적인 것이다. 바울은 그가 살던 시대의 유대인들에게 그리스도를 전파함에 있어 자신에게 동기를 부여했던 그 사랑에 대해 아주 믿을 수 없을 정도로 강한 표현을 하였으며, 엄숙한 선서로 그 점을 증거했다. "내가 그리스도 안에서 참말을 하고 거짓말을 아니하노라 내게 큰 근심이 있는 것과 마음에 그치지 않는 고통이 있는 것을 내 양심이 성령 안에서 나로 더불어 증거하노니 나의 형제 곧 골육의 친척을 위하여 내 자신이 저주를 받아 그리스도에게서 끊어질지라도 원하는 바로라"(롬 9:1-3).

여기에서 구분지어야 할 중요한 한 가지 사실이 있다. 성경은 두 가지 종류의 이웃사랑을 말하고 있다. 어떤 면에서는 중생하지 못한 사람도 그의 동료를 사랑할 수 있고 또 실제로 그렇게 종종 사랑한다는 것을 알 수 있다. 예수님은 이렇게 말씀하셨다. "너희가 만일 너희를 사랑하는 자를 사랑하면 칭찬을 받을 것이 무엇이뇨 죄인들도 사랑하는 자를 사랑하느니라"(눅 6:32). 그러나 주님께서 그의 제자들에게 이렇게 명령하셨다. "너희 원수를 사랑하며 너희를 미워하는 자를 선대(善待)하라"(눅 6:27). 전자의 사랑은 친구에게 국한되어 있으나 후자의 사랑은 원수에게까지 미친다. 전자는 하나님의 일반은총의 산물이지만 후자는 구원의 은총의 열매인 것이다. 전자의 사랑은 하나님에 대한 사랑이 전혀 없고 심지어는 하나님을 미워하는 사람에게도 있는 사랑이지만, 후자의 사랑은 하나님에 대한 사랑으로부터 흘러나온다. 이것이 바로 하나님께서 그의 율법 가운데서 요구하시는 이웃에 대한 사랑이다. 첫째로 하나님에 대한 사랑을 요구하고, 둘째로 이웃에 대한 사랑을 요구하는 율법의 두 법전은 서로 분리될 수 없다. 두 번째의 사랑은 첫 번째 사랑에 그 기초와 뿌리를 두고 있다. 우리는 하나님을 사랑하는 까닭에 우리의 이웃을 사랑해야 한다. 오직 우리가 그와 같이 사랑할 때 우리는 하나님이 원하시는 대로 그들을 사랑하는 것이다. "나는 너를 애굽 땅 종되었던 집에서 인도하여낸 너의 하나님 여호와로라"(출 20:2)라는 십계명(decalogue)의 서문은 첫째 법전 뿐만 아니라 둘째 법전의 서문이기도 하다. 하나님의 구원의 은총에 감격하면서 우리는 하나님과 우리의 이웃을 사랑해야 한다. 하나님의 율법은 우리가 하나님의 이름을 위하여 하나님을 사랑해야 할 뿐만 아니라 하나님의 이름을 위하여 우리의 이웃도 사랑해야 할 것을 요구하고 있다.

이웃에 대한 사랑 중 어떤 사랑이 그로 하여금 구원받지 못한 사람들에게 복음을 전하도록 해야 하는지 아는 것은 어렵지 않다. 일반은총의 산물인 사랑만으로는 매우 불충분하다. 왜냐 하면 그 사랑은 일시적이고 물질적인 선을 추구하게 될 것이나 그들의 영적이고 영원한 복지를 추구하기란 거의 힘들 것이기 때문이다. 친구에게 국한된 사랑도 전적으로 부적절하다. 왜냐 하면 복음을 전파하는 자는 주 예수께서 십자가에서 그를 못박는 자들을 위해 "아버지여 저희를 사하여 주옵소서 자기의 하는 것을 알지 못함이니이다"(눅 23:34)라고 기도하신 것처럼, 그리고 스데반이 자기를 돌로 쳐 죽이는 자들을 위해 중재하여 "주여 이 죄를 저들에게 돌리지 마옵소서"(행 7:60)라고 기도한 것처럼 그를 핍박하는 자들을 사랑하고 그들을 위해 기도해야 하기 때문이다. 그리고 분명한 것은 하나님에 대한 사랑이 없으며 하나님을 싫어하는 상항에서의 인간에 대한 사랑은 하나님의 은혜의 복음을 전파하는 동기로서 영향을 미칠 수 없다. 오직 성령으로 난 자, 하나님을 사랑하기 때문에 그 이웃을 사랑하는 자, 원수를 사랑하고 자기를 저주하는 자를 축복하며 자기를 미워하는 자를 선대하고 악의(惡意)로 자기를 이용하며 핍박하는 자를 위하여 기도하는 자, 그리고 이같이 하여 자신을 하늘에 계신 아버지의 아들로 드러내는 자(마 5:44, 45)만이 복음의 그리스도를 죄많은 인간들에게 전하여 줄 수 있는 합당한 동기를 가지고 있는 것이다.

복음전도의 동기인 하나님에 대한 사랑

복음전도의 동기인 자기사랑과 이웃사랑에 관해 언급한 것을 종합하면 이것은 하나님에 대한 사랑으로부터 흘러나올 때에만 합당한 동기가 된다는 점이다. 따라서 복음전도의 궁극적인 동기는 하나님에 대한 사랑이어야 한다. 이것이야말로 다른 모든 가치있는 동기들을 포함하며 그러한 동기들에 뛰어난 복음전도의 참된 동기인 것이다.

인간적인 사랑, 그리스도인의 사랑도 역시 그 사랑하는 대상 안에 있는 어떤 사랑할만한 것에 달려 있다고 말하는 이들이 있다. 종종 그러한 사실은 그리스도인이 그의 이웃을 사랑하는 것을 어렵게 만든다. 어떤 사람들은 너무나 부패해서 그들을 사랑하는 것은 거의 불가능하다. 그리스도인은 자주 자기 자신을 사랑하는 것이 어렵다는 것을 발견한다. 그는 자신의 죄와 죄성으로 인해 자신을 혐오하기까지 한다. 그러나 그리스도인은 그리스도 안에서 하나님과는 그러한 어려움을 갖고 있지 않다. 그리스도는 "사론의 수선화"요 "골짜기의 백합화"(아 2:1)이며 "만(萬) 사람에게 뛰어난 분"(아 5:10)이며 "그 전체가 사랑스러운 분"(아 5:16)이시다. 하나님 자신은 사랑 그 자체이신데, 이는 "하나님은 사랑"(요일 4:8, 16)이시기 때문이다.

베드로는 주님을 부인함으로써 그의 사도직을 상실했다. 그러나 부활하신 주님께서 한없는 은혜로 그에게 그 고귀한 직분을 회복시켜 주셨다. 이 일이 이루어지기 전에 베드로는 한 가지 고백을 해야 했다. 그것은 사랑의 고백(confession of love)이었다. 그는 세 번씩이나 대제사장의 뜰에서 나사렛 사람을 모른다고 부인했었다. 강력히 그는 그를 사랑하지 않는다고 맹세했던 것이다. 그는 이제는 디베랴 바닷가에서 세 번씩이나 "요한의 아들 시몬아 네가 나를 사랑하느냐"는 질문을 받게 되었다. 더 이상 그는 베드로 곧 반석이 아니었으며 사도가 아니었다. 다시 한번 그는 예수님의 부르심을 받기 전의 요한의 아들 시몬이었던 것이었다. 이 질문은 아픈 곳을 찌르는 질문이었다. 구주에 대한 사랑을 그가 가지고 있는지가 질문되었고 또 그렇게 질문되는 것이 마땅했다. 그의 대답은 아주 자신을 드러내지 않고 겸손한 것(self-effacement)이었다. 주님의 첫 번째 질문은 "네가 이 사람들보다 나를 더 사랑하느냐"라는 질문이었다. 물론 이 질문은 "다 버릴지라도 나는 그렇지 않겠나이다"(막 14:29)라고 허풍떤 베드로의 자만(自慢)과 관련되어 있다. 베드로는 대답 가운데서 "이 사람들 보다 더"라는 구절을 피했으며 구주께서 사용하신 **사랑**(love)이란 용어를 다른 용어로 대치했다. 뛰어난 주석가 고데(F. L. Godet)에 따르면 베드로는 이런 내용으로 말한 것이라 한다. "주님께서는 제가 가장 고귀한 영적 의미를 가진 용어로 당신을 사랑하는지 묻고 계시옵니다. 하지만 저는 다만 인간적 애착의 사랑으로 당신을 사랑한다고 말할 수 밖에 없사옵나이다". 예수님은 세 번째 질문에서만 베드로가 사용한 **사랑**(love)이란 용어를 자비롭게 사용하셔서 질문하셨다. 결국 주님은 "네가 애정적인 사랑으로는 나를 진정 사랑하느냐"라고 물으셨다. 그리하여 베드로는 그러한 사랑에 대한 단언(斷言)조차도 거짓되이 했던 그의 행동의 모습들을 인식하면서 자신의 주님 사랑함에 대한 증거를 신적 전지성(divine omniscience)에 호소하였다. 여기에서 알아야 할 중요한 사실은 구주께서 베드로의 사랑을 확인하신 직후에 그에게 “내 어린 양을 먹이라”, “내 양을 치라”, “내 양을 먹이라”(요 21:15-17)고 명하셨다는 점이다. 이 명령은 그리스도에 대한 베드로의 사랑을 조건으로 하고 있었다. 어느 우리에 있든지 그리스도의 양에게, 또한 아직 우리에 들어와 있지 않은 그리스도의 양에게 복음을 전하는 자는 반드시 그리스도에 대한 사랑으로 동기를 부여받아야 한다는 추론을 충분히 내릴 수 있다.

이와 똑같은 교훈을 강력하게 교훈하고 있는 성경의 한 구절이 있으나 종종 오해되고 있다. 그것은 바울이 고린도후서 5장 14절에서 한 말, 즉 “그리스도의 사랑이 우리를 강권하시는도다”라고 한 구절이다. 여기에서 그리스도의 사랑이란 그리스도에 대한 그리스도의 제자들의 사랑이 아니라 그의 제자들에 대한 그리스도의 사랑을 말하는 것이다. 그리고 **강권하다**(to constrain)라는 말은 **앞으로 내몰다**(to drive onward)라는 의미가 아니라 대조적으로 **제한하다**(to confine), **억제하다**(to inhibit)라는 의미를 가지고 있다. 이어지는 성경구절에서 분명히 지적해 주듯이 사도는 그리스도께서 그들을 위해 죽으심으로 분명히 나타난 제자들에 대한 그리스도의 사랑이 그들로 하여금 자기 자신들을 위해 살지 않고 주를 위해 살도록 지배해야 한다(should control)고 말하고 있는 것이다. 그렇지만 이 구절은 구주에 대한 신자들의 사랑도 함의하고 있다. 그들이 사랑하는 것은 그가 먼저 그들을 사랑하셨기 때문이다(요일 4:19). 그리고 참으로 그들로 하여금 자신들을 위해 살지 않게 하고 또한 그리스도를 위해 자신들의 생애를 헌신케 하는 것도 바로 주님에 대한 그들의 사랑이다. 칼빈은 이 구절을 주석하면서 “그리스도의 측량할 수 없는 사랑과 그가 죽으심으로 확증적으로 우리에게 마련해 주신 것에 관한 지식이 우리의 애정(affection)을 지배하여 그 애정이 이제는 주님을 사랑하는 길 이외에 다른 길로 빗나가지 않도록 해야 한다. … 말하자면 진정으로 그 놀라운 사랑을 깊이 생각하는 사람은 누구든지 주님에게 붙잡혀 가장 친밀한 사랑의 줄로 매이게 되고 자신의 생애를 전적으로 주를 위해 헌신하는 삶으로 바치게 된다"고 훌륭하게 표현했다. 주님의 복음을 전파하는 일 이상으로 주님께 헌신할 수 있는 일은 없다.

그러므로 하나님과 그리스도에 대한 사랑은 신자 편에 있어서 모든 나라를 복음화하라는 하나님의 명령에 대한 외적이고 법적인 순종이 아니라 참되고 헌신적인 사랑의 순종을 보장해 준다.

하나님과 그리스도에 대한 사랑은 복음전도자로 하여금 쓰라린 좌절 가운데서도 참고 견디며 복음을 전할 수 있도록 해준다. 때때로 오랜 기간이 지났어도 그가 뿌린 복음의 씨앗이 다만 길가나 돌밭이나 가시떨기에 떨어져 그 씨앗 중 하나도 좋은 땅에서 싹이 나지 않는 것처럼 보일 수도 있다(마 13:3-8). 그러나 그는 **아무 것도 낙망치 말라 하나님께서 주관하실 것이다**(Nil desperandum, Deo duce)라는 좌우명을 계속 붙들어야 한다. 그는 하나님을 그의 인도자로 모시고 있기 때문에 결코 낙망하지 않을 것이다. 하나님에 대한 그의 믿음과 불가분의 관계에 있는 하나님에 대한 그의 사랑이 그를 절망의 구렁텅이로 떨어지지 않도록 해줄 것이다.

하나님과 그리스도에 대한 사랑이 그리스도인으로 하여금 핍박의 상황 속에서도 담대히 그리스도를 증거할 수 있게 할 것이다. 사도행전에 보면 초기 제자들은 그와 같이 복음을 전하였다고 거듭해서 언급하고 있다(행 4:13, 29, 31). 성경은 참된 그리스도의 제자들은 세상의 손에 의해 핍박당함으로 고통을 받게 되어 있음을 가르쳐 주고 있다. 예수님께서는 "내가 너희더러 종이 주인보다 더 크지 못하다 한 말을 기억하라 사람들이 나를 핍박하였은 즉 너희도 핍박할 터이요"(요 15:20)라고 말씀하셨다. 바울은 소아시아에 있는 최근에 회심한 사람들에게 "우리 하나님 나라에 들어가려면 많은 환난을 겪어야 할 것이라"(행 14:22)고 말했다. 예수님의 팔복은 여러 종류의 그리스도인들을 묘사한 것이 아니라 모든 그리스도인 각자가 가져야 할 여러 가지 특성들에 대한 진술이다. 마지막에 기록된 복은 이렇다. "의를 위하여 핍박을 받은 자는 복이 있나니 천국이 저희 것임이라 나를 인하여 너희를 욕하고 핍박하고 거짓으로 너희를 거스려 모든 악한 말을 할 때에는 너희에게 복이 있나니 기뻐하고 즐거워하라 하늘에서 너희의 상이 큼이라 너희 전에 있던 선지자들을 이같이 핍박하였느니라"(마 5:10-12). 이 팔복의 마지막 말씀은 신자들에게 흔히 주어지는 환난에 관해 말씀하시면서 역사상 주의 이름으로 예언했던 자들이 공격의 주된 대상이었다는 것을 알려준다. 이 동일한 진리는 거룩한 성(城)에 대해 화가 미칠 것을 선포하시면서 "예루살렘아 예루살렘아 선지자들을 죽이고 네게 파송된 자들을 돌로 치는 자여"(마 23:37)라고 덧붙이신 예수님의 말씀 가운데 잘 나타나고 있다. 예수님의 형제인 야고보는 그의 서신을 받는 자들에게 "형제들아 주의 이름으로 말한 선지자들로 고난과 오래 참음의 본을 삼으라"(약 5:10)라고 격려하였다. 따라서 핍박이란 예언하게 될 때 흔히 일어나는 일이 아니라 선지자의 삶에 명하여진 요소인 것이다. 그리고 그리스도와 그의 복음을 증거하는 자가 선지자이다. 그리스도를 진정으로 사랑하는 자는 -물론 그래야 하겠지만-핍박을 받아도 굴하지 아니하고 복음을 증거할 것이다. 그는 사도들이 걸어간 발자취를 따라갈 것이다. 사도들은 예수의 이름으로 말했기 때문에 유대인의 산헤드린에 의해 몹시 괴롭힘을 당했고, "그 이름을 위하여 능욕받는 일에 합당한 자로 여기심을 기뻐하면서 공회 앞을 떠났다"(행 5:41). 이 사도들 중 한 사람은 베드로였다. 그는 전파하는 것을 행하였고 행하는 것을 전파하였다. 이는 후에 그가 다음과 같이 기록한 권면 가운데서도 잘 나타난다. "만일 그리스도인으로 고난을 받은즉 부끄러워 말고 도리어 그 이름으로 하나님께 영광을 돌리라"(벧전 4:16).

하나님과 그리스도에 대한 사랑은 하나님의 자녀로 하여금 온 마음을 다해 복음전파하는 일에 자신을 헌신하도록 촉진하며 헌신하지 않고는 못배기게 한다. 왜냐 하면 그가 복음전파의 궁극적인 결과는 하나님과 그리스도를 영화롭게 하는 것임을 알기 때문이다. 복음전도로 말미암아 "모든 입으로 예수 그리스도를 주라 시인하여 하나님 아버지께 영광을 돌릴"(빌 2:11) 날이 빨리 오게 될 것이다. 이 일은 하나님을 사랑하는 자에게 있어 가장 중요한 관심사항이다.

제9장

하나님과 복음전도의 목적

많은 사람들은 복음전도의 목적이 무엇인가? 라는 질문은 그리 문제될 것이 없다고 생각한다. 그들은 복음전도의 유일한 목적은 영혼의 구원이라고 미리 단정하여(foregone conclusion) 생각하기 때문이다. 그러나 사실상 이 문제는 그리 간단하지 않다. 죄인들의 회심이야말로 진정 복음전도의 중요한 목적이지만 복음전도에는 덧붙여야 할 목적들이 있다. 복음전도의 최고의 궁극적 목적은 인간의 복지나 심지어 그들의 영원한 축복도 아니라 오직 하나님의 영광이다.

영혼들의 구원

인간은 죽지 않는다. 그는 영원한 삶을 가지고 있다. 그러나 이러한 종류의 삶이 모든 사람에게 동일한 것은 아니다. 어떤 이들은 영생을 유업으로 받게 될 것이며 반면 어떤 이들은 영원한 죽음으로 고통받게 될 것이다. 어떤 이들은 하나님과 영원한 교제를 나누게 될 것이고 반면 어떤 이들은 하나님의 임재로부터 영원히 추방될 것이다.

이 양자 중 어느 편에 속할 것인가 하는 것은 각 개인이 천하 인간에게 구원얻을 만한 이름을 주신 유일하신 주님(행 4:12)을 믿는가 혹은 믿지 않는가에 달려 있다.

그렇다면 도처에 있는 모든 사람들이 그 이름을 알게 되는 일이 가장 중요한 문제이다. 그리고 그 이름을 전파하는 것이 복음전도의 과제이다.

복음전도자는 영혼들에 대한 뜨거운 열정을 가져야 하지 않겠는가! 사실상 그리스도를 믿는 자만이 구원을 받고 다른 모든 자들은 영원한 지옥에 떨어진다는 진리를 공언하는 자들이 사람들을 설득하여 멸망으로 인도하는 길을 떠나 천국으로 향하는 길을 걸어가도록 하는데 전혀 힘쓰지 않는다는 것은 이해할 수 없는 이상한 일이다. 이러한 사람들은 그들이 말한 바를 참으로 믿는 사람들인지 의아스럽다. 이 문제는 참으로 영원한 행복이냐 아니면 영원한 비애냐 하는 중요한 문제인 것이다.

선교사 바울은 영혼에 대한 열정을 가지고 있었다. 그는 "주의 두려우심을 알므로"(고후 5:11) 사람들로 하여금 그리스도를 믿도록 권하는 일을 하였다. 그는 사람들이 하나님과 화목하게 되기를 위해 구하고 참으로 간절히 기도하였다. 그는 사람들을 구원하기 위하여 자기를 부인하는데 참으로 힘썼다. 그는 이같이 증거하고 있다. "내가 모든 사람에게 자유하였으나 스스로 모든 사람에게 종이 된 것은 더 많은 사람을 얻고자 함이라 유대인들에게는 내가 유대인과 같이 된 것은 유대인들을 얻고자 함이요 율법 아래 있는 자들에게는 내가 율법 아래 있지 아니하나 율법 아래 있는 자 같이 된 것은 율법 아래 있는 자들을 얻고자 함이요 율법 없는 자에게는 내가 하나님께는 율법 없는 자가 아니요 도리어 그리스도의 율법 아래 있는 자나 율법 없는 자와 같이 된 것은 율법 없는 자들을 얻고자 함이라 약한 자들에게는 내가 약한 자와 같이 된 것은 약한 자들을 얻고자 함이요 여러 사람에게 내가 여러 모양이 된 것은 아무쪼록 몇 몇 사람들을 구원코자 함이라"(고전 9:19-22). 그는 다이아나신(Diana;달과 수렵의 여신–역자주)의 요새지인 이방의 도심 에베소에서 복음전도 사역에 종사하던 3년 동안 "밤낮 쉬지 않고 눈물로 각 사람을 훈계하였다"(행 20:31). 믿기 어려운 일처럼 보일지는 모르겠지만 그는 골육인 유대민족이 그리스도께 돌아올 수만 있다면 자신이 저주를 받아 그리스도에게 끊어질지라도 그들이 구원받기를 원했다(롬 9:3).

주 예수께서 영혼들에 대한 열정을 가지고 계셨던 사실을 누가 부인할 수 있겠는가? 주님은 그의 공생에 기간 동안 여러 번 자기를 따르는 무리들을 보시고 "그 목자없는 양 같음을 인하여 불쌍히 여기셨다"(막 6:34). 그는 부드러운 음성으로 초청하셨다. "수고하고 무거운 짐진 자들아 다 내게로 오라 내가 너희를 쉬게 하리라 나는 마음이 온유하고 겸손하니 나의 멍에를 메고 내게 배우라 그러면 너희 마음이 쉼을 얻으리니 이는 내 멍에는 쉽고 내 짐은 가벼움이라"(마 11:28-30). 그는 마음으로부터 긍휼이 넘치사 비탄하여 외치셨다. "예루살렘아 예루살렘아 …암탉이 그 새끼를 날개 아래 모음 같이 내가 네 자녀를 모으려 한 일이 몇번이냐 그러나 너희가 원치 아니하였도다"(마 23:37). 그는 세리 삭개오와 같은 "잃어버린 자를 찾아 구원하려"

(눅 19:10) 오셨다. 그는 바리새인들과 서기관들이 그가 죄인들을 영접하시고 그들과 함께 음식드시는 것을 비난하였을 때 잃어버린 양의 비유와 잃어버린 동전의 비유 그리고 잃어버린 아들의 비유 등 단순하고 비길데 없이 탁월하고 다정한 예화들을 말씀하시면서 자신의 행위를 정당화하셨다. 이 세 가지 예화는 다 함께 죄인이 회개하면 단 한 명일지라도 천국에서는 기쁨이 넘친다고 하는 아름다운 교훈을 담고 있다(눅 15장). 그는 양들을 위하여 목숨을 버리기까지 사랑하시는 선한 목자로 자신을 묘사하셨다(눅 10:11). "경건치 않은 자를 위하여 죽으신"(롬 5:6) 그의 사랑의 "넓이와 길이와 높이와 깊이"(엡 3:18, 19)는 참으로 위대하다. 이것은 그가 그들을 위하여 일시적으로 그의 몸과 영혼이 분리되는 것을 허락하셨을 뿐만 아니라 지옥에 떨어져야 마땅할 죄인들을 대신하여 기꺼이 하나님의 버림을 받으셨다는 것을 의미한다.

만약 우리가 의인화(擬人化)를 채용해서 하나님에 대한 인간의 감정을 표현해 본다면 하나님은 영혼들에 대한 애정을 가지고 계신다고 말할 수 있을 것이다. 소위 잃어버린 아들의 비유, 혹은 탕자의 비유는 더 정확히 말해서 사랑의 아버지의 비유이다. 아들이 아니라 아버지가 주요 **등장인물**(persona dramatis)이다. 그리고 아들의 방탕이나 심지어 아들의 회개가 아니라 그 잘못된 아들에 대한 아버지의 사랑이 주제이다. 아들이 먼 나라로 떠난 이후에도 항상 아버지의 심정은 그 아들을 간절히 기다리고 있었다. 회개하고 돌아오는 아들이 "아직도 상거(相距)가 먼데 아버지가 저를 보고 측은히 여겨 달려가 목을 안고 입을 맞추었다." 제일 좋은 옷을 그에게 입히고 아들이라는 증거로서 반지를 그의 손에 끼워주고 발에 신을 신겼다. 살찐 송아지를 잡아 만찬이 베풀어지고, 그리하여 축제가 열렸으며 큰 기쁨이 넘쳤다. 아버지는 "이 내 아들은 죽었다가 다시 살아났으며 내가 잃었다가 다시 얻었노라"하며 환성을 올렸다(눅 15:11-24). 이것이 죄인들을 향하신 하나님의 사랑이다. 그는 죄인들에게 이렇게 말씀하셨다. "내가 어찌 악인의 죽는 것을 조금인들 기뻐하랴 그가 돌이켜 그 길에서 떠나서 사는 것을 어찌 기뻐하지 아니하겠느냐"(겔 18:23). "하나님이 세상을 이처럼 사랑하사 독생자를 주셨으니 이는 저를 믿는 자마다 멸망치 않고 영생을 얻게 하려 하심이니라"(요 3:16).

그리스도의 교회의 성장

대체로 교회는 오늘날 높이 존중되고 있지 않는 듯하다. 교회 밖에 있는 자들은 교회를 아주 유용한 기관으로 보지 않고 있다는 점은 고사하고라도 기껏해야 친절한 자선기관 정도로 보고 있다. 심지어 그 자신들이 교회의 일원인 많은 복음주의자들까지도 교회를 그리스도께서 초림시에 세우려고 의도했던 왕국에 비하여 일시적이고 열등한 대체물로 여기고 있다. 그들은 유대백성들이 그를 왕으로 영접치 않고 거절했기 때문에 그 왕국은 그의 재림 때로 연기되었다고 여기고 있다. 교회가 마땅히 받아야 할 평가를 받지 못하고 있기 때문에 교회의 성장이 복음전도의 목적으로 강조되지 않고 있는 실정이다.

이런 일은 합당하지 않다. 왜냐하면 성경은 그리스도를 믿음으로 영접하는 자들은 모두 그로 인하여 그리스도의 몸된 교회의 지체가 된다는 진리를 매우 강조하고 있기 때문이다.

그리스도께서는 지상명령 가운데서 제자들에게 분부하시길 모든 족속으로 제자를 삼으라고 하셨을 뿐만 아니라 또한 그들에게 세례를 주라고 명하셨다(마 28:19). 그러므로 처음부터 사도적 교회에서는 기독교로 개종하는 자에게 세례를 베푸는 것이 관례로 되어 있었다. 오순절 날 약 3천명 가량이 회심했는데 그들 모두 단번에 세례를 받았다(행 2:41). 에디오피아 내시는 그리스도에 대한 신앙고백을 하자마자 세례를 받았다. 그것은 지체없이 되어진 일이다. 전도자 빌립은 길가 물 있는 곳에서 그에게 세례를 베풀었던 것이다(행 8:36-38). 다메섹의 아나니아도 다소의 사울에게 그가 회개하자 즉시 세례를 주었다(행 9:18). 백부장 고넬료와 그 가정에 있던 자들이 믿을 때 베드로는 그들에게 세례를 주라고 명하였다(행 10:47, 48). 바울과 실라는 빌립보 감옥의 간수와 그 권속에게 회심한 바로 그날에 세례를 주었다(행 16:33). 이 외에도 인용할 실례들은 참으로 많이 있다. 세례는 여러 축복 가운데서 기독교회에로 받아들임을 의미했으며 이에 대해 바울은 당시의 신자들에 대해 그들이 "다 한 성령으로 세례를 받아 한 몸이 되었다고"(고전 12:13) 말했다. 의심할 바 없이 그는 그리스도의 몸된 교회를 관련시켜 말했던 것이다.

바울이 고린도교회에 대해 쓴 또 다른 진술을 가지고 때때로 사람들은 가견적(可見的) 교회의 회원이 되는 세례를 비교적 중요하지 않은 것으로 추론하기도 하였다. 사도의 진술은 다음과 같은 것이었다. "그리스도께서 나를 보내심은 세례를 주게 하려 하심이 아니요 오직 복음을 전(傳)케 하려 하심이니"(고전 1:17). 그러나 그러한 추론은 분명히 잘못된 것이다. 바울이 그리스도께서 제자를 삼으라고 명하신 것과 같이 그렇게 강조하신 세례를 주라는 그리스도의 명령을 간단히 무시했다고는 도저히 생각할 수 없다. 오히려 바울은 자신의 사도적 사명의 주된 실천은 가르치는 것이라는 것을 의식하면서 세례를 베푸는 일은 그의 동료에게 맡길 수도 있는 일이라고 생각했던 것이다. 또한 베드로는 고넬료와 그와 함께 한 회심자들에게 자신이 스스로 세례를 베푸는 대신에 다른 이들로 하여금 그 의식을 행하도록 하였다. 중요한 것은 그가 그들에게 세례를 주도록 **명했다**(commanded)는 점이다(행 10:48). 많은 회심자들의 시각에서 보았을 때 세례는 사도시대에 있어 하나의 건전한 의무영역이었다. 그리고 이와 같이 초대교회의 회심자들은 그들이 신앙을 고백하면, 즉시 세례를 받아 성도의 교제에 들어갔던 점에는 변함이 없었던 사실이었다.

사도행전 2장 47절은 아주 중요한 교훈을 제시해 주고 있다. 그 구절은 다음과 같다. "주께서 구원받는 사람을 날마다 더하게 하시니라"(행 2:47). 여기에서 주란 의심할 바 없이 교회의 머리되신 주 예수 그리스도를 말한다. 그는 영으로 죄인의 심령에 구원얻는 믿음으로 역사하는 분이시며 매일 이러한 역사를 행하신다. 그러나 그것이 전부는 아니다. 그는 이처럼 구원받는 모든 자들을 "교회에 더하셨다". 교회의 머리되신 주님은 그들에게만 교회에 연합하라고 요구하시지 않고 친히 그들을 교회와 결속시키셨다. 분명히 그리스도께서는 복음전도를 통하여 친히 그의 교회를 성장시키셨다.

따라서 로마 가톨릭 교회가 교회의 회원이 되는 것을 구원의 전제조건이라고 가르치고 있는 것은 잘못된 것이다. 사실 이 점에 있어 진리는 교회 회원이 되는 것이 구원받는 자에게 따라오는 정상적이고 필연적인 결과라는 점이다. 그러나 또한 기독교와 소위 그들이 비난하면서 말하는 '교회주의'(churchianity) 사이에 쐐기를 박음으로써 교회회원직(church membership)을 하찮게 보는 개신교 복음전도자들도 있다.

다른 어떤 것보다 더욱 교회의 성장을 의미 깊게 하는 것은 바로 교회의 성장이 교회의 머리시요 왕이신 그리스도 예수의 영광을 더 높이 드러낸다는 사실에 있다. 잠언 저자가 말하였듯이 "백성이 많은 것은 왕의 영광이다"(잠 14:28). 밧모섬에서 환상을 보았던 요한은 교회의 승리의 환상을 기록하면서 주로 그리스도와 하나님의 영광을 마음에 두고 있었다. "이 일 후에 내가 보니 각 나라와 족속과 백성과 방언에서 아무라도 능히 셀 수 없는 큰 무리가 흰옷을 입고 손에 종려가지를 들고 보좌 앞과 어린 양 앞에 서서 큰 소리로 외쳐 가로되 구원하심이 보좌 앞에 앉으신 우리 하나님과 어린 양에게 있도다"(계 7:9, 10)라고 하였다.

그리스도의 왕국의 도래

예수께서 전한 복음이 "천국복음"(the gospel of the kingdom, 마 4:23)으로 묘사되고 있는 것은 의미있는 일이다. 사도 바울이 3차 전도여행에서 돌아오는 중 에베소 교회의 장로들에게 작별의 인사를 나눌 때 자기가 그들 가운데 "하나님의 나라"를 전하였으며 이 메시지를 "하나님의 은혜의 복음"과 동일시하여 회상시키고 있는 사실도 매우 의미있는 일이다.

그리스도의 왕국(kingdom of Christ)이란 용어는 한 가지 이상 여러 의미로 사용된다. 신학자들은 그의 은혜의 왕국과 권세의 왕국을 구별한다. 전자는 교회와 동일시 된다. 바울은 골로새 신자들에게 아버지께 감사하라고 권면하면서 "그가 우리를 흑암의 권세에서 건져내사 그의 사랑의 아들의 나라로 옮기셨으니"(골 1:13)라고 말할 때 이 점을 염두에 두고 있었다. **웨스트민스터 신앙고백**은 교회를 "주 예수 그리스도의 왕국"(25장 2항)이라고 정의하고 있다. 그리스도의 권세의 왕국은 전 우주 만물에 걸쳐 있다. 그는 "하늘과 땅의 모든 권세를 내게 주셨다"(마 28:18)고 말씀하셨다. 이런 의미의 왕국은 **웨스트민스터 대요리문답**의 제 191항의 답변에 자세히 지적되어 있다. 이외에도 신학자들은 종종 그리스도의 영광의 왕국을 이야기하는데, 이는 그리스도께서 그의 모든 원수를 그 발 아래 두시는 날(고전 15:25)에 그리스도를 결국 보편적으로 왕으로서 인식하게 되는 것을 의미한다. **웨스트민스터 소요리문답**에서는 주기도문의 두 번째 간구를 이렇게 해석하고 있다. "은혜의 왕국이 확장되옵시며 … 영광의 왕국이 속히 임하기를 … 간구하나이다"(답, 102항).

복음전도는 앞서 말한 그리스도의 왕국의 세 가지 국면 모두에 관련되어 있다. 복음전도의 중요한 목적은 죄인들의 회심을 통해 교회의 성원이 늘어나게 되는 것, 곧 그리스도의 은혜의 왕국을 확장시키는 것이다. 그리스도께서는 하늘과 땅의 모든 권세를 가지고 계시기 때문에 주권적으로 모든 족속으로 제자를 삼아 그가 분부한 것을 가르쳐 지키게 하라고 그의 교회에 명하셨다. 그는 교회로 하여금 이 과업을 성취할 수 있도록 도우시며 또한 그의 왕국이 도래할 때까지 그의 원수들의 행위를 지배하신다. 그리스도께서는 천국복음이 모든 민족에게 증거되기 위하여 온 세상에 전파되기까지는 재림하시지 않으실 것이기 때문에(마 24:14), 복음전도는 그리스도의 영광의 왕국이 성취되는 날을 서두르는 것이라고 말할 수도 있을 것이다.

앞서 언급된 문제들은 이 장, 혹은 앞의 장들에서 다루어졌고 또 때로는 다시 다루게 될 것이다. 이 시점에서 강조되어야 할 것은 복음전도의 목적이 크게 무시되어 왔다는 점이다. 그것은 인간들로 하여금 자신들의 활동이 모든 분야 곧 인간 생활의 전 영역에 걸쳐 그리스도를 왕으로서 인식하도록 설득하는 것이다.

오늘날 우리가 살고 있는 시대는 세속주의의 시대이다. 생활은 두 영역으로 나누어져 있는데, 한 영역은 다른 영역으로부터 밀봉하여 봉인되어 있다. 이 두 영역은 종교적인 영역과 세속적인 영역을 말한다. 매일의 생활은 하나님에게서 분리되어 있다. 종교는 기껏해야 교회출석, 가정예배(family alter), 개인적인 헌신의 문제에 한정되어 있으며 사업이나 정치나 교육은 별개의 문제로 되어 있다. 이러한 죄가 소위 기독교의 나라라고 하는 곳에서도 만연되어 있다. 교회와 국가의 분리를 종교와 정치의 분리로 해석하고 있는 것이 미국의 가장 심각한 오류이다. 공립학교의 교육에서 종교과목을 빼어버림으로 인해 미국 국민의 영적·도덕적 성격이 급격히 파괴되고 있다. 사업은 사업이지 종교가 아니라고 하는 식의 슬로건이 만연된 거짓과 부패의 밑바닥에 깔려 있다.

그리스도가 "만물의 머리"(엡 1:22) 되신다고 하는 성경적 교훈을 부인하는 것이 세속주의가 아니고 무엇이겠는가?

자칭 기독교 국가들이 배워야 하고 기독교회가 세상의 각 나라들에게 가르쳐야 할 것은 그리스도는 구세주이실 뿐만 아니라 왕이시며 그의 왕권은 교회 뿐만 아니라 사회의 모든 영역에까지 미친다는 점이다. 예를 들면, 그의 왕권은 국내와 국제 정치에, 산업과 노동에, 과학과 교육에, 그리고 문학과 예술 등에도 미친다는 말이다. 이것은 그리스도께서 그의 교회에 "명령하신 말씀, 곧 "그들로 내가 너희에게 분부한 모든 것을 가르쳐 지키게 하라"(마 28:20)는 말씀 가운데 분명히 함의되어 있다.

전체주의(totalitarianism)에 대해서 많이 논의되어지고 글도 많이 나오고 있다. 두 가지 방식의 전체주의가 서로에 대해 우위를 차지하기 위해 경쟁하고 있다. 한 편은 전체주의 국가이다. 이는 공산주의국가 러시아와 중공에서 분명히 나타나고 있는데 국가통제주의(statism)의 세계적 경향 가운데 다소 은연중에 주장되고 있다. 연합국가(United Nations)가 하나의 초국가(super-state)로 발전될 위험성은 다만 가상적인 일이다. 또 다른 한편은 전체주의 교회이다. 이것은 로마 교회 뿐만 아니라 현대개신교 교회연합운동에 의해 대표된다. 신학적 자유주의로 심히 오염된 세계교회협의회(the World Council of Churches)가 초교회로 성장할 것이라는 것은 결코 불가능한 것이 아니다. 오히려 가능성이 있는 얘기이다. 이 두 전체주의는 어느 것이 더 낫다고 할 수 없다. 둘 다 무한한 죄악이다. 이 둘이 공통적인 요인을 찾게 된다면 인류에게 커다란 화가 미칠 것이다! 그러나 요한복음 13장은 이런 일이 적그리스도의 날에 일어날 것이라는 점을 분명히 밝히고 있다. 어린 양의 생명책에 기록된 사람을 제외한 모든 인류는 정치적·종교적으로 적그리스도의 지배 아래 통합될 것이다. 그러나 하나님이 임명하신 전체주의적인 통치자가 계신다. 그는 "만주의 주시요 만왕의 왕"(계 17:14)이실 뿐만 아니라 "교회의 머리"(골 1:18)가 되신다. 그는 모든 인간과 나라들 위에, 그리고 모든 인간과 나라의 생활의 전 영역 위에 권세를 가지고 계신다. 그의 이름은 하나님의 그리스도이시다.

그의 전체주의적 왕권이 보편적으로 인식되도록 하는 것이 복음전도의 필연적인 목적이다.

이 지구 위에 거하는
  온 지파 족속들 온 지파 족속들
그 크신 위엄 높여서
  만유의 주를 찬양하세

그리스도를 구주로 영접한 자들만이 그를 주님으로, 왕으로 경배할 것이라는 점을 잊지 말아야 한다. 그의 왕권은 그의 십자가에 못박혀 죽으심을 전제로 한다. 그의 왕국은 갈보리를 기초로 세워진다. 역시 이 점에 있어서도 "십자가 없이는 면류관도 없다"는 말이 적용된다. 그리스도를 왕으로 선포하기는 하나 그의 흘리신 보혈로 말미암은 구속을 부정하는 자들은 허공을 치는 자들에 불과하다. 그리스도의 승리적 죽음과 동떨어진 그리스도의 왕권은 단지 인간의 상상 속에 존재하는 성과일 뿐이다.

다른 한편으로는 그리스도를 구주로 믿는 자는 그를 그의 왕으로 경배해야만 한다. 진정으로 그를 믿는 자는 그를 예배할 수밖에 없다. 그는 그리스도의 십자가와 그리스도의 면류관에 함께 영광돌리게 될 것이다.

하나님의 영광

성경을 믿는 모든 학자는 모든 것의 궁극적인 목적은 하나님을 영화롭게 하는 것이라는 점을 확신한다. 이 보다 더 명백한 것은 아무것도 없다. "이는 만물이 주에게서 나오고 주로 말미암고 주에게로 돌아감이니라 영광이 그에게 세세에 있으리로다 아멘"(롬 11:36).

영혼의 구원, 그리스도의 교회의 성장, 심지어 그리스도의 왕국의 도래도 물론 중대한 의의가 있긴 하지만 이는 여전히 더 높은 목적, 지상(至上)의 목적인 하나님의 영광을 위한 수단에 불과하다.

여러 성경 구절들은 이에 대해 함축적으로 강조하여 교훈하고 있는데 다음은 몇 가지 실례들이다.

그리스도의 대제사장적인 기도 가운데에는 복음전도에 관한 중요성이 뚜렷이 나타나고 있다. 예를 들어 구주께서는 그 제자들과 관련시켜 "아버지께서 나를 세상에 보내신 것 같이 나도 저희를 세상에 보내었다"(요 17:18)고 말씀하셨다. 적어도 그리스도와 하나님의 영광의 주제는 분명히 드러나고 있다. 그것은 여덟 번 이상 지적되고 있다. 예를 들면 그리스도께서는 "아버지여 내게 주신 자도 나 있는 곳에 나와 함께 있어 아버지께서 창세 전부터 나를 사랑하시므로 내게 주신 나의 영광을 저희로 보게 하시기를 원하옵나이다”(요 17:24)라고 기도하셨고, 또 “아버지께서 내게 하라고 주신 일을 내가 이루어 아버지를 이 세상에서 영화롭게 하였사오니”(요 17:4)라고 증거하셨다. 구주께서 인간의 구원을 하나님을 영화롭게 할 목적을 위한 수단으로 생각하셨다는 점이 아주 분명하다.

바울은 로마교회에 쓴 편지의 결론에서 이방세계에로의 복음전파와 하나님의 영광을 매우 직접적으로 서로 관련시켰다. “나의 복음과 예수 그리스도를 전파함은 영세로부터 감취었다가 이제는 나타내신 바 되었으며 영원하신 하나님의 명을 좇아 선지자들의 글로 말미암아 모든 민족으로 믿어 순종케 하시려고 알게 하신바 그 비밀의 계시를 좇아 된 것이니 이 복음으로 너희를 능히 견고케 하실 지혜로우신 하나님께 예수 그리스도로 말미암아 영광이 세세무궁토록 있을지어다 아멘”(롬 16:25-27).

성령의 감동을 받은 이 사도는 그리스도의 존귀케 되심을 말하면서 그리스도의 주되심을 보편적으로 인식하게 되는 것이 “하나님 아버지께 영광을 돌리게”(빌 2:11) 되는 것이라고 주장하였다.

“만물을 저에게 복종하게 하신 때에는 아들 자신도 그 때에 만물을 자기에게 복종케 하신 이에게 복종케 되리니 이는 하나님이 만유의 주로서 만유 안에 계시려 하심이라”(고전 15:28).

제10장

하나님과 복음전도의 대행기관

기독교회가 하나님이 임명하신 복음전도의 대행기관이라고 하는 점은 논의의 여지가 없다. 그러나 이 말을 함에 있어 우리는 교회(church)라는 용어에 대해 정의할 필요가 있다. 이 문맥에서 교회는 두 부문과 관련을 갖는다. 이 두 부문은 불가분의 관계에 있긴 하나 편의상 나누어 생각해 볼 수 있다. 이 둘은 특별한 직무를 통해서 일하는 조직체(組織體)로서의 교회와 일반적이고 보편적인 직무를 담당하고 있는 신자들의 유기체(有機體)로서의 교회인데, 이들은 하나님이 임명하신 복음전도의 대행기관들이다.

이제 이 두 가지 명제에 대해 상세한 설명을 덧붙여 가며 성경적으로 입증해 보도록 하자.

조직체로서의 교회

모든 교회가 다 같은 정도의 조직을 갖춘 것은 아니다. 어떤 교회들은 직분자들을 임명하지만 또 어떤 교회들은 그러한 제도를 시행치 않는다. 또한 모든 교회가 같은 수의 직분을 통해서 직분자들을 임명하는 것도 아니다. 그러나 분명한 것은 교회마다 어느 정도의 조직은 갖추고 있다는 사실이다. 그리고 그것은 성경에서도 요구하고 있다. 신자들의 단체를 교회로 조직하는 것이 선교사 바울의 변함없는 관례이었다. 그와 바나바는 소아시아에서 교회마다 장로들을 세웠다(행 14:23).

성경은 복음전도가 조직된 교회의 과업임을 분명하게 가르친다.

교회의 머리되신 주님으로부터 선교적 명령을 받은 사도들이 조직된 신약교회의 기초를 이룬 사람들이었다. 베드로가 열 두 사도의 대변자로서 예수님을 그리스도시요 살아계신 하나님의 아들이시라고 고백했을 때, 주님께서는 "내가 네게 이르노니 너는 베드로라 내가 이 반석 위에 내 교회를 세우리라"(마 16:18)고 말씀하셨다. 주님께서 말씀하신 "반석"(rock)은 개인 베드로나 단순한 그의 고백이 아니라 사도들을 대표해서 고백하는 베드로를 말하고 있는 것이다. 그리고 사도들에게 "천국의 열쇠"(the keys of the kingdom of heaven, 마 16:19, 18:18)를 주시고, 그렇게 함으로써 그들에게 주님의 교회의 회원이 될 자격에 필요한 조건들을 정할 권위를 부여하신 사실에서 나타난 것처럼 주님께서 말씀하신 "교회"(church)는 그렇게 조직되었다. 역사적으로나 교리적으로 보아 사도들이 조직된 신약교회의 기초라는 점은 분명하다. 이 은유를 바꾸어 말하자면 사도들이 태아(embryo)의 교회였다고 할 수 있다. 따라서 그리스도께서 그의 사도들에게 모든 족속으로 제자를 삼으라고 명령하셨을 때 주님은 그들에게는 물론 그들을 뒤이어 오는 조직화된 교회에게 이 명령을 주신 것이다.

오순절이 기독교회의 생일은 아니다. 교회는 에덴 동산에서 이미 존재했다. 그러나 성령께서 교회 위에 강림하셨을 때 교회에 참으로 큰 변화가 일어났다. 이미 언급하였지만 이러한 변화들 중 하나는 민족주의에서 보편주의에로의 변천이다. 이와 밀접하게 관련된 또 다른 변화는 교회와 국가의 분리였다. 옛 시대에 있어서는 교회와 국가가 동일시 되진 않았다고 하더라도 매우 밀접하게 연합되어 있었다. 이스라엘은 신정국가(神政國家)였는데 사람들은 교회국가(church-state)라고 부르기도 했다. 이제는 교회가 보편화되었고 유대국가와 갈라져야 했다. 또 실제로 그렇게 되었다. 오순절에 교회는 그 자체의 독특한 조직을 이루었다고 말할 수 있다. 오순절에 기독교회가 생겨난 것은 아니라 할지라도 오순절로 인해 신약교회가 생겨났다고 말할 수는 있다. 이러한 의미에서 "예루살렘과 온 유대와 사마리아와 땅끝까지 이르러"(행 1:8) 그리스도를 증거하도록 성령으로 말미암아 능력을 받은 것은 바로 교회였다.

수리아 안디옥에 조직된 교회가 있었고 이 교회는 성령에 의해 "내가 불러 시키는 일을 위하여 바나바와 사울을 따로 세우라"는 명령을 받았고, 이 교회는 순종했다. 중요한 사실은 바나바와 사울이 교회와 성령에 의해 선교사로 파송되었다는 점이다. "이에 금식하며 기도하고 안수하여 보내니라 두 사람이 성령의 보내심을 받아 떠나니라"(행 13:2-4). 간단히 말해서 사울과 바나바는 하나님에 의해서, 그리고 교회에 의해서 선교사로 임명을 받은 것이다.

이와 같은 사실은 분명해서 논쟁의 여지가 없다. 조직체로서의 교회가 하나님이 임명하신 복음전도의 대행기관이라는 점은 확고한 사실로 기록되어 있음이 틀림없다. 그러므로 교회의 직분자들은 복음전도에 참여하고 선교사를 정하여 추수할 일군들을 파송해야 한다. 그러나 직분자들만이 복음전도에 적극적으로 나서야 된다는 것은 아니다. 그들의 후원과 지도와 통제 하에 교회 성도들은 일반적으로 구원받지 못한 자들에게 복음을 전해야 할 의무를 가지고 있다.

이 시점에서 **복음전도자**(evangelist)라는 용어가 성경의 용례에서 어떻게 나타나고 있는지에 관해서 이야기를 해야 할 것 같다. 이 용어는 신약성경에서 세 번 나타난다. 사도행전 21장 8절에서는 빌립을 "전도자"(the evangelist)라고 하였다. 에베소서 4장 11절에는 전도자에 관해 "그가 혹은 사도로 혹은 선지자로 혹은 복음전하는 자(evangelists)로 혹은 목사와 교사로 주셨으니"라고 기록되어 있다. 또 바울은 디모데후서 4장 5절에서 그의 영적인 아들에게 "전도인(evangelist)의 일을 하라"고 권면하고 있음을 본다. 이러한 구절들에 비추어 볼 때 어떤 결론에 도달하게 된다.

복음전도자는 사도적 교회에 있어 치리하는 장로와 가르치는 장로 그리고 집사의 세 직분에 덧붙여진 네 번째 직분이 아니라는 사실이다. 교회의 머리이신 그리스도께서는 왕과 선지자와 제사장의 삼중직무(三重職務)를 가지고 계시는데 앞에서 말한 교회의 세 가지 직분은 그리스도의 삼중직무를 나타내는 것이라고 보여진다. 이 세 가지 직분에 협력하는 교회의 네 번째 직분이 있었다고는 생각하기 어렵다. 이 결론은 전도자인 빌립이 집사였으며(행 6:5), 또 전도인이었던 디모데가 장로였다(딤전 4:14;살전 3:2)는 사실에 의해 확인된다. 이 두 사람이 전도자가 됨으로 인해서 두 번째 직분을 가졌던 것같이 보이진 않는다.

분명히 **복음전도자**(evangelist)란 명칭은 때때로 순회하는 복음전파자로서 봉사했던 이들에게 붙여진 이름으로 생각된다. 그들은 한 장소에서 복음을 전하고 나면 곧 다른 장소로 옮겨갔다. 빌립은 성령의 인도하심으로 사마리아 성과, 예루살렘에서 가사로 내려가는 길과 아소도에서 연달아 복음을 전했다(행 8:5, 26, 40). 이처럼 복음전도자들은 주어진 지역을 떠남으로써 목사와 교사들이 그 곳에서 일할 수 있도록 했을 것이다. 이것이 에베소서 4장 11절에서 전도자 바로 뒤에 목사와 교사가 언급된 한 이유일 수도 있을 것이다.

에베소서 4장 11절에서 복음전도자의 기능이 사도와 선지자라는 일시적 기능과 목사와 교사라는 항존적인 기능 사이에 놓여있다는 사실은 복음전도자들이 사도시대의 교회에 있어서만 봉사하도록 되어 있는지 아니면 그후 계속되는 시대의 교회에 있어서도 봉사하도록 되어있는지 의문이 생긴다. 그러나 그 대답을 찾는 것은 어렵지 않다. 복음전도자들은 사도의 권위와 거의 유사할 정도의 권위를 가지고 있었다. 그들은 권위를 가지고 장로들을 임명했고(딛 1:5) 개인적으로 훈계도 하였다(딛 3:10). 복음전도자들은 사도들과 밀접하게 교제하면서 그들로부터 특별한 권위를 부여받은 것이 분명하다. 그래서 그들은 사도들의 대리인이라 부를 수도 있을 것이다. 그리고 이런 점으로 볼 때 교회에 있어 그들의 직책은 사도의 직분과 마찬가지로 일시적인 직책이었음을 알 수 있다.

복음전도자(evangelist)라는 용어를 오늘날의 교회에서도 사용할 수 없는지의 여부는 전혀 별개의 문제이다. 이에 대해 결론을 내리는 것은 불건전한 성경주의(biblicism)에 빠질 수 있다. 참으로 현대 교회에는 사도시대의 교회에 있었던 독특하고 특별한 의미의 복음전도자는 더 이상 존재하지 않는다. 그러나 그런 연유로 해서 이 명칭을 사용하지 말아야 할 이유는 없는 것이다. 예를 들면 조직화된 교회의 보내심을 받아 특히 구원받지 못한 사람들에게 복음을 전하게 되는 임명된 복음전파자(preacher)들은 복음전도자라는 이름으로 불리워질 수도 있다. 임명받지 않은 복음전도의 사역자들에게는 이 명칭을 붙일 수 없다는 원리도 없는 것이다. 곧 언급될 것이지만 참된 의미에서 모든 신자는 복음전도자(evangelist)가 되어야 할 신성한 의무를 가지고 있다고 주장하는 것이 합당하다.

이 주제는 비교적 덜 중요한 것이다. 이제 결정적으로 중요한 문제에 대해 고찰해 보아야 하겠다.

개신교는 16세기의 종교개혁 이래 참 교회와 거짓 교회를 구별하는 세가지 표지(標識)를 가르쳐 왔다. 그것은 하나님의 말씀의 건전한 전파와 그리스도의 교훈에 따른 성례의 집행, 그리고 교회적 권징의 신실한 시행이다. 교회가 복음전도에 참여할 것을 절대적으로 요구하는 하나님의 말씀의 견지에서 보면 네 번째 표지, 곧 구원받지 못한 자의 복음화가 덧붙여져야 하지 않겠는가 하는 의문이 생긴다. 이 문제는 신중히 고려해야 할 것이다. 복음전도를 전적으로 무시하는 교회가 어느 곳에라도 있을지는 의문이다. 그러나 만약 그러한 교회가 있다면 그런 교회는 이미 스스로 교회임을 부인하고 있음이 분명하다. 좀 진부한 표현을 하자면 복음전도는 교회의 부흥을 위해서 뿐만 아니라 그 존재 자체를 위해서도 필요한 것이다. 복음전도는 참 교회의 본질이다. 그러나 이 말은 네 번째 표지가 전통적인 세 표지에 보태어져야 한다는 말은 아니다. 오히려 복음전도가 첫 번째의 가장 중요한 표지에 포함되어야 한다. 건전한 말씀의 전파란 물론 하나님의 말씀을 순수하게 전파하는 것일 뿐만 아니라 하나님 말씀 전부를 전파하는 것이다. 구원받지 못한 자들을 복음화하는데 전적으로 실패하는 교회는 하나님의 온전하신 뜻을 선포하고 있다고 말할 수 없다. 복음전도는 건전한 말씀전파의 한 부분이다. 참교회의 첫 번째 표지는 되풀이하여 이 진리를 강조한다.

또 다른 중요한 문제를 언급해야 하겠다. 바울은 복음전도가 디모데에게 "네가 많은 증인 앞에서 내게 들은 바를 충성된 사람들에게 부탁하라 저희가 또 다른 사람들을 가르칠 수 있으리라"(딤후 2:2)고 분부했다. 이 명령 속에 나타난 한 가지 의미는 교회가 특히 잃어버린 자들에게 복음을 전하는 일에 마음을 다해 전 생애를 헌신하고자 하는 복음전도자들을 훈련시키기 위한 준비를 하여야 한다는 것이다. 이 점에 있어 많은 교회들이 잘못되어 있다. 거의 모든 교파는 신학교나 사역자들을 훈련시키기 위한 학교들을 가지고 있다. 이러한 많은 신학교들의 교육과정은 주로, 거의 절대적으로 기존 교회의 목회자로서 봉사할 사람들을 준비시키기 위해 마련되어 있다. 복음전도자들이 특별히 준비해야 할 내용들을 마련하는 데에 한층 더 관심을 가져야 할 것이다.

유기체로서의 교회

조직화된 교회는 거룩하게 설립되었다. 하나님 자신이 교회의 창설자이시다. "내가 이 반석 위에 내 교회를 세우리니"(마 16:18)라고 하나님의 아들이 선언하지 않으셨는가? 이러한 이유 때문에 사람들은 이러한 교회의 특권을 빼앗기지 않도록 해야 한다. 교회의 특권 중 세상을 복음화하는 것보다 더 값진 특권이란 없다.

하지만 복음전도의 모든 노력이 조직체로서의 교회의 직접적이고 완전한 통제 아래 있어야 한다는 것은 아니다. 교회는 또 다른 면을 가지고 있다. 교회는 조직체(organization)이자 또한 유기체(organism)이다. 조직체로서의 교회는 교회의 직분자들을 통해서 일하며, 유기체로서의 교회는 교회의 각 회원들을 통해서 일한다.

하나님은 그의 교회에 특별한 직분을 세워놓으셨다. 또한 성경도 모든 신자들이 가지는 보편적인 직분을 가르치고 있다. 모든 신자는 선지자와 제사장과 왕의 삼중직무를 가지고 있다. 이 진리가 베드로전서 2장 9절에 간결하게 진술되어 있다. "오직 너희는 택하신 족속이요 왕같은 제사장들이요 거룩한 나라요 그의 소유된 백성이니 이는 너희를 어두운데서 불러내어 그의 기이한 빛에 들어가게 하신 자의 아름다운 덕을 선전하게 하려 하심이라." 교회는 제사장들의 왕직이요 왕들의 제사장직인 것이다. 그리고 모든 제사장과 왕의 의무는 구세주의 탁월성을 선포하는 것이다. 이것이 선지자로서의 기능이다.

민수기 11장의 엘닷과 메닷의 이야기는 교훈적이며 흥미롭다. 이스라엘 자손이 광야를 지나는 동안 모세 홀로 그들을 재판하는 것은 감당하기에 벅찬 일이었다. 하나님의 명령으로 칠십인의 장로들이 그를 돕도록 임명되었다. 정한 시간에 백성의 장로 칠십인이 장막에 모였을 때 하나님의 신(神)이 그들 위에 임하셨으며 그들은 예언을 하게 되었다. 그러나 엘닷과 메닷은 칠십인 장로들 중에 속하였음에도 불구하고 진중에 남아 있었다. 그런데 놀랍게도 하나님의 신(神)이 그들에게도 임하시어 그들 역시 예언을 하게 되었다. 한 소년이 달려와서 모세에게 이러한 변칙적인 사건에 대해 고하였다. 모세를 열성적으로 섬기는 시종 눈의 아들 여호수아가 “내 주 모세여, 금하소서”라고 말했다. 그 때 모세가 어떻게 행동하였는가? 엘닷과 메닷을 꾸짖었는가? 그렇지 않다. 대신에 그는 이렇게 말하였다. “여호와께서 그 신(神)을 모든 백성에게 두사 다 선지자 되게 하시기를 원하노라”(29절). 이는 선지자적 소원이다. 수 세기가 지난 후 선지자 요엘은 이러한 소원에 대한 인정을 예언했다. 하나님은 그를 통해 말씀하셨다. “그 후에 내가 내 신(神)을 만민에게 부어주리니 너희 자녀들이 장래일을 말할 것이며 너희 늙은이는 꿈을 꾸며 너희 젊은이는 이상을 볼 것이며 그때에 내가 또 내 신으로 남종과 여종에게 부어줄 것이며”(욜 2:28, 29). 이 예언은 오순절에 성취되었는데 사도들 뿐만 아니라 예루살렘 교회의 전 교인들이 다 한 곳에 모여있을 때 “저희가 다 성령의 충만함을 받고 성령이 말하게 하심을 따라 다른 방언으로 말하기 시작하였다”(행 2:1, 4). 오순절이 신자들의 보편적 선지자직을 가져다 주었다고 말하는 것이 옳다. 성령의 강림이 교회의 모든 회원들로 하여금 복음전도자가 되게 하였다는 것 또한 분명하다. 오순절에도 그러하였듯이 이 일은 오늘날에도 여전히 사실로 남아있다. 모든 신자 개개인은 하나님께서 임명하신 복음전도의 대행자이다.

그러므로 신자는 그의 이웃에게나 그가 일하고 있는 상가나 직장의 동료들에게 또는 그의 친구인 학생이나 선생님들에게, 그리고 상관이나 부하직원에게 그리스도를 증거한다. 또한 신자는 그의 믿지 않는 이웃들을 교회의 예배시간에 초청하고 자기의 집으로 그들의 자녀들을 모아놓고 성경에 있는 이야기들을 들려주며 공공장소에 손에 넣을 수 있을 만한 기독교의 전도용 소책자들을 나누어 주기도 한다. 그리고 가정, 호텔, 숙박업소 등에도 성경을 비치해 둔다. 간단히 말하면 신자는 그가 할 수 있는 것이라면 어디서나 복음의 씨를 뿌리며 수많은 수면 위에다 복음의 떡을 던져 놓는다. 그러나 이러한 모든 것을 행함에 있어 그가 다니는 교회의 직분자들에게 권위를 부여해 달라고 요구하지는 않는다. 그의 주님이신 그리스도께서 그에게 권위를 부여해 주셨기 때문이다. 하지만 그는 그리스도의 몸인 교회의 한 지체로서 이 일을 행하는 것이다.

신자가 개인적으로 행할 수 있는 것을 또한 다른 신자들과 상호협력하여 행할 수도 있다. 자발적인 단체나 기독교 협회에서 성경을 번역하고 출판하여 나누어 줄 수 있으며 기독교 서적을 만들어 보급함으로써 복음을 전달할 수도 있고 또 여러 가지 다양한 방법들을 사용하여 복음이 전해지지 않은 곳에 구원의 복된 소식을 전파할 수 있다.

조직체로서의 교회의 복음전도 활동과 유기체로서의 교회에 의해 더욱 적절히 수행할 수 있게 되는 복음전도와의 사이에 명백한 경계선을 그으려는 시도가 여러 차례 있어 왔으나 절대적인 성공을 거둔 적은 결코 한번도 없었다. 저명한 복음주의 신학자들은 이러한 시도가 필요하지도 않을 뿐더러 가능한 것도 아니라고 결론지었다. 그리고 이것이 성립되기 위해서는 최소한 하나의 규정이 필요하다. **조직화된 교회**(the organized church)는 하나님에 의해 세움을 받았으므로 복음전도에 **참여**해야 하며 **자발적인 그리스도인들의 단체들**(voluntary associations of Christians)은 합법적이고 좋은 의도를 가지고 있다고 할지라도 조직화된 교회를 대신하지 않도록 주의해야 한다.

일반적으로 말해서 오늘날 조직화된 교회가 당연히 받아야 할 만큼의 존경을 받지 못하고 있으며 심지어 교회의 소속 교인들로부터도 존경을 받지 못하는 요즈음 이러한 경고가 너무나도 부족한 것 같다. 교회의 통제를 받고 있지 않는 단체들이나 위원회에 의해 주관되는 선교나 복음전도운동이 결코 이상한 것은 아니다. 그러나 정상적으로는 그렇게 되어서는 안 된다. 이러한 단체들이 임명받은 복음전도자들을 보내며 심지어는 복음전도자들을 임명하기도 한다고 알려져 있다. 정상적인 상황 아래서 이러한 행위들은 질서에서 아주 벗어난 것이라고 생각된다. 이러한 종류의 활동들은 분명히 조직화된 교회의 특권이기 때문이다.

교회의 형편이 앞에서 언급한 것들을 정당화시킬 정도로 비정상적이지는 않는가 하는 문제는 또 다른 문제이다. 영국 교회가 선교에 소홀하였을 때 교인들 중 많은 사람들이 선교회 조직을 통해 힘을 모았다. 교회가 당연히 그 일을 해야 함에도 실패하자 그들이 그 일을 맡은 것이다. 19세기 중엽 네덜란드의 기존 교회들이 신학적 자유주의에 의해 무너지게 되었을 때 교인들 중 몇몇이 정통적 선교를 이끌어 갈 조직을 만들었는데 이 조직은 진정으로 복음주의 선교사들을 임명하는 것이 불가피함을 깨달았다. 지난 세기의 초기 30년 동안 미국 장로교회가 현대주의에 빠져들게 되었을 때 신실한 남녀 종들이 장로교 해외 선교를 위한 독립위원회(the Independent Board for Presbyterian Foreign Missions)를 발족시켰다. 이러한 것은 긴급한 방책으로 정당화 될 수 있으며 칭찬할 만하고 장한 일이지만 비상시에만 그렇다. 이러한 일들은 규칙에 대한 예외로 간주되어야 한다. 이러한 조치를 취하기 전에 가능한 한 모든 것을 모아서 조직화된 교회가 그 일부를 수행하고 잘 감당해 내도록 설득해야 한다. 그리하여 그 결과로 조직화된 교회가 진실로 기독교 복음전도를 행할 수 있게 되고 기꺼이 잘 감당할 수 있게 되면 그러한 방책들은 중지되어야 한다.

조직체로서의 교회와 유기체로서의 교회는 모두 하나님께 임명을 받은 복음전도의 대행기관이다. 이 양자가 서로 충돌해서는 안 되는데 그 이유는 그들이 그리스도의 한 몸의 양 측면이기 때문이다. 조직체로서의 교회와 유기체로서의 교회는 주의 지으신 모든 열방이 와서 주의 앞에 경배하며 주의 이름에 영화를 돌리는(시 86:9) 날을 서두르기 위하여 서로 조화를 이루어 노력해야 한다.

제11장

하나님과 복음전도의 접근법

우리는 종종 이방인들은 복음에 굶주리고 갈증을 느끼고 있다고 하는 말을 듣는다. 이 말은 받아들이기에 너무나 일방적이다.

분명히 하나님께서는 복음이 이방인에게 미치자 마자 그가 복음을 받아들이는 견해를 가질 수 있도록 중생의 은혜를 허락하실 수도 있다. 그러나 그러한 일이 일어날지 혹은 일어나지 않을지 누가 말할 수 있겠는가? 어쨌든 아무도 그 가능성을 부인함으로써 하나님의 주권적인 은혜를 제한할 권리를 가지고 있지 않다. 이와 같은 경우 아직 복음에 대하여 알지 못하는 자의 편에서는 구원에 대한 갈망이 있다고 보아야 할 것이다.

또한 이방인들도 양심을 가지고 있다고 하는 점은 사실이다. 종종 그들의 양심은 신성을 침해한데 대하여 그들을 나무라기도 한다. 그러면 그들은 화목을 소원하게 된다. 이러한 소원이 아주 강하게 되면 신을 달래기 위하여 커다란 희생제물을 바친다. 그리하여 많은 힌두교도 어머니는 자기 아이를 신성한 갠지스 강의 파도에 내던졌다. 이러한 경우들은 일종의 구원에 대한 갈망이다.

그러나 이방인들의 복음에 대한 굶주림과 갈증을 그럴싸하게 주장하는 자들이 잊고 있는 것은 오직 성령의 은혜로 거듭난 자만이 복음 안에 있는 하나님이 마련하신 조건으로 구원을 받을 수 있다는 점이다. 다른 모든 사람들도 주어진 은혜로 말미암아 구원의 메시지를 발견한다. 이것이 바로 성경이 "십자가에 못 박힌 그리스도를 전하니 유대인에게는 거리끼는 것이요 이방인에게는 미련한 것이로되"(고전 1:23)라고 말한 의미이다. 중생하지 못한 사람의 부패성이 너무나 크기 때문에 비록 그에게 있어 복음보다 더 필요한 것이 없음에도 불구하고 복음을 영접하는 것을 원치 않고 있다.

따라서, 복음전도의 접근법을 고려함에 있어 자연인에게는 그의 마음을 복음의 씨앗을 받기 위한 비옥한 땅으로 여길 수 있는 어떤 영적 선함이 있다고 생각할 수 없다. 오직 성령께서 굳은 마음을 제하고 부드러운 마음을 주실 때(겔 11:19), 그 씨앗은 좋은 땅에 떨어져 믿음의 열매를 맺게 될 것이다(마 13:8, 23).

그러면 우리는 어떤 의미에서 복음전도의 접근법에 대해 이야기할 수 있겠는가? 바로 다음의 내용들이 이 질문에 대한 답변이다.

인간의 종교적 본성

인간은 하나님의 형상을 따라 하나님의 모양대로 창조되었다(창 1:26). 이 점은 인간이 다른 모든 지상의 피조물과 구별되는 점이다. 그리고 이 점이 바로 인간을 인간답게 하는 점이다. 인간이 가지고 있는 하나님의 형상 가운데 한 국면은 바로 신학자들이 **신의식**(神意識, 혹 神知識, sensus deitatis)이라 부르는 바 하나님에 대한 의식의 국면이다. 인간은 절대적인 존재가 실재한다는 의식을 가지고 있다. 인간은 어찌할 수 없이 종교적인 인간이라고 사람들은 이제껏 말해 왔다. 종교는 하나의 질병이 아닌 까닭에 차라리 인간은 **선천적으로**(constitutionally) 종교적이라고 말하는 것이 훨씬 더 나을 것이다.

인간이 죄에로 타락하여 그가 가지고 있던 하나님의 형상은 심히 훼손되었다. 그러나 완전히 말살된 것은 아니었다. 그 흔적은 남아 있다. 타락한 인간도 여전히 인간(human being)이다. 그러나 태초에 하나님께서 그에게 부여하여 주셨던 은사들, 그리고 한 때 그가 하나님의 영광을 위해 사용했던 은사들을 이제는 하나님을 거역하는 일에 사용한다. 이는 그가 하나님을 사랑하는 대신에 이제는 그를 미워하기 때문이다(롬 1:30). 간단히 말해서 이것이 전적 부패(total depravity)의 교리이다. 타락한 인간에게 남아있는 신의 형상의 여러 국면 가운데 두드러진 것이 바로 그의 신의식(sensus deitatis)이다. 인간이 이 은사를 심히 훼손시킨 것 또한 분명한 사실이다. 그는 "하나님의 진리를 거짓 것으로 바꾸어 피조물을 조물주보다 더 경배하고 섬겼다"(롬 1:25). 그럼에도 불구하고 인간은 여전히 종교적인 본성을 소유하고 있다. 이것은 가장 뻔뻔스러운 '무신론자'를 포함한 모든 인간에게 있어 사실이다. 세계 제2차 대전 중에 매우 자주 반복되었던 말 곧 "참호 속에는 무신론자가 없다"라는 말 가운데는 상당한 진리가 있었다. 요점은 하나님도 불멸(不滅)도 믿지 않는다고 강력하게 맹세하던 자도 사형집행을 당하게 되면 "오 하나님이시여 하나님이 계시다면, 그리고 나에게 영혼이 있다면 나의 영혼을 구원해 주시옵소서"라고 기도한다는 것이다. 암흑의 대륙 아프리카의 가장 심한 오지에도 종교를 전혀 갖고 있지 않은 부족은 찾아볼 수 없다. 무신론적 공산주의(atheistic communism)도 그 자체가 하나의 종교이다. 그것은 국가를 경배의 대상으로 삼고 있는 것이다.

인간의 종교적 본성이 설사 왜곡되어 있다손 치더라도 그것은 잃어버린 자에게 복음을 전하는 사람에게 있어서 하나의 접촉점으로 활용될 수 있다. 선교사 바울은 이방의 아덴에서 그러한 방식을 사용했다. 그는 아덴 사람들의 최고의 법정인 아레오바고(Areopagus)에서 이렇게 말했다. "아덴 사람들아 너희를 보니 범사에 종교성(宗敎性)이 많도다 내가 두루 다니며 너희의 위하는 것들을 보다가 '알지 못하는 신(神)에게' 라고 새긴 단(壇)도 보았으니 그런즉 너희가 알지 못하고 위하는 그것을 내가 너희에게 알게 하리라"(행 17:22, 23). 미표준역(ASV)과 개정표준역(RSV)은 여기에서 흠정역(KJV)의 좀 뚜렷이 드러나는 오역을 바로잡아 주고 있다. 여기에서 사용되고 있는바 비교적인 정도를 나타내는 헬라어 형용사 **데이시다이몬**(δεισιδαίμων)이란 용어는 **종교적**(religious)이란 뜻이나 혹은 **미신적**(superstitious)이란 뜻을 의미할 수 있다. 그러나 바울이 연설의 서두가 되는 문장에서 청중들에게 지나치게 미신적(too superstitious)이라고 하는 말을 했으리라고는 전혀 생각할 수 없다. 이와 같이 말한다고 하는 것은 거의 믿기 어려울 정도로 우둔한 일이기 때문이다. 또는 어떤 사람들이 생각하듯이 바울이 인정어린 애매한 표현에 호소하였다고 생각하는 것도 결코 적절치 못하다. 추리해 볼 수 있는 모든 의문을 넘어서 분명한 점은 바울은 아덴의 청중들에게 그가 그들에게서 **종교성이 많음**(very religious)을 발견한 사실을 말하려 했다는 점이다.

거짓된 종교들 가운데 보여지는 진리

최근 수 십년간 학자들은 종교학(宗敎學)에 많은 관심을 보여왔다. 종교학에는 역사적 사실들을 수집하고 정리하는 목적을 가진 종교사(宗敎史), 그러한 사실들의 빛 안에서 종교들을 서로 비교하는 비교종교학(比較宗敎學), 그리고 그러한 사실들의 기초에 대해, 특히 종교의 기원에 대해 일반화시키는 종교심리학(宗敎心理學) 혹은 종교철학(宗敎哲學)이 있다. 때때로 이 세 과목이 모두 종교사(宗敎史)나 종교학(宗敎學)이란 큰 과목에 포함되기도 한다.

종교사는 여러 질문 가운데서도 어떻게 종교가 기원(起源)되었는가 하는 질문에 대한 대답을 추구한다. 그러나 분명한 것은 이 대답이 역사적인 기초로만 결정될 수 없다는 점이다. 종교는 선사시대(先史時代, prehistoric times)에 발생했다. 따라서 역사가들은 종교의 기원에 대해 심리학적인 설명을 채용하지 않을 수 없다. 예를 들면 사람들은 원시 인간이 그 부족의 수장(首長)에 대한 경외감이나 자연의 초인적인 위력에 대한 두려움에서 절대적인 존재에 대한 개념을 추론했다고 말한다. 물론 이것은 어림짐작(guesswork)이다. 우리가 선사시대에 관해 분명한 지식을 얻을 수 있는 유일한 길은 하나님의 계시에 따르는 길이다. 우리는 종교의 기원에 대해 성경의 말씀을 받아들이든지 아니면 불확실한 것으로 단념하든지 양자택일하여야 한다.

종교의 기원과 역사에 관하여는 서로 크게 다르고 대조되기까지 하는 두 가지 학파의 사상이 있다. 그것은 자연주의적 혹은 진화론적 사상과 초자연주의적 혹은 계시적 사상으로 구분지을 수 있다. 전자는 원시 인간이 자발적으로 하나님에 대한 미숙한 개념에 도달했으며 역사의 과정에서 인간의 반성과 경험을 통해 그 개념이 점진적으로 정화되고 고상하게 되었다고 가르친다. 예를 들어 일신론(monotheism)은 비교적 최근에 발달된 것이라고 말한다. 하나님은 오직 한 분이라고 단호히 주장하는(신 6:4) 신명기는 모세에 의해 쓰여졌을리 만무하다고 한다. 이 책은 여러 세기 후에 나온 것이 틀림없다는 것이다. 종교사를 집필하는 대부분의 현대 저자들은 이 입장을 취하고 있다. 이에 뚜렷이 대조적인 견해를 가진 인물이 있는데 그는 로마 가톨릭교도로 비엔나 대학(University of Vienna)의 빌헬름 슈미트(Wilhelm Schmidt)이다. 그는 그의 불후의 저작 「하나님 개념의 기원」(*The Origin of the Idea of God*)에서 그는 역사적 방법의 연구를 통해 인간의 초기 종교는 일신론적인 종교였고 이교도의 종교들(ethnic religions)의 역사는 진보의 역사가 아니라 퇴보의 역사라고 주장하였다.

이 문제에 관한 성경의 가르침은 너무나도 명백하다. 조물주의 형상으로 창조된 최초 인간은 의와 거룩 뿐만 아니라 하나님에 대한 참된 지식을 가지고 있었다(골 3:10;엡 4:24). 다만 그가 죄에 빠져 타락하였을 때 하나님에 관한 지식이 훼손되었고 하나님에 대한 태도가 잘못된 길로 나가게 되었다. 그리하여 참 종교는 초자연적으로 주어진 특별계시를 통해서만 회복된다.

기독교 외에 오늘날의 모든 종교는 전적으로 거짓된 것이라는 결론을 내려서는 안 된다. 그렇게 쉽게 생각해서는 안 된다. 물론 모든 종교가 **근본적으로**(essentially) 잘못되었고 기독교만이 유일한 참 종교이다. 그러나 또다른 측면에서 지금 연구하는 이 주제는 좀 더 논의할 수 있는 내용이 있다. 모든 종교는 그릇된 신들과 그릇된 구원의 길을 가르친다는 점에서 잘못되었다고 충분히 말할 수 있다. 그런데, 세상 모든 종교가 원래의 참 종교가 부패된 것이라는 사실로 보면 이러한 종교들 가운데서도 진리의 요소들을 찾아볼 수 있을 것이다. 만약 이러한 종교들로부터 한 조각의 진리도 찾아볼 수 없다면 오히려 이상한 일일 것이다. 사실상 우리는 하나님께서 그런 일이 일어나도록 허락하시지 않았다는 것을 알고 있다.

그리하여 우리는 모든 종교는 공통적으로 두 가지 신앙(belief), 곧 절대적인 존재(supreme being)에 대한 신앙과 인간의 불멸성(immortality of man)에 대한 신앙을 가지고 있음을 발견한다. 이에 덧붙여 모든 종교는 또한 두 가지 의식(practice), 곧 기도(prayer)와 제물의 헌납(the bringing of offering)의 의식을 가지고 있다. 역시 기독교도 이러한 신앙과 의식을 가지고 있다. 물론 기독교는 그것들을 순수한 형태로 가지고 있는 반면 다른 모든 종교에 있어서 그것들은 매우 타락한 형태로 남아있는 것이 사실이다. 구체적인 예를 든다면 유대교의 일신론까지도 기독교의 일신론과는 동일시 될 수 없다. 왜냐 하면 유대교적 일신론은 성경의 삼위일체 하나님과 기독교를 받아들이지 않기 때문이다. 그럼에도 불구하고 앞서 언급한 신앙과 의식은 인류의 많은 종교에 이런 저런 형태로 존속되고 있다.

성경은 바울이 복음전도의 접촉점으로 거짓된 종교에 나타난 진리의 요소를 이용하고 있는 인상적인(striking) 실례를 보여주고 있다. 그 일은 아덴에서 일어난 일이었다. 사도는 아레오바고에 있는 사람들에게 하나님은 "우리 각 사람에게서 멀리 떠나 계시지 아니하도다. 우리가 그를 힘입어 살며 기동(起動)하며 있느니라 너희 시인 중에도 어떤 사람들의 말과 같이 우리가 그의 소생이라"고 말했다. 그는 기원전 3세기의 시인이었던 길리기아(Cilicia)의 솔리(Soli) 출신의 아라투스(Aratus)의 글을 축어적으로 인용하고 있으며 또 철학자 제노(Zeno)의 제자인 미시아(Mysia)의 앗소스(Assos) 출신의 클레안데스(Cleanthes)의 글을 거의 축어적으로 인용하고 있다. 그리고 바울은 이러한 이방 시인들의 말 자체에 대한 동의를 표현하고 나서 아덴 사람들을 향해 그들의 우상숭배를 호되게 꾸짖었다. 그는 말하길 "이와 같이 신(神)의 소생이 되었은즉 신을 금이나 은이나 돌에다 사람의 기술과 고안으로 새긴 것들과 같이 여길 것이 아니니라"고 하였다(행 17 : 27-29). 바울이 "우리가 그의 소생이라"하는 진술에 대한 해석을 아라투스나 클레안데스와는 매우 다르게 하였다고 하는 점은 분명히 기억에 넣고 있어야 하겠지만 어쨌든 바울이 여기에서 이러한 접근법을 채용하고 있다는 점은 아주 돋보이는 사건이다. 그는 이방종교에서 하나의 진리를 발견했지만 그러나 그것이 너무나 왜곡되어 있다는 것도 또한 발견했다. 그리하여 그는 그것을 유일하신 참 하나님을 선포하는 출발점으로 삼았다.

하나님의 일반은총

성경은 하나님의 선하심과 심지어 하나님의 사랑까지도 모든 이성적 피조물에게 미치고 있다는 점을 강조하여 교훈하고 있다. "여호와는 은혜로우시며 자비하시며 노하기를 더디하시며 인자하심이 크시도다 여호와께서는 만유를 선대하시며 그 지으신 모든 것에 긍휼을 베푸시는도다"(시 145:8, 9)라고 시편기자는 노래했다. 요나는 사악한 니느웨 백성을 긍휼히 여기시는 하나님을 깨닫고 이렇게 증거하였다. "주께서는 은혜로우시며 자비로우시며 노하기를 더디하시며 인애가 크시사 뜻을 돌이켜 재앙을 내리지 아니하시는 하나님이신 줄을 내가 알았음이니이다"(욘 4:2). 주 예수께서는 제자들에게 다음과 같이 명하셨다. "너희 원수를 사랑하며 너희를 핍박하는 자를 위하여 기도하라 이같이 한즉 하늘에 계신 너희 아버지의 아들이 되리니 이는 하나님이 그 해를 악인과 선인에게 비취게 하시며 비를 의로운 자와 불의한 자에게 내리심이라"(마 5:44, 45).

모든 기독교 선교사 중 가장 위대한 선교사였던 바울이 하나님의 구원의 은총을 선포함에 있어 하나님의 일반은총을 출발점으로 삼았다는 사실은 주목할 만한 가치가 있다. 그는 루스드라와 더베 사람들에게 살아계신 하나님은 "자기를 증거하지 아니하신 것이 아니니 곧 너희에게 하늘로서 비를 내리시며 결실기를 주시는 선한 일을 하사 음식과 기쁨으로 너희 마음에 만족케 하셨느니라"(행 14:17)고 말했다.

모든 인류에게 내려지는 자연의 축복은 하나님의 일반은총에 대한 한 증거에 불과하다. 악인들의 삶 가운데서도 죄가 억제되는 일과 중생하지 못한 사람들에 의해 행해지는 미덕 등도 부가적인 증거들이다. 이미 지적한 바와 같이 하나님 형상의 흔적이 타락한 인간에게 남아있는 사실과 진리의 모든 자취가 이방종교에 있어서 하나도 남김없이 사라지지는 않았다고 하는 사실은 하나님의 선(善)하심에 기인된 것이다. 중생되지 못한 죄인들까지도 어느 정도의 선을 행한다(눅 6:32, 33)는 사실은 달리 설명될 수 없을 것이다. 중국인들이 조상에 대해 가져왔던 존중의 태도는 비록 지독한 조상숭배로 빠지고 말았다고 할지라도 그것은 기독교 선교사들에게 좋은 접촉점을 부여해 준다. 유대인들과 회교도들 가운데서 사역하는 선교 가운데 어떤 선교사가 그들의 일신교가 비록 경직되어 있고 빈약하긴 하더라도 그들의 일신교적 특징을 이용하려 하지 않으려 할 것인가? 이슬람교의 운명론(fatalism) 역시 기독교의 신적 예정교리와는 아주 거리가 멀긴 하지만 회교도들을 복음화하려는 사람에게는 그것도 다소간 활용가치가 있다.

하나님의 자연계시

자연적인 존재와 초자연적인 존재는 다 하나님의 피조물이다. 또한 이 양자는 다 함께 공통적으로 창조주를 계시하고 있다. 그것들이 서로 유사성을 가지고 있다는 점은 크게 놀라운 일이 못된다. 그것들은 그럴 수밖에 없다.

영적인 존재가 자연적인 존재를 따라 모방된 것이 아니라 자연적인 존재가 영적인 존재를 따라 모방된 것임을 잘 기억해 두어야 한다.

모든 자연이 '영'(요 4:24)이신 하나님의 계시이라는 사실은 확고불변하다. 예수님께서 자신을 "참 포도나무"(요 15:1)라고 말씀하셨을 때 그는 자신이 근본적이고, 원형적인 포도나무이며 일반 포도나무는 그를 모방하여 만들어진 것임을 가르치시고자 하셨다. 성경이 하나님을 아버지(Father)라고 말하는 이유는 하나님이 인간 아버지들을 얼마간 닮았기 때문이 아니라 오히려 인간 아버지들이 아버지라고 불리우는 것은 그들이 하나님을 희미하게 닮았기 때문이다. 하나님의 부성(父性)은 영원부터 있어 왔다. 하나님은 인간의 부성이 존재하기 이전부터 아버지(Father)이시다. 헨리 드러먼드(Henry Drumond)의 책「영적 세계에 있어서의 자연법칙」(*Natural Law in the Spiritual World*)은「자연적 세계에 있어서의 영적 법칙」(*Spiritual Law in the Natural World*)이라고 제목을 붙였더라면 더 좋았을 것이다.

주 예수께서는 교훈하시는 가운데 영적인 것에 대한 자연적인 것의 유사성을 예리하게 인식하고 계셨음을 볼 수 있다. 그는 종종 비유로 가르치셨다. 비유란 하늘의 의미를 가진 땅의 이야기, 곧 영적 의미를 지닌 자연의 이야기가 아니고 무엇이겠는가? 예수님의 비유들은 각각 그 나름의 교훈을 가르치는 한편 그의 모든 비유는 다 함께 하나의 교훈을 주고 있다. 즉 그것은 자연적인 존재와 영적인 존재는 모두 한 하나님으로부터 온 계시인 까닭에 서로 유사성이 있다는 교훈이다.

구주께서는 복음전도의 사역을 하시는 동안 자유롭게 자연을 하나의 접근법으로 사용하셨다. 그는 출생에 대해 묘사하면서 니고데모에게 하나님 나라에 들어가는 문제를 소개하셨다(요 3:3-6). 그는 어깨에 물동이를 이고 야곱의 우물에 오는 사마리아 여인을 보았을 때 마시는 자마다 결코 다시 목마르지 아니하는 생수에 대해 그녀에게 말씀해 주시기 전에 보통의 물을 조금 달라고 요청하셨다(요 4:7-14). 베데스다 못가에서 중풍병자로 하여금 자리를 들고 걸어가라고 하시고 또 그로 순종토록 하신 후에, 얼마간 지난 다음 주님은 그를 만나 그에게 "보라 네가 나았으니 더 심한 것이 생기지 않게 다시는 죄를 범치 말라"고 하셨다(요 5:1-14). 그는 또다른 중풍병자를 고치심으로 자신이 죄사할 권세가 있음을 증거하셨다(막 2:1-12). 그는 먼저 날 때부터 소경된 자의 눈을 열어주신 후 그에게 영적인 믿음의 눈을 뜨게 해주셨다(요 9:1-38). 그가 행하신 모든 치유는 영적인 치유를 상징하는 것이었다. 그리고 죽은 자를 일으키심으로써 그는 사람들에게 허물과 죄로 죽은 자들에게 생명을 부여할 신적 특권이 자신에게 있음을 가르치셨다.

복음전도자의 과업은 영적인 과업이다. 그는 잃어버린 자들에게 죄와 영적인 죽음으로부터 구원을 얻도록 복음을 전해야 한다. 그는 이 사명을 성취하는 일에 있어 자기 자신을 빛나가게 하는 일이 없도록 해야 한다. 그러나 그가 현명하다면 자신이 복음화하려는 사람들에게 자연스럽게 접근하는 방법을 강구할 수 있을 것이다. 그렇게 함으로써 그는 그의 과업을 고상하고 합당하게 수행하게 될 것이다. 그리스도께로 인도하려고 하는 대상자들의 물질적인 복지에 관해서는 관심을 갖지 않아도 된다고 주장하는 자들은 잘못을 범하고 있는 것이다. 엄밀히 말해서 이것도 복음전도자가 해야 할 일이다. 그는 그들의 건강, 수확, 사업, 생계 등에 대해 따뜻한 관심을 표현해야 한다. 무엇보다도 그는 그들의 자녀들의 친구가 되어야 하는데, 그 이유는 자녀에 대한 부모의 사랑보다 더 강한 인간의 본능은 없기 때문이다. 예수님께서 어린이들을 안고 축복하시면서 "어린아이들의 내게 오는 것을 용납하고 금하지 말라. 하나님의 나라가 이런 자의 것이니라"(막 10:14)고 말씀하셨을 때, 그 아이들의 어머니들도 또한 그 나라로 인도하시고자 하는 마음을 가지고 계셨다는 점을 어느 누가 의심할 수 있겠는가?

선교사의 순응(順應)

선교사는 자신이 전도하려는 사람들과 조화를 이루어야 한다는 사실은 말할 필요조차 없다. 그런데 선교사는 교리를 희생시키지 않고 선교사적인 적응을 해야 한다는 점도 매우 명백한 일이다. 선교사 바울은 이러한 두 원칙을 완전한 방식으로 수행하였다.

바울은 소아시아 전도여행 때에 복음전도자 디모데가 그와 동행하여야 했을 때 "그 지경에 있는 유대인들을 인하여 그를 데려다가 할례를 행하니 이는 그 사람들이 그의 부친은 헬라인인 줄 다 알기 때문이었다"(행 16:3). 다른 한편으로 유대주의자들이 디도가 할례받을 것을 요구하였을 때 바울은 "일시라도 복종치 아니하였다"(갈 2:3-5). 그러나 여기에 있어 결코 일관성이 없는 것은 아니다. 한 경우는 원리가 문제되지 않는 한에 있어 편의한 과정을 따른 경우이며, 다른 한 경우는 은혜로 인한 구원의 진리와 그리스도인의 자유의 원리가 주장되어야만 했던 경우인 것이다.

그리스도께서 이방인들을 위하여 택한 선교사가 왜 그의 이름을 히브리어로 부탁받은 자(asked)란 뜻을 가진 사울에서 헬라어로 작은 자(little)란 뜻을 가진 바울로 바꾸었는가 하는 이유에 대한 여러 가지 의견이 있다. 어떤 이들은 그러한 개명(改名)은 회심에 따라 나온 것이며 겸손을 나타내기 위한 것이라고 생각한다. 다른 이들은 이 사도가 첫번째 선교여행 때의 첫번째로 기록된 회심자인 구브로 총독 서기오 바울의 이름을 따서 지었다고 하는 견해를 지지한다. 사실상 역사가 누가는 이 회심의 이야기와 관련해서 처음으로 사울을 바울로 말하고 있다(행 13:9). 그러나 이 개명은 단순한 선교사의 적응의 문제였을 것이라고 하는 점이 훨씬 더 그럴듯하다. 이제 그가 이방인들에게 복음을 전하러 나아가게 되자 히브리식 이름보다는 헬라식 이름을 가지고 나아가는 것이 더욱 적당하겠다고 생각했던 것이다.

어떤 이들은 바울이 3차 전도여행에서 예루살렘으로 돌아온 후 유대인 신자들에게 그가 모든 유대적 전통을 깨뜨리지 않았다는 것을 입증하기 위해 의식적인 맹세(ceremonial vow)를 하라는 그의 친구들의 충고를 따른 것은 적절한 적응을 넘어선 것이라고 생각한다(행 21:20-26). 이 의식의 행위가 그를 아주 심각한 궁지로 몰아넣은 것이 사실이다. 그러나 그가 이 일에 있어 잘못을 범했는지의 여부를 결론 내리기 힘들다. 필자는 선교사인 이 사도에 대해서 미심쩍은 점을 선의로 해석하고 싶다.

사도시대의 교회는 오늘날 많은 선교분야에서 논쟁의 중심을 이루는 한 문제에 직면했다. 기독교로 개종한 이방의 일부다처자들을 어떻게 해야할 것인가? 그들의 부인들 중 한 사람만 남겨 놓고 다 추방하는 것을 교회회원으로 받아들이는 조건으로 삼을 것인가? 신약 성경은 이 문제에 대한 대답을 주고 있다. 디도서 1장 6절과 디모데전서 3장 2절과 12절에는 장로나 집사는 "한 아내의 남편"이어야 한다고 하는 규정이 적혀 있다. 이것은 그들이 꼭 결혼해야 한다는 의미는 아니다. 바울이 그것을 의미하고자 했더라면 그렇게 말하였을 것이고 한(one) 아내라고 하는 말은 언급하지 않았을 것이다. 또한 이 사도가 첫번째 부인이 죽은 후 두 번째 결혼을 한 사람들을 교회에서의 직분을 금했다고 전혀 생각할 수 없다. 다른 곳에서 이 사도는 이렇게 교훈했다. "남편이 있는 여인이 그 남편 생전에는 법으로 그에게 매인바 되나 만일 그 남편이 죽으면 남편의 법에서 벗어났느니라 그러므로 만일 그 남편 생전에 다른 남자에게 가면 음부라 이르되 남편이 죽으면 그 법에서 자유케 되나니 다른 남자에게 갈지라도 음부가 되지 아니하느니라"(롬 7:2, 3). 물론 이는 아내에게 뿐만 아니라 남편에게도 해당된다. 의심할 바 없이 신약성경에는 결코 일부다처제를 재가하거나 심지어 너그럽게 봐주지는 않고 사도시대 교회의 회원 중에 여러 번 결혼하는 것을 허락받은 사람은 아무도 없지만, 그러나 때때로 용인(concession)을 거쳐 한 명 이상의 아내를 가진 회심자가 교회회원으로 받아들여진 적이 있었다. 그러나 결코 이러한 회원이 교회에서 직분을 바라거나 혹은 직분을 맡도록 선택된 경우는 없었다. 이러한 용인은 아마도 일부다처자들이 한 아내를 제외하고 다른 모든 아내들을 추방하는 것이 그것으로 해결할 수 있는 문제보다 더 많은 문제들이 쉽사리 생겨나게 될 것이고 도덕적인 선보다는 그 해가 더 많이 생겨날 수 있기 때문에 취해진 조처였으리라 보인다. 그 외에도 이 용인은 예외적인 방도였음은 두 말할 나위도 없다. 따라서 이와 똑같은 용인이 오늘날 다소 유사한 환경에 처한 모든 선교현장마다 주어져야 한다는 것은 결코 당연시 되어야 할 일이 아니다. 주어진 선교현장의 명확한 상황에 따라 고려해야 할 것이다.

바울은 그리스도께로 인도하려는 사람들에게 자신을 기꺼이 적응시키고자 한다는 점을 강력히 표현하면서 이렇게 말했다. "내가 모든 사람에게 자유하였으나 스스로 모든 사람에게 종이 된 것은 더 많은 사람을 얻고자 함이라 유대인들에게는 내가 유대인과 같이 된 것은 유대인들을 얻고자 함이요 율법 아래 있는 자들에게는 내가 율법 아래 있지 아니하나 율법 아래 있는 자 같이 된 것은 율법 아래 있는 자들을 얻고자 함이요 율법 없는 자에게는 내가 하나님께는 율법 없는 자가 아니요 도리어 그리스도의 율법 아래 있는 자나 율법 없는 자와 같이 된 것은 율법 없는 자들을 얻고자 함이라 약한 자들에게는 내가 약한 자와 같이 된 것은 약한 자들을 얻고자 함이요 여러 사람에게 내가 여러 모양이 된 것은 아무쪼록 몇몇 사람들을 구원코자 함이니"(고전 9:19-22).

그리고 구주 자신의 비길데 없는 겸손(condescension)에 대해 무슨 말을 할 수 있겠는가? 여기 이 분에게는 **순응**(adaptation), **조화**(accomodation), **적응**(adjustment) 등과 같은 용어는 아주 부적절한 것으로 제외되어야 한다. "거룩하고 악이 없고 더러움이 없고 죄인에게서 떠나 계시고 하늘보다 높이 되신 자"(히 7:26)이신 주님은 죄인들을 영접하시고 그들과 함께 잡수셨다(눅 15:2). 인자로서 옛적부터 "권세와 영광과 나라를" 받으셨으며 "모든 백성과 나라들과 각 방언하는 자로 그를 섬기게 하시며" 그 권세는 "영원한 권세여서 옮기지 아니할" 권세를 가지신 주님(단 7:13, 14)께서 "잃어버린 자를 찾아 구원하려"(눅 19:10) 이리 저리 다니셨으며 "섬김을 받으려 함이 아니라 도리어 섬기려 하고" 심지어 "자기 목숨을 많은 사람의 대속물로 주려고"(마 20:28) 오셨다. 그는 근본 하나님의 본체시나 "하나님과 동등됨을 취할 것으로 여기지 아니하시고 자기를 비어", ―물론 그의 신성은 여전히 남아 있는 것이며 다만 그의 영광을 비운 것임을 말할 수 있는데―"종의 형체를 가져 사람들과 같이 되었고 사람의 모양으로 나타나셨으며 자기를 낮추시고 죽기까지 복종하셨으니 곧 십자가에 죽으셨다"(빌 2:7, 8).

제12장

하나님과 복음전도의 수단

기독교 신학은 은혜의 수단에 대해서 말하고 있다. 하나님은 죄인들을 믿음의 길로 이끄시는데 있어 즐겨 수단을 사용하시며, 또한 믿음 안에서 성도들을 양육하시는데 있어서도 수단을 사용하신다. 전자의 경우 수단은 하나님의 말씀이며, 후자의 경우 수단은 하나님의 말씀과 신적으로 제정된 성례이다.

믿음과 하나님의 말씀

하나님의 말씀이 성령께서 인간들의 심령에 믿음을 갖도록 역사하시는 단 하나의 유일하고 불가결한 수단이라고 주장하는 일은 매우 중요한 문제이다. 비록 이것은, 말씀이 항상 다른 모든 생각할 수 있는 요인들과 동떨어져 역사하는 것이 아니라고 할지라도, 결코 다른 요인들이 말씀을 대체할 수는 없다. 기껏해야 그것은 말씀의 보조적이고 부수적인 것에 불과하다.

지상명령(至上命令)의 요점은 모든 족속의 사람들에게 하나님의 말씀을 가르침으로써 그들을 그리스도의 제자로 삼아야 한다는 것이다.

사도시대의 복음전도가 하나님의 말씀을 가르치고 전파함으로 수행되었다는 점은 세세히 지적할 필요조차 없는 분명한 사실이다. 이 점은 항상 불변하게 그러했다. 물론 복음전도는 복음을 전하는 것이며, 복음은 하나님의 말씀이다. 로마서 10장 13절에서 17절은 요약된 형태로 이 점을 말해 준다. 영감받은 저자는 "누구든지 주의 이름을 부르는 자는 구원을 얻으리라"고 말한 후 계속하여 "그런즉 저희가 믿지 아니하는 이를 어찌 부르리요 듣지도 못한 이를 어찌 믿으리요 전파하는 자가 없이 어찌 들으리요 보내심을 받지 아니하였으면 어찌 전파하리요 기록된 바 아름답도다 좋은 소식을 전하는 자들의 발이여 함과 같도다 … 그러므로 믿음은 들음에서 나며 들음은 그리스도의 말씀으로 말미암았느니라"고 하였다. 복음전도자의 과업은 사람들에게 하나님의 말씀을 직면토록 해주는 것이다.

하나님의 말씀에 대한 지식은 구원을 가져다 주는 믿음의 선행조건이다. 이 지식은 또한 그 이상으로 구원을 가져다 주는 믿음의 한 구성요소이다. 신자는 말씀에 계시된 진리를 받아들이고 구원을 얻기 위해 자신을 하나님의 아들에게 맡겨야 한다. 그러나, 성경내용에 대한 지식없이는 이 어느 것도 가능치 않다는 것은 너무나 분명하다. 성경에 대해 지식이 적을수록 더욱 단순하고 강한 믿음을 가지게 된다고 제안하면서 무지를 장려하는 자들은 슬프게도 잘못을 범하고 있는 것이다. 지식과 믿음에 대해 반대하는 것은 참으로 잘못된 것이다. 믿음은 어두움 속에서의 뜀박질이나 도박이 아니다. 그 자신을 주님께

위탁하는 모든 자들은 성경말씀으로부터 얻은 구세주에 대한 지식으로 인해 그렇게 하는 것이다.

복음전도자가 신앙을 고백함으로써 그리스도의 교회에 연합하고자 하는 자에게 어느 정도의 지식을 요구해야 하는가 하는 문제는 고정적이고 단정적인 문제는 아니다. 그러나 그는 적어도 예수께서 그리스도이시고 하나님의 아들이시며 대속적인 죽음을 죽으신 유일하신 구세주이시며 만유의 주가 되신다는 사실을 알아야 한다고 말해야 한다. 또한 성부와 성자와 성령의 이름으로 세례를 받을 자는 삼위일체 하나님에 대해 어느 정도의 지식은 가지고 있어야 한다는 점을 주저없이 말해야 한다. 그리고 그는 삼위일체 교리를 핵심적으로 표현하고 있는 교회의 연합적인 고백인 사도신경 가운데 포함된 기독교의 기본적인 교훈들에 대해 마땅히 동의를 나타내야 한다. 그는 자신에 대해서 자신은 구원을 필요로 하는 죄인이며, 결코 자신을 스스로 구원할 수 없으며 구원은 삼위일체 하나님의 은혜로 인하여 주어진다는 사실을 알아야만 한다. 이 은혜에 자신을 위탁하는 것이 구원에 이르는 믿음의 본질이다.

그리스도에 관한 성경의 **명제들**(propositions)을 받아들이는 것과 그리스도의 **인격**(person)에 자신을 위탁하는 것은 구별되어 왔다. 이 구별은 타당성이 있다. 생각건대 어떤 사람이 예수님이 동정녀 마리아에게서 나셨고 갈보리 십자가 상에서 죄인들을 위하여 죽으셨으며 또한 죽은 자들 가운데서 다시 살아나셨다고 하는 명제들을 받아들일 수 있을지는 모르지만, 그러나 구원얻기 위해 자신을 그리스도의 인격에 위탁하지 않을 수도 있다. 그래서 바울이 아그립바 왕에게 선지자를 믿느냐고 물은 후 즉시 "믿으시는 줄 아나이다"(행 26:27)라고 덧붙이면서 아그립바 왕을 탓하였던 것처럼 사람들은 다만 소위 회의적인 신앙을 가지고 있든지 역사적인 신앙을 가지고 있다. 이것은 정통주의냐 아니면 죽은 정통이냐 하는 문제이다. 그러나 우리는 한 순간이라도 성경이 그리스도에 대해 가르치는 바를 믿지 않고서 그의 인격을 믿을 수 있다고 생각해서는 안 된다. 그것은 전혀 의문의 여지가 없는 일이다.

복음전도자들이 죄인들에게 그리스도를 믿으라고 요구하는 경우, 종종 믿음의 본질과 믿음의 확신을 혼동한다. 그것은 심각한 큰 실수이다. 마땅한 확신이 항상 구원에 이르는 믿음에 동반되고 사실상 그 믿음 속에 내포되어 있지만 늘 완전한 확신 가운데 있지 않다고 하더라도 구원에 이르는 믿음의 본질을 소유할 수도 있다. 어떤 이가 하루의 매 순간에 "내가 알기에는 나의 구속자가 살아 계신다"(욥 19:25) 또는 "나의 의뢰한 자를 내가 안다"(딤후 1:12)고 하루 내내 말하지 않더라 하더라도 그가 참 신자일 수 있다. 그러므로 복음전도자는 세례를 받을 후보자가 그리스도께서 그를 구원하시기 위해서 죽으신 것과 그는 이제 영원한 영광의 길에 있다고 하는 것을 철저히 확신해야 한다고는 주장하지 말아야 한다. 따라서 복음전도자는 바울이 빌립보 간수에게 말한 바 "주 예수를 믿으라"(행 16:31)는 것 이상을 요구해서는 안 된다. 마치 이스라엘 백성이 독사에게 물렸을 때 놋뱀을 쳐다본 것처럼 구원을 위해 자신으로부터 눈길을 돌려 십자가에 못 박힌 그리스도를 바라보는 것이 바로 구원에 이르는 믿음이다(요 3:14, 15). 분명 수리아 사람 나아만은 요단강에 들어갈 때 확신이 거의 없는 상태였다. 그러나 비록 적고 연약한 믿음이었을지라도 그렇게 행함으로 믿음을 보였을 때 그는 그의 문둥병으로부터 깨끗하게 되었다(왕하 5:1-4). 예수께서 "내게 오는 자는 결코 주리지 아니할 터이요 나를 믿는 자는 영원히 목마르지 아니하리라"(요 6:35)고 말씀하신 것으로 볼 때 그에게 나아오는 것을 그에 대한 믿음으로 여기신 것을 보여준다. 구원을 얻기 위하여 말씀이신 그리스도에게 나아가는 것 자체가 믿음의 행위이다.

하나님의 말씀과 모범적 행위

구원받지 못한 사람이 하나님의 말씀을 전달하는 경우에 하나님은 죄인을 구원하기 위해 그의 말씀을 사용하실 수 없다고 말할 권리를 가진 자는 아무도 없다. 하나님은 주권적이시며 이 점에 있어서도 그의 주권이 존중되어야 한다. 그는 놀랍고 아름다운 메시아적 예언을 불경건한 발람의 입에 두셨으며(민 24:17-19), 사악한 가야바로 하여금 그리스도의 대속적인 구속을 증거하도록 하셨다(요 11:49-51). 가룟 유다는 예수께서 복음을 전하도록 보낸 열 두 제자들 중의 한 사람이었다. 하나님은 영혼들을 구원하시기 위해 이교도나 위선자의 입을 통해서도 진리의 복음을 전달하실 수 있다.

그러나 하나님의 말씀을 가르치면서도 스스로는 그것을 실천하지 않는 사람은 하나님의 축복이 자신의 가르침에 임하기를 기대할 권리가 없다. 그가 행하는 것은 그가 말한 것과 대조된다. 사람들은 그에게 "의사여 네 자신을 치료하라"고 꾸짖을 상당한 이유가 있으며, 진부한 말일지는 몰라도 “네가 아주 크게 말하긴 하지만 난 네가 말하는 것을 알아들을 수 없어”라고 책망할 이유를 가지고 있다. 그는 셰익스피어(Shakespeare)의 「햄릿」(*Hamlet*)에서 오필리아(Ophelia)가 그녀의 오빠인 래어티스(Laertes)에게 주는 예리한 충고에 귀를 기울이는 것이 좋을 것이다.

> 은혜롭지 못한 목사들의 행위와 같이 행동하지 말고
> 천국으로 가는 가파른 가시밭 길을 나에게 보여주려무나
> 허풍떨고 분별없는 탕자처럼
> 빈들거리는 걸음으로 환락의 길에 자신을 내맡기고
> 자신의 운명에 주의하지 않는 자처럼 되지 말거라.

다른 한편 경건한 복음전도자의 삶은 진리를 훌륭히 증거함으로써 그의 메시지를 보강할 것이다.

쵸서(Chaucer)는 그의 작품 「켄터베리의 이야기」(*Canterbury Tales*)의 서문에서 여러 줄에 걸쳐 복음전하는 자를 찬양하여 노래했다.

> 선한 사람은 종교가 그들의 것이며
> 그 마음에 참된 인격을 가지고 있다
> 더우기 그는 거룩한 생각과 일에도 부요한 자이다
> 그는 그리스도의 복음을 전하고 그의 교회성도들을
> 헌신적으로 가르친다
> 그는 허식과 위엄을 버릴 때까지 참고 기다리니

아무도 그를 순수한 양심에서 벗어나게 할 수 없다
오직 그리스도의 교훈을, 그리고 그의 열 두 사도들의 교훈을
그는 가르친다 그러나 먼저 스스로 그 교훈을 실천한다.

그러나 누구라도 경건한 생활과 모범적인 행동이 복음을 대신할 수 있으며 복음을 불필요한 것으로 결론 내려서는 안 된다. 이 입장을 취하는 사람들이 종종 있었으며 앗시시(Assisi)의 프랜시스(Francis)의 생애로부터의 한 이야기는 자주 위선적으로 이 입장을 지지하기 위해 사용되곤 했다. 어느 날 프란시스가 복음을 전할 의도를 갖고 어떤 마을로 가기 위해 한 젊은 수사(修士)를 초대하여 그를 수행케 하였다. 마을에 도착하자 그들은 심한 가난과 질병을 목격하였다. 그러한 불행을 경감시키느라 돕는 일로 그들은 온 종일을 바쁘게 보냈다. 저녁이 되어 그 젊은 수사는 프란시스를 향해 언제 자신들이 복음을 전할 예정인가에 관한 곤란한 질문을 던졌다. 이에 프란시스는 "우리는 온 종일 복음을 전하지 않았는가?"라고 대답했다. 만약 프란시스가 긍휼의 행위를 은혜의 수단인 하나님의 말씀과 동일시 하는 것을 의미했다면 그는 잘못을 범한 것이다.

경건의 모범이 복음을 대신할 수 있다고 주장하는 자들은 성경적 근거 위에 있지 않은 자들이다. 예수께서는 열두 사도들을 이스라엘 집의 잃어 버린 양에게로 보내시면서 "가면서 전파하여 말하되 천국이 가까왔다 하고 병든 자를 고치라"(마 10:7, 8)고 말씀하셨다. 그들은 병을 고칠 뿐만 아니라 복음도 전해야 했다. 실상 전하는 일이 그들의 더 우선적이고 주된 과업이었다. 그들은 순종하여 "나가 각 촌에

두루 행하여 처처에 복음을 전하며 병을 고쳤다"(눅 9:6). 바울의 선교경력을 조금이라도 아는 사람은 누구나 그가 복음전하는 일을 그의 소명으로 보았고 병고치는 일은 그에 따르는 부수적인 것으로 여겼다는 점을 알게 될 것이다.

어떤 경우에 있어서, 언뜻 보아 하나님의 말씀이 복음전도에 있어 소홀히 되고 모범적인 행위가 그 자리를 대신하는 것으로 가르치는 것처럼 보이는 성경구절이 있다. 사도 베드로가 믿지 않는 남편을 가진 아내들에게 "아내된 자들아 이와 같이 자기 남편에게 순복하라 이는 혹 도를 순종치 않는 자라도 말로 말미암지 않고 그 아내의 행위로 말미암아 구원을 얻게 하려 함이니 너희의 두려워하며 정결한 행위를 봄이라"(벧전 3:1, 2)고 권면했다. 그리스도인인 여인의 믿지 않는 배우자가 하나님의 말씀에 전혀 면식이 없으리라고는 거의 생각할 수 없을 것이다. 그러나 더욱 더 의미있게 고려해야 할 문제가 있다. "말씀(the word)으로 말미암지 않고"라는 표현은 잘못된 것이다. 원래의 분명한 논지가 결여되어 있다. 그러므로 개정표준역(RSV)의 "말(a word)로 말미암지 않고"라는 번역이 정확한 것이다. 따라서 이 구절이 언급하는 것은 하나님의 말씀이 아니라 그 여인의 말을 지칭하는 것이다. 쉽게 말해서 그녀는 그녀의 말보다도 행실을 통해 믿지 않는 남편을 그리스도께로 인도해야 한다는 것이다.

또한 고린도후서 3장 3절에서도 그리스도인의 생활이 기독교 복음의 적절한 대용물이라고 가르치고 있는 것은 절대로 아니다. "너희는 우리로 말미암아 나타난 그리스도의 편지니 이는 먹으로 쓴 것이 아니요 오직 살아계신 하나님의 영으로 한 것이며 또 돌비에 쓴 것이 아니요 오직 육의 심비(心碑)에 한 것이라" 이 구절은 모든 신자의 삶이 성령께서 쓰신 그리스도의 복음의 역본임을 의미하는 것으로 해석되어 왔다. 그러나 문백으로 보아 이러한 해석은 지지될 수 없다. 바울은 고린도에서 비방을 받고 있었다. 심지어 교회 안에서 조차도 몇몇은 그의 사도직을 의심했다. 그는 이를 염두에 두고 "우리가 … 천거서(薦擧書)를 너희에게 부치거나 너희에게 맡기거나 할 필요가 있느냐"고 물었다. 그리고 나서 그 질문에 대해 스스로 "너희가 우리의 편지라 우리 마음에 썼고 뭇사람이 알고 읽는 바라"고 대답했다(고후 3:1, 2). 그런 다음 편지(epistle)라는 개념을 확대시키면서 사실상 계속하여 "너희 고린도 교인들은 그리스도인들로서 그리스도께서 너희 마음에 성령께서 역사하심으로 말미암아 복음 안에서 나의 동역자들을 통하여 쓰게 하신 분명한 하나의 편지라"고 말했다. 여기에서 언급된 편지란 바울의 천거서를 말하는 것이었다. 고린도의 그리스도인들은 그 편지였다. 그리스도께서는 바울의 전도와 성령이 심령에 역사하심을 통하여 그들을 그리스도인이 되게 하심으로 바울을 그의 사도로 천거하였던 것이다. 이 구절과 병행하는 바울의 진술이 있는데, 이 또한 고린도에 있는 신자들에게 쓴 것이다. "나의 사도(使徒)됨을 주 안에서 인(印) 친 것이 너희라"(고전 9:2). 그러나 "그리스도의 편지"와 복음을 동일시 하는 것은 초점에서 크게 벗어난 것이다.

복음전도자가 신성한 의무를 행함에 있어 모범적인 그리스도인의 행위로써 그의 메시지를 강화해야 하지만 그렇다고 해서 경건한 삶이 복음의 대용물은 아니라고 하는 점은 너무나도 분명한 사실이다.

하나님의 말씀과 종교적 체험

체험은 기독교의 본질에 속한다. 거듭나지 않고서는 아무도 하나님 나라를 볼 수 없는데(요 3:3), 이 새로운 탄생은 잠재적인 체험이라고 할지라도 하나의 체험이다. 죄의 확신, 하나님께 대한 회개, 그리스도에 대한 신앙, 성결에로의 성장 등 이 모두는 의식적인 체험인 중생과 마찬가지로 필요한 것이다.

그러나 복음전도자이건 전도를 받은 자이건 종교적 체험으로 복음을 대치시킨다면 이는 가장 심각한 오류이다. 또한 이것은 만연된 오류이다.

대체로 18세기 후반기에 독일에서의 복음전도는 합리주의의 주문(呪文)에 묶여 있었다. 원죄, 대속적인 속죄, 이신칭의 등과 같이 인간이성에 조화되지 않는 것으로 여겨진 성경의 가르침들은 강단에서 사라져 버렸다. 삼위일체나 그리스도의 양성(兩性) 같은 교리들은 순전히 사변적인(speculative) 것으로 공표되었다. 이 합리주의로부터 19세기 초엽에는 베를린 대학(University of Berlin)의 프리드리히 슐라이어마허(Friedrich D. E. Schleiermacher)의 지도 하에 하나의 반응이 일어났는데, 이 반응은 그 이래로 기독교계의 복음전파에 큰 영향을 끼쳐왔다.

슬프게도 합리주의로부터 온 슐라이어마허의 반응은 그의 잘못된 성경관으로 오염되었다. 그는 성경을 인간에게 주시는 하나님의 객관적인 자기계시로 보지 않고 뛰어난 성도(聖徒)들의 주관적인 종교적 체험의 기록으로 여겼다. 결국 그는, 설교의 내용은 설교자의 종교의

식에서부터 회중의 종교의식과 일치되어야 하며 성경, 특히 신약성경의 말씀을 통해 자양분을 공급받는 것이어야 한다고 주장했다. 슐라이어마허에 따르면 설교란 성경의 해석과 적용이 아니라 종교적 의식(religiouis consciousness)의 전달이며, 설교의 목적은 교의(敎義)의 주입이 아니라 그리스도인의 삶이라는 것이다. 이리하여 슐라이어마허는 설교의 내용이 주관적으로 얻어져야 한다는 점에서 합리주의와 일치한다. 그러나 그가 그 출발점을 합리주의적 주제가 아니라 종교적인 주제로 삼은 점에 있어 합리주의와 구별된다.

이 유명한 베를린 신학자가 현대의 신학적 자유주의의 아버지로 알려져 있다. 그의 영향으로 인해 오늘날 자유주의적인 설교는 객관적인 하나님의 말씀을 주관적인 종교체험으로 대치시켜 버리고 말았다. 이것은 자유주의적인 복음전도에 있어서도 마찬가지이다. 유감스럽게도 복음주의자나 근본주의자 가운데도 이런 바람직스럽지 못한 영향을 완전히 벗어나지 못한 자들이 더러 있다.

복음전도에 있어 하나님의 말씀을 이처럼 경시하는 것이 비성경적이라는 것은 증명할 필요조차 없다. 그렇게 말하는 것은 줄잡아 말하는 것이고 반성경적이라고 말하는 것이 옳을 것이다. 이것은 바울이 그의 영적인 아들이요 복음전도에 있어 동역자인 디모데에게 엄히 명한 권고에 대한 언어도단의 경멸이다. “하나님 앞과 산 자와 죽은 자를 심판하실 그리스도 예수 앞에서 그의 나타나실 것과 그의 나라를 두고 엄히 명하노니 너는 말씀을 전파하라 때를 얻든지 못 얻든지 항상 힘쓰라 범사에 오래 참음(long-suffering)과 가르침(doctrine)으로 경책하며 경계하며 권하라”(딤후 4:1, 2). 또한 그것은 다음과 같은 말씀을 뻔뻔스럽게 부인하는 것이 된다. "하나님의 말씀은 살았고 운동력이 있어 좌우에 날선 어떤 검보다도 예리하여 혼과 영과 및 관절과 골수를 찔러 쪼개기까지 하며 또 마음의 생각과 뜻을 감찰하나니"(히 4:12).

사람들은 때때로 하나님의 말씀과 전혀 관련이 없거나 거의 관련이 없는 다소 놀라운 체험에 의해 하나님의 나라로 인도된다는 견해를 널리 주장하며 흔히 그렇게 표현한다. 예를 들면 심각한 질병을 통해서, 거의 치명적인 사고의 결과로 인해, 또는 사랑하는 자녀의 죽음으로 인해 죄인들이 회심하게 된다고 말한다.

비록 새로운 탄생이 구원에 이르는 믿음의 선행조건이 된다는 사실이 이제까지 주장되어온 것은 틀림없는 일이라 할지라도, 하나님께서 죄인들로 하여금 복음을 영접하도록 하시기 위해 심리적으로 그들을 준비시키실 목적으로 그러한 체험을 주실 수도 있는다는 점을 부인할 필요는 없다. 그러나 그러한 체험이 하나님의 말씀에 덧붙여진 또 다른 은혜의 수단이라든가 아니면 말씀을 대신하는 것이라는 입장은 철저히 부정되어야 한다.

이 문제의 요점에 대한 예수님의 교훈은 가장 명백하다. 부자와 나사로의 비유에서 음부에서 고통 중에 눈을 들어 멀리 아브라함과 그의 품에 있는 나사로를 보았다. 그가 나사로를 보내어 그 손가락 끝에 물을 찍어 그의 혀를 서늘하게 해달라는 요청이 거절되었을 때 그는 아주 절박한 간청을 한다. "그러면 구하노니 아버지여 나사로를 내 아버지의 집에 보내소서 내 형제 다섯이 있으니 저희에게 증거(證據)하게 하여 저희로 이 고통(苦痛)받는 곳에 오지 않게 하소서" 그러나 아브라함은 이렇게 대답한다. "저희에게 모세와 선지자들이 있으니 그들에게 들을지니라." 그러자 부자는 "그렇지 아니하니이다 아버지 아브라함이여 만일 죽은 자에게서 저희에게 가는 자가 있으면 회개하리이다"라고 주장했다. 그러나 아브라함의 대답은 단호하다. "모세와 선지자들에게 듣지 아니하면 비록 죽은 자 가운데서 살아나는 자가 있을지라도 권함을 받지 아니하리라"(눅 16:23-31). "모세와 선지자들"이란 그 당시의 성경을 말하는 것이다. 죽은 자 가운데서 살아나는 자의 방문을 받는 것보다 더 놀라운 체험은 상상하기 힘들다. 하나님의 말씀 듣기를 거절하는 자는 가장 감명깊은 체험을 한다 할지라도 구원받을 수 없게 될 것이다.

하나님의 말씀과 기도

기도는 때때로 은혜의 수단이라고 말해진다. 만약 기도를 하나님의 말씀과 동등한 은혜의 수단으로 여기지 않는다면 그렇게 생각할 수도 있다. 하나님의 말씀과 기도는 서로 다른 의미를 지닌 은혜의 수단이다. 하나님은 말씀에 의해 구원의 은혜를 부여하신다. 그는 흔히 기도에 대한 응답으로 구원의 은혜를 부여하신다.

위의 간단한 두 가지 진술은 전혀 말할 필요가 없는 것일 수도 있겠지만 꼭 그런 것은 아닌 것 같다. 이러한 두 가지 진리가 모든 사람에게 자명한 것 같지는 않아 보인다.

그들이 중국에 사는 자이든 옆집에 사는 자이든 구원받지 않은 자들의 회심을 위하여 뜨겁게 기도하면서도 그들에게 어떻게 하든지 예수 그리스도의 복음을 알리는 행동이 없다면 이는 혐오(abomination) 스러운 것이다.

잃어버린 자에게 복음을 아무리 열심히 전할지라도 하나님께서 복음으로 그들의 심령을 축복하셔서 구원에 이르게 하시도록 기도하지 않는다면 이는 또한 어리석음의 절정이다. 왜냐 하면 성령 하나님만이 말씀으로 말미암아 효과적으로 죄인들을 회개시킬 수 있기 때문이다.

제13장

하나님과 복음전도의 메시지

복음전도의 메시지(The Message of Evangelism)는 아주 광범위해서 큰 책 한 권으로도 이 주제를 다 다루기는 힘들 것이다. 본 장(章)에서는 복음전도 메시지의 하나님 중심적인 특성에 한정하여 다루어 보려 한다. 따라서 이 한 국면을 다루는 까닭에 남김없이 논의하는 것은 아니라는 점을 인정한다.

복음이 하나님 중심인 것처럼 또한 그리스도 중심이라는 점을 먼저 말해야 하겠다. 이러한 말들은 유사한 것이다.

확실히 해두어야 할 점은 이러한 용어가 현대신학에서 말하는 그리스도에게 해당되는 말은 아니다. 현대신학에 따르면 나사렛 예수는 신성을 가지고 있는데 이는 모든 사람이 신성을 가지고는 있으나 단지 예수 안에서 신성의 불꽃(the spark of divinity)이 다른 어떤 인간 안에 있어서보다 더욱 밝게 타고 있다는 점에서만 예수의 신성을 말하고 있는 것이다. 그러나 그리스도 중심이란 말은 성경이 말씀하고 있는 그리스도, 곧 하나님의 최고의 계시이며 하나님의 본체이신 그리스도에게 해당되는 말이다. “이는 하나님의 영광의 광채시오, 그 본체의 형상이시라”(히 1:3). 그는 “나를 본 자는 아버지를 보았으며”(요 14:9), “나와 아버지는 하나이니라”(요 10:30)고 선언하실 수 있었던 분이셨다.

회개의 복음

성경은 종종 복음을 회개의 복음이라고 말한다. 예를 들면 세례 요한은 “죄사함을 받게 하는 회개의 세례”(막 1:4)를 전파했고 요한이 감옥에 갇혔을 때 예수께서 갈릴리에 오셔서 하나님 나라의 복음을 전파하실 때 “회개하고 복음을 믿으라”(막 1:15)고 말씀하셨다.

복음전도에 있어 회개하라고 하는 외침이 먼저 와야만 할 강력한 이유가 있다. 오직 죄로 인해 압박감을 느끼는 자만이 구세주의 필요성을 인식하게 될 것이다. 그리고 자신에게 죄악과 허물이 있음을 아는 자만이 용서와 죄씻음을 받기 위해 갈보리로 달려가게 될 것이다. 몇몇 현대 정신병리학자들은 반대로 생각하고 있지만 그럼에도 불구하고 죄에 대한 확신은 그리스도에 대한 믿음의 필수불가결한 선행조건이다.

죄인들이 회개하도록 하기 위해서는 하나님 자신처럼 “거룩하며 의로우며 선한”(롬 7:12) 하나님의 율법을 전파해야 한다. 왜냐 하면 “율법으로 죄를 깨닫게”(롬 3:20) 되기 때문이다. 이 완전한 거울을 통해 자신을 바라보는 자는 자신을 혐오할 수밖에 없다.

죄에 대해서는 두 가지의 서로 다른 근심이 있다. 바울은 “하나님의 뜻대로 하는 근심은 후회할 것이 없는 구원에 이르게 하는 회개를 이루는 것이요 세상 근심은 사망을 이루는 것이니라"(고후 7:10)고 썼다. 칼빈(Calvin)은 이 구절을 이렇게 주석했다. "세상 근심은 세상적인 고뇌의 결과로 인해 비탄에 잠길 때 오는 것이며, 반면에 하나님의 뜻대로 하는 근심은 하나님의 은혜를 잃어버린 그 한 가지의 불행을 깨닫고 하나님을 향해 눈을 뜨게 되는 것을 말한다." 전자는 단지 자아에 대한 사랑으로부터 솟아나서 사망으로 인도되며, 후자는 하나님에 대한 경외에 뿌리를 두고 있으며 구원얻는 회개에 이르게 된다.

회개(repentance)와 후회(remorse)는 큰 차이가 있다. 가룟유다가 주님을 배반했을 때 그는 후회에 가득 차 스스로 목매어 죽었다(마 27:5). 그러나 시몬 베드로가 주님을 부인했을 때 그는 회개하는 비통의 눈물을 흘렸다(마 26:75). 후회하는 죄인은 그리스도에게서 속히 떠나게 되고 그 후회는 자신에게로 미치게 된다.

복음전도자가 일소(一掃)하기 위해 애써야 할 일반적인 관념은 참된 회개란 너무나 늦은 시간에, 때를 지나서는 나올 수 없다고 하는 잘못된 관념이다. 성경은 이와 대조적으로 가르친다. 히브리서 기자가 에서는 "축복을 기업으로 받으려고 눈물을 흘리며 구하되 버린 바가 되어 회개할 기회를 얻지 못하였느니라"(히 12:17)고 말하였을 때 그는 에서 편에서가 아니라 야곱의 편에서 회개를 언급했다. 에서는 야곱에게 부여한 장자권의 축복을 취소시키고 그것을 형인 자기가 부여받기 위해 아버지 이삭의 마음을 돌이키는데 성공하지 못했다. 이를 위해 그가 눈물로 구했으나 성공하지 못했다. 따라서 이 사건은 지금 논의하고 있는 핵심과 관련이 없는 내용이다. 성경의 또 다른 사건이 이와 가장 직접적으로 관계가 있다. 갈보리에서 예수님의 우편에 있던 악인은 죄를 지어 생명을 잃게 되었다. 그가 죽기 바로 전에 구주에게 참회하였다. 그가 너무 늦은 시간에 참회하였기 때문에 거절당하였는가? 반대로 그는 "내가 진실로 진실로 네게 이르노니 오늘 네가 나와 함께 낙원에 있으리라"(눅 23:43)는 위안을 주는 확신의 말씀을 듣고 기뻐하였다. 그 날이 다 지나가기 전에 그의 구주와 그는 손에 손을 잡고 천국문으로 들어갔고 하나님의 천사들은 보혈의 능력을 찬양했다.

진심으로부터 우러나오는 회개가 구원의 필수불가결한 요소이다. 그러나 회개 자체가 구원을 얻을 수 있는 공적은 되지 못한다. 어떻게 구원을 얻을 수 있는가? 구원은 그 자체가 하나님의 선물이다. 사도 베드로가 예루살렘 성도들에게 고넬료의 회심을 알려주었을 때 그들은 "그러면 하나님께서 이방인에게도 생명을 얻는 회개를 주셨도다"(행 11:18)라고 말하면서 하나님께 영광을 돌렸다. 아우구스투스 토플래디(Augustus M. Toplady)는 다음과 같이 옳은 고백을 하였다.

> 내 눈물이 영원히 흐를지라도
> 내 모든 죄는 구속받을 수 없으리,
> 당신께서 구원하시나니, 오직 당신만이 홀로.

속죄의 복음

복음의 핵심은 하나님께서 죄인들에게 요구하시는 것에 관련되어 있지 않다. 참으로 그것도 복음의 한 국면이고 중요하긴 하지만 그것이 복음의 핵심은 아니다. 복음은 그 이름이 지적해 주듯이 본질상 명령이 아니라 소식, 즉 복된 소식이다. 그것은 하나님께서 그리스도 안에서 죄인들의 구원을 위하여 행하신 기쁜 소식이다.

어떤 범죄자가 감옥에 갇혀 독방에 있다. 어떤 한 친구가 방문하여 그에게 "너에게 기쁜 소식을 가지고 왔어"라고 외친다. 그 수감자는 큰 기대감을 가지고 "그게 뭐냐, 어서 이야기 해 봐!"하고 요구한다. 그에 대한 대답으로 "좋은 소식이야"라고만 한다면 그 수감자는 미치고 말게 될지도 모른다. 그러나 엄밀히 말해서 자신을 복음전도자라고 말하는 어떤 사람들이 죄인을 위해 가지고 있는 메시지는 단지 이 정도 수준의 메시지에 불과하다. 그것은 전혀 소식이라고 할 수 없다. 죄인에게 좋은 소식이란 죄와 지옥으로부터의 구원이 마련되었다는 소식인 것이다.

이 구원은 갈보리에서 마련되었다. 십자가에 못 박히신 분이 "찔림은 우리의 허물을 인함이요 그가 상함은 우리의 죄악을 인함이라 그가 징계를 받음으로 우리가 평화를 누리고 그가 채찍에 맞음으로 우리가 나음을 입었도다 우리는 다 양 같아서 그릇 행하여 각기 제 길로 갔거늘 여호와께서는 우리 무리의 죄악을 그에게 담당시키셨도다" (사 53:5, 6). 하나님께서는 "죄를 알지도 못하신 자로 우리를 대신하여 죄를 삼으신 것은 우리로 하여금 저의 안에서 하나님의 의가 되게 하려 하심이니라”(고후 5:21). 율법책에 기록된대로 온갖 일을 항상 행하지 않아 하나님의 저주 아래 있는 우리를 주님은 율법의 저주에서 속량하셨는데 이는 “나무에 달린 자마다 저주 아래 있는 자라”(갈 3:10, 13)고 기록되었기 때문이다. 우리 죄인들이 받아야 마땅할 지옥의 고통과 고뇌가 주님이 큰 소리로 “나의 하나님 나의 하나님 어찌하여 나를 버리시나이까”(마 27:46)라고 외치셨을 때 그가 담당하셨다.

이것이 십자가에 달려 돌아가신 그리스도의 죽음에 관한 이야기이다. 이것은 또한 이 이야기에 대한 하나님 자신의 해석이다. 이것들이 복음의 핵심을 이루고 있다. 하나님의 아들은 십자가에서 죽으심으로 죄인들을 위하여 하나님의 형법상의 공의를 만족시키셨다.

자유주의 신학은 성경의 속죄교리를 심각하게 왜곡시켰다. 그리스도의 죽음은 인간을 하나님과 화해시키려는 것이었으며 하나님을 인간과 화해시키지는 않았다고 한다. 하나님은 사랑이시기 때문에 그가 화해할 필요는 없다고 한다. 고대 전설에 의하면 철석(鐵石)이 어린 양의 피에 의해 녹는다고 하는데, 그 전설처럼 하나님의 마음이 하나님의 어린 양의 피로 부드러워질 필요는 없다는 사실이다. 하나님은 세상을 너무나 사랑하셔서 독생자를 보내 세상 죄를 대신하여 죽게 하셨다. 그러나 성경의 계시에 따라 무한하신 사랑의 하나님은 또한 절대적인 공의와 무한한 진노의 하나님이시라는 점은 결코 잊어서는 안 된다. 인류 역사의 여명에 하나님은 공의에 따라 죄의 삯은 사망, 곧 영원한 사망이라고(창 2:17, 롬 6:23) 작정하셨다. 하나님께서 완전한 공의의 길에서 털끝 만큼이라도 벗어난다고 하는 것은 자신을 부인하는 것이 될 것이다. 그러나 이것은 하나님께서 하실 수 없는 단 하나의 일이다(딤후 2:13). 그래서 하나님께서는 죄를 형벌하지 않고 내버려 두기보다는 오히려 자기의 사랑하는 아들을 저주받은 죽음에 내어주심으로 형벌하셨다. 본질상 모든 사람은 "진노의 자녀"(엡 2:3)이다. 아들을 믿지 않는 자에게는 하나님의 진노가 그 위에 머물러 있다(요 3:36). 다른 한편 "그의 피를 인하여 의롭다 하심을 얻은" 신자는 "그로 말미암아 진노하심에서 구원을 얻는다"(롬 5:9).

성경적인 속죄교리에 있어 아주 중요한 국면이 언급되어야 한다. 복음주의 신학자들까지도 종종 그것을 소홀히 한다. 그리스도의 '능동적'(active) 순종은 죄인들의 구원을 위해 그의 '수동적'(passive) 순종만큼 필요한 것이었다. 이 두 가지는 분리할 수 없다. 비록 이 둘을 구별하기 위해 사용할 용어는 적절치 않으나 이 구별은 매우 가치있는 일이다. 그리스도께서는 그의 죽음으로 정점에 이른 그의 열정 가운데 명백히 나타난 순종으로 말미암아 죄의 형벌, 곧 영원한 죽음의 형벌의 값을 치루셨다. 그는 이 땅에서의 전생애를 통하여 하나님의 법에 완전히 순종하심으로써 의와 영생을 마련하셨다. 그의 사역의 적극적인 국면 역시 대리적인 것이었다. "그런즉 한 범죄로 많은 사람이 정죄에 이른 것 같이 의(義)의 한 행동으로 말미암아 많은 사람이 의롭다 하심을 받아 생명에 이르렀느니라 한 사람의 순종치 아니함으로 많은 사람이 죄인된 것 같이 한 사람의 순종하심으로 많은 사람이 의인이 되리라"(롬 5:18, 19). 이처럼 그리스도께서는 속죄로 말미암아 죄인들의 부채를 충분히 지불하셨을 뿐만 아니라 그들을 위해 무한한 부요를 마련하셨다.

은혜의 복음

성경은 구원의 책이라 불리어왔다. 이는 일반계시의 책과 구별되는 정확한 지적이다. 자연과 역사는 가치있는 하나님의 계시이지만 죄와 영적인 죽음으로부터의 구원에 관해서는 아무 것도 말해 주지 않는다. 한편 성경은 이 중요한 주제에 대해 사람들이 알아야 할 모든 것을 말해 준다.

성경이 구원과 관련해서 말해야 하는 것은 **은혜로 인한 구원**(salvation by grace)이란 말에 충분히 요약되어 있다. 은혜로 인한 구원은 **하나님에 의한 구원**(salvation by God)이라고 말할 수 있다. 죄인이 그 자신의 노력에 의해서 구원을 받을 수 있는가 아니면 하나님의 은혜에 의해서 구원을 받을 수 있는가 하는 문제에 대해 복음은 명료한 해답을 제시해 준다. 복음이 구원이란 100퍼센트 삼위일체 하나님에 의한 것이라고 가르치고 있는 것은 전혀 과장된 주장이 아니다.

이것은 죄인이 구원의 문제에 있어 책임이 없음을 말하는 것은 아니다. 그는 그리스도를 믿어야 한다. 하나님은 그의 불신앙에 대해 책임을 물으신다. 그러나 구원에 이르는 믿음은 하나님의 선물이다. 또한 신자가 그의 구원과정에 있어 능동적이 되어야 할 의무가 있다고 하는 사실이 부인되어서는 안된다. 그는 두려움과 떨림으로 자신의 구원을 이루어야 한다. 그러나 그가 이 명령에 순종할 때는 하나님은 그의 안에서 행하시고 자기의 기쁘신 뜻을 위하여 그로 소원을 두고 행하게 하시기 때문에 순종하게 되게 되는 것이다(빌 2:12, 13).

[성부 하나님께서 구원하신다.]

그는 창세 전에 결국 영생을 기업으로 얻을 자들 모두를 그리스도 안에서 선택하셨다(엡 1:4). 그가 이들을 택하신 것은 그들 속에 어떤 예견된 선함이 있기 때문이 아니라 그의 주권적인 사랑으로 인한 것이다(엡 1:5;롬 8:29). 그는 그들에게 아들을 주셨다(요 17:6). 그들의 구원은 확증되어 있는데, 이는 아무도 그들을 아들의 손에서 빼앗을 자가 없으며 저희를 아들에게 주신 아버지는 만유보다 크시므로 아무도 아버지 손에서 빼앗을 수 없기 때문이다(요 10:28, 29). 하나님께서 영원 전부터 사랑하신 자들을 구원하시기로 예정하셨다. "또 미리 정하신 그들을 또한 부르시고 부르신 그들을 또한 의롭다 하시고 의롭다 하신 그들을 또한 영화롭게 하셨느니라"(롬 8:30).

[성자 하나님께서 구원하신다.]

그는 구원의 소극적인 면과 적극적인 면 모두를 완성하셨다. 그는 죄인들의 부채를 마지막 한 푼까지 남김없이 지불하셨다. 그는 죄인들 때문에 하나님의 저주를 받아 십자가상에서 참혹한 형벌을 받았다. 그는 지옥에 떨어지기에 마땅한 죄인들을 대신하여 하나님의 버림을 받으셨다. 그러나 그는 또한 아버지께 완전히 순종하심으로써 죄인들을 위하여 의와 영원한 생명과 영광을 마련하셨다. 결국 죄인들에게는 어떠한 공적도 없다. 모든 죄인들은 "내 손에 가지고 나갈 것은 아무 것도 없나이다"라고 말할 수밖에 없다.

하나님의 아들은 구원을 마련하셨을 뿐 아니라 또한 구원을 부여하신다. 이 복된 진리가 때때로 무시되고 있다. 그리스도는 그의 구원사역으로 말미암아 모든 사람이 구원받을 수 있는 길만 닦아놓은 것이고 한 개인이 실제로 구원받을 수 있는가의 여부는 그 개인의 자유의지의 행사에 달려 있다고 한다. 이는 가장 심각한 잘못이다. 이는 그리스도께서 구원사역은 부여하지 못한다고 말하는 것이 되고 만다. 이는 속죄의 능력을 부인하는 말이며, 그리스도로부터 그의 구세주로서의 영광을 빼앗아 버린다. 이는 인간을 자신의 구세주로 만듦으로써 은혜로 인한 구원을 배격한다. 그러나 사실상 그리스도의 속죄의 사역은 구원하시기로 예정된 모든 사람들을 구원하신다. 즉 아버지가 그에게 주신 모든 자들(요 17:9), 그의 백성(마 1:21), 그의 양(요 10:11), 그의 교회(행 20:28), 하나님의 택한 자들(롬 8:32, 33)을 모두 구원하시는 것이다.

[성령 하나님께서 구원하신다.]

그는 죄인들에게 구원을 적용시키신다. 그는 죄인들에게 돌같은 마음을 제하시고 부드러운 마음을 주신다(겔 11:19). 그들은 성령으로 거듭나고 중생한다(요 3:5, 6). 결국 그들은 믿음으로 그리스도와 그가 베푸시는 모든 구원의 은혜를 부여잡는다. 구원에 이르는 믿음은 중생의 결과이다.

믿음은 인간의 행위이다. 이 진리는 강조되어야 한다. 하나님께서 죄인에게 그의 의지와 관련없이 믿도록 하신다고 생각하는 것은 불합리한 것이다. 강조되어야 할 필요가 있는 사실은 믿음이란 무엇보다도 성령 하나님의 선물이란 점이다. 예수께서는 자기에게 나오는 것과 자신을 믿는 것을 동일시 하시면서 "내게 오는 자는 결코 주리지 아니할 터이요 나를 믿는 자는 영원히 목마르지 아니하리라"(요 6:35)고 병행적인 진술로 말씀하셨으며, 계속하여 "나를 보내신 아버지께서 이끌지 아니하면 아무라도 내게 올 수 없느니라"(요 6:44)고 하셨다. 그는 성령에 이끌린다. 성경은 루디아의 회심을 기록하면서 그녀가 그녀의 마음을 연 것이 아니라 주께서 그의 마음을 열어 바울의 말을 청종하게 하였다고 말하고 있다(행 16:14). 바울은 에베소 신자들에게 "너희가 그 은혜를 인하여 믿음으로 말미암아 구원을 얻었다"고 말하면서 계속하여 덧붙이길 "이것이 너희에게서 난 것이 아니요 하나님의 선물이라"고 하였다(엡 2:8). 앞에 나오는 "이것"(it)이란 말이 믿음(faith)을 지적하든지 아니면 그 은혜를 인하여 믿음으로 말미암은 구원(salvation by grace through faith)을 지적하든지 간에 두 경우 모두 믿음은 신적으로 부여된 것이라는 것을 말하고 있다. 이 사도는 빌립보 교회에 이렇게 편지했다. "그리스도를 위하여 너희에게 은혜를 주신 것은 다만 그를 믿을 뿐 아니라 또한 그를 위하여 고난도 받게 하심이라"(빌 1:29). 그는 그리스도에 대한 믿음과 그리스도를 위한 고난을 함께 하나님의 선물로 생각했다. 그리고 바울이 "내가 너희에 알게 하노니… 성령으로 아니하고는 누구든지 예수를 주시라 할 수 없느니라"(고전 12:3)고 단언한 것은 얼마나 강조적인 표현인가!

구원받지 않은 사람에게도 믿음이란 하나님의 선물이라고 말해야 하는가? 물론 그렇다. 분명 이러한 진리를 그들에게 말해야 한다. 이 진리를 그들에게 숨기는 것은 무책임한 일이다. 그들에게 성령의 중생케 하시는 은혜를 떠나 그들 자신의 의도대로 살아갈 수 있다는 생각을 갖도록 하는 것은 무책임한 정도를 넘어서서 크게 잘못된 것이다. 이것은 그들로 하여금 그들이 자신들의 운명의 주인이요, 자신들의 영혼의 주인이라는 신념을 갖도록 격려해 주는 것이 되고 만다. 그러나 신앙이 하나님의 선물이라고 하는 것만이 잃어버린 자들에게 강조하여야 할 유일한 진리는 아니다. 이 진리는 또 다른 진리와 짝을 이루어야 한다. 기독교 신학에 있어서 종종 그러하듯이 이 문제에 있어서도 서로 보완적인 진리가 있음을 강조해야 한다. 죄인들은 믿어야 하고 믿지 않는 경우에는 하나님의 진노가 그들 위에 머무르게 될 것이라는 점을 강조해서 말할 필요가 있는 것이다.

구원받지 못한 죄인이 다만 죄인인 자신만을 발견한다면 이보다 더 나쁜 상태는 상상할 수 없다. 그는 그리스도를 믿어야 한다. 만약 그가 믿지 않는다면 정죄받을 것이다. 그러나 그는 믿을 수 없다. 그는 이런 비참한 상태를 인식해야 한다. 만약 그가 성령에 의해 깨닫게 된다면 그는 자기 자신을 바라보던 눈을 돌려서 구원을 바라보아야 할 것이며 솔직히 자신을 버리고 하나님의 은혜에로 나와야 한다. 정확히 말해 이것이 구원에 이르는 믿음의 행위인 것이다.

어떤 한 사람이 38년 된 중풍병을 앓아왔다. 그는 많은 병자들과 함께 베데스다 못가에 누워있었다. 그는 회복될 수 없다고 자포자기하였다. 예수께서는 "일어나 네 자리를 들고 걸어가라"고 하셨다. 그 중풍병자는 자신이 할 수 없는 일들을 행하라는 명령을 받았다. 그리고 어느 누구도 그가 그의 완전한 무능력을 모르리라고는 생각지 않았다. 그러나 그는 또한 그가 낫고자 하는 단 하나의 소망은 그 명령대로 행하는 것임을 알았다. 그는 자신의 형편을 충분히 의식하여 자신을 잊어버리고 예수님만을 바라보았다. 이것이 믿음이다. 믿음으로 인해 그는 온전케 되었다(요 5:1-9).

모세가 광야에서 뱀을 든 것같이 인자도 갈보리의 십자가상에 들려야 했는데 이는 마귀인 독사에게 치명적으로 물려 전혀 소망이 없는 사람들이 멸망치 않고 영생을 얻기 위해 그에게 은혜를 구할 수 있도록 하기 위해서였다(요 3:13, 14).

이것이 삼위일체 하나님의 구원하시는 은혜의 복음이다. 이것이 복음전도의 메시지가 되어야 한다. 이 메시지에 믿음으로 응답하는 자는 이렇게 노래할 것이다.

> 주님 제가 당신을 택한 것이 아닙니다.
> 이는 불가능한 일이기 때문입니다.
> 당신께서 저를 택하지 않으셨다면
> 제 마음은 여전히 당신을 거절할 것입니다.
> 당신께서 저를 더럽힌 죄로부터
> 저를 깨끗케 하시고 해방시키셨습니다.
>
> 저를 부르시고 제 마음을 열게 하신 것은
> 당신의 주권적 긍휼이십니다.
> 이 세상은 하늘의 영광을 보지 못하도록
> 저를 장님으로 만들었습니다.
>
> 제 마음은 당신 앞에서 아무 것도 소유하지 못하였으며
> 저는 다만 당신의 부요하신 은혜만을 갈급하나이다.

제가 당신을 사랑하는 것은
당신께서 먼저 사랑하셨기 때문임을 아옵나이다.

새로운 탄생의 복음

복음전도의 핵심적인 메시지는 명령, 즉 구원받지 못한 사람들에게 거듭나라는 명령이라는 점을 지금까지 말해왔다. 사실상, 성경에는 그러한 명령이 없다. 주님께서 니고데모에게 "네가 거듭나야 하겠다"(Ye must be born again, 요 3:7)고 하신 말씀은 직설적인(indicative) 말씀이지 명령적인(imperative) 말씀이 아니다. 예수님께서는 새로운 탄생을 필수적인 체험(體驗)이라고 말씀하신 것이지 반드시 성취해야 할 의무(義務)라고는 말씀하시지 않았다. 또한 바울이 에베소 교회에게 "잠자는 자여 깨어서 죽은 자들 가운데서 일어나라"(엡 5:14)고 훈계한 것도 영적으로 죽은 죄인들에게 생명을 얻으라고 하는 명령으로 해석되어서는 안될 것이다. 이 권면이 포함된 전체적인 구절은 믿는 성도들에게 주어진 말씀이 아주 분명하다. 바로 앞에서 그들에 관련하여 "너희가 전에는 어두움이었더니 이제는 주 안에서 빛이라"(8절)는 말씀이 나온다. 그러나 이 성도들은 악한 환경 가운데서 살고 있었다. 더 큰 문제는 그들이 그들의 환경으로 인해 좋지 않은 영향을 받고 있다는 점이었다. 그래서 그들은 "열매없는 어두움의 일에 참여하지 말라"(11절)는 권고를 받을 필요가 있었다. 말하자면 그들은 잠자는 그리스도인들(slumbering Christians)이었다. 따라서 사도는 그들에게 잠에서 깨어나 영적으로 죽은 상태에 있는 그들의 이웃 가운데서 일어나라고 권면했던 것이다. 이것이 14절의 진의(眞義)이다.

성경 어느 곳에서도 중생하지 않은 자들에게 그들을 생명에로 옮겨가라고 명령하지 않은 이유는 분명하다. 그들은 "허물과 죄로 죽어있는"(엡 2:1) 영적으로 죽은 자들이기 때문이다. 그들을 생명에로 옮기는 것은 하나님의 특권일 뿐만 아니라 전능하신 하나님께서 이 특권을 행사하심에 있어 그들은 완전히 수동적일 뿐이다. 사실 이것은 구원의 과정 가운데 인간이 수동적인 유일한 부분이다. 이 부분에 이어 계속되는 모든 단계에 있어서는 그가 능동적이 된다. 나사로의 부활은 이 점을 잘 설명해 줄 것이다. 예수님께서는 죽은 나사로에게 "나오라"(요 11:43)고 명령하셨다. 그는 그에게 스스로 생명을 회복하라고 명하시지 않았다. 그리스도께서 자신의 능력있는 말씀으로 그를 위해 능력을 행하셨다. 그때 살아난 나사로가 무덤으로부터 걸어나왔다.

그러면 죄인에게 거듭나야 한다고 말할 필요가 없는 것일까? 분명히 예수님께서는 그렇게 판단하시지 않았다. 그는 니고데모에게 단지 그렇게 말씀하신 것이다. 의심할 여지없이 그는 당시 유대인 사이에 유행한 종교적 외식주의(外飾主義)를 비난하시기 위해 그렇게 말씀하신 것이 분명하다. 예를 들면 그들은 아브라함이 그들의 조상이라고 자랑하곤 했다(참조 눅 3:8). 니고데모와 그 세대의 사람들은 하나님의 나라에 들어가기 위해서는 심령의 근본적인 변화가 있어야 한다는 말씀을 들을 필요가 있었다. 오늘날의 세대에 있어서도 이와 같은 말씀이 필요하다는 점을 누가 부인할 것인가? 모든 세대의 사람들에게 이와 같은 말씀은 필요하다. 믿는 부모님 사이에서의 출생, 성스런 세례의식, 가견적 교회의 회원, 존경받을 만한 행동, 인도주의, 심지어 그리스도의 이름으로 복음을 전파하는 것(마 7:22, 23) 등은 귀중한 자산의 항목들이긴 하지만 사람을 하늘나라의 시민이 되도록 하지는 못한다. 하나님만이 홀로 하실 수 있는 영적으로 거듭나는 일 이외에는 아무도 천국을 볼 수 없다.

혼란을 피하기 위해서 중생과 회심을 구별할 필요가 있다. 확실히 **새로운 탄생**(new birth)이란 말은 여러 가지 의미로 사용될 수 있다. 이 말은 회심과 일생의 성화를 포함한 종속적인 구원 전부를 지칭하는 것일 수도 있다. 이러한 용법의 성경적인 실례는 베드로전서 1장 23절에 나타나는데 거기에서는 신자들이 "거듭난 것이 썩어질 씨로 된 것이 아니요 썩지 아니할 씨로 된 것이니 하나님의 살아 있고 항상 있는 말씀으로 되었다"고 기록하고 있다. 그러나 일반적으로 기독교 신학에서는 이 용어가 구원의 과정이 시작되는 순간적인 변화 곧 영적인 죽음에서 영적인 생명에로 옮겨지는 변화를 의미하는 말로 사용된다. 이러한 의미에 있어서의 새로운 탄생이나 중생은 회심과 구별되어야 한다. 중생에 있어 죄인은 수동적이지만 회심에 있어서는 능동적이 된다. "바람이 임의로 불매 네가 그 소리를 들어도 어디서 오며 어디로 가는지 알지 못하나니 성령으로 난 사람은 다 이러하니라"(요 3:8)는 예수님의 말씀을 따르면 중생은 잠재의식 가운데 일어난다. 그러나 회심은 인간의 의식적인 체험이다. 중생은 성령에 의하여 즉각적으로 일어난다. 말하자면 중생은 말씀을 수단으로 하지 않고 일어난다. 물론 줄잡아 말해서 새로운 생명에 영양을 공급하는 말씀이 없이도 중생이 일어날 수 있는가 하는 데에는 의문의 여지가 전혀 없지는 않다. 그러나 회심은 말씀을 수단으로 하여 하나님에 의해서 일어난다. 신학적인 용어로 말해서 중생은 **말씀과 더불어**(cum Verbo) 일어나며 회심은 **말씀으로 인하여**(per Verbum) 일어난다. 그리고 회심은 중생의 결과이며 한 증거이다.

이제는 일반적으로 알려진 "누구든지의 복음"(the whosoever-will gospel)에 관해 언급해야 하겠다. 기독교의 복음이 그렇게 불리어진다는 것은 옳은 일이다. 거듭해서 성경은 그리스도를 믿으면 누구든지 구원을 얻을 것이라고 말하고 있다. 그리고 인간이 믿음의 행위에 참여할 것이라는 점도 거의 말할 필요조차 없다. 성경에 나타난 최후의 초대는 다음과 같다. "목마른 자도 올 것이요 또 원하는 자는 값없이 생명수를 받으라"(계 22:17). 그러나 복음을 전하는 자는 중생하지 않은 사람들의 세계는 보편적으로 **믿으려 하지 않는**(won't) 세계임을 잊지 않아야 한다. 그러한 세상에 누구든지 원하는 자는 영생을 얻을 것이라고 선포하고 그런 다음에 그 사람들에게서 반응을 기다린다고 하는 것은 마치 죽은 사람들로 빽빽히 들어선 공동묘지에서 누구든지 원하는 사람은 일어나라고 외치는 것과 같다. 자연인은 죄악 중에 잉태되고 출생하였기 때문에(시 51:5) 그의 생각은 "하나님과 원수가 되어 하나님의 법에 굴복치 아니할 뿐 아니라 할 수도 없다"(롬 8:7). 예수님께서 그의 대적들에게 하신 엄중한 경고, 곧 "너희가 영생을 얻기 위하여 내게 오기를 원하지 아니하는도다"(요 5:40)라는 말씀이 자연인에게 적용된다. "그런즉 원하는 자로 말미암음도 아니요 달음박질하는 자로 말미암음도 아니요 오직 긍휼이 여기시는 하나님으로 말미암음이니라”(롬 9:16). 하나님은 긍휼을 베푸신다. 그는 인간들의 심령에 성령으로 말미암아 생명을 부여하시는 역사를 통해 그들이 구원받기를 원하게 하신다. 그 결과로 여기 저기 도처에 하나님의 은혜로 인하여 구원받기를 원하는 자들이 일어난다. 오직 이러한 진리만이 “누구든지의 복음”(the whosoever-will gospel)에 진정한 의미를 부여한다.

또한 언급해야 할 것은 중생의 증거가 죄없는 완전한 삶이 아니라 오히려 갈보리로 달려나가 십자가에 못 박히신 주님의 찢기신 발 앞에 무릎을 꿇고 “주님 저를 씻겨주옵소서, 주님께서 씻기시지 않으면 저는 죽을 수밖에 없사옵나이다”라고 부르짖을 수밖에 없도록 이끄는 죄에 대한 깊은 인식이라는 점이다. 그리고 거듭난 사람은 거룩한 사도의 “내가 원하는 바 선은 행치 아니하고 도리어 원치 아니하는 바 악은 행하는도다”(롬 7:19)라고 한 고백에서 생생하게 묘사된 것처럼 옛 사람과 새 사람 사이에서의 일생 동안의 투쟁을 직면한다. 그럼에도 불구하고 그는 속 사람으로는 하나님의 법을 즐거워하며(롬 7:22), 성령이 친히 그의 영으로 더불어 그가 하나님의 자녀인 것을 증거하신다(롬 8:16). 그리고 그를 인(印)치신 내주(內住)하시는 성령은 그의 하늘의 기업을 보증하셔서(엡 1:13, 14) 그의 속에 착한 일을 시작하신 이가 그리스도 예수의 날까지 이루실 줄을 그로 하여금 확신토록 하신다(빌 1:6).

천국의 복음

앞의 여러 장에서 복음을 천국복음으로 반복해서 언급해 왔다. 여기에 관련되는 천국은 하나님의 나라, 그리스도의 왕국, 혹은 하늘나라(천국) 등으로 일컬어지는데, 천국에는 여러 국면이 있다.

주 예수께서는 마태복음 13장에 기록된 그의 일곱 내지 여덟 가지의 천국비유를 통해 이 천국복음을 전파하셨다. 그는 산상설교에 천국의 법, 혹은 천국의 헌장을 선포하셨다(마 5-7장). 설교의 초두(初頭)를 이루고 있는 팔복은 천국시민의 여러 가지 특성을 묘사하고 있다(마 5:3-12). 그리고 사도바울은 천국의 축복을 다음의 말로 열거했다. "하나님의 나라는 먹는 것과 마시는 것이 아니요 오직 성령 안에서 의(義)와 평강(平康)과 희락(喜樂)이라"(롬 14:17).

그리스도께서 구세주로 뿐만 아니라 왕으로 선포되고 있다는 점은 가장 중요한 것이다. 이 문제에 대해 언급한 것은 반복해서 언급할 필요가 없다. 그러나 천국복음과 관련된 한 가지 중요한 문제에 대해 이제 생각해 보아야 하겠다.

지난 수세기 동안 근본주의자들과 현대주의자들은 복음이 개인 구원의 메시지인지 아니면 사회 구원의 메시지인지에 대해 논쟁이 있어 왔다. 많은 근본주의 설교가들은 사회가 불타고 있음을 인식하면서도 그 불을 끄는 데는 관심을 가지지 않고 그 불 속에서 개인들을 구출해 내는 데만 관심을 가지고 있다. 이와는 반대로 현대주의 설교가는 그 불을 먼저 끔으로, 크게 보아 그 처한 환경의 산물인 개인에게 유익을 주려 한다. 이러한 차이는 오늘날의 복음전도에도 뚜렷이 나타난다.

근본주의자들이 그렇게 주장하는 것은 옳다. 왜냐 하면 구원은 의심할 바 없이 주로 개인적인 문제이기 때문이다. 그러나 근본주의자의 견해는 충분한 것은 못된다. 그는 하나님의 말씀에 담긴 사회적 교훈들에 소홀히 하고 있다. 몇 가지 예를 들면 예수님께서는 결혼과 이혼(마 5:27-32, 눅 16:18)에 대해, 그리고 가난한 자에 대한 부자의 책임(눅 16:19-25)에 대해 많이 말씀하셨다. 그리고 사도 바울은 이러한 주제에 덧붙여 관원에 대한 기독시민들의 태도(롬 13:1-7)와 고용주와 피고용인의 상호관계(엡 6:5-9;골 3:22-4:1), 그리고 노예(빌레몬서)에 대하여 다루었다. 물론 복음전도에 있어 복음의 핵심이 가장 중요하겠으나 그 사회적인 의의도 무시되어서는 안 될 것이다.

현대주의의 사회복음의 잘못은 사회적 병폐를 치료하려는 데 있는 것이 아니라 기독교와 정반대되는 방법으로 이를 치료하려는 데 있다. 사회는 결코 사회를 구성하고 있는 개개인들 이상일 수 없다는 명백한 진리를 제쳐두고 사회를 개선함으로써 개인을 향상시키고자 한다. 사회복음은 사람들을 그리스도의 보혈로 인하여 죄 자체에서 구속하려 하기 보다는 오히려 가난과 질병 등과 같은 죄의 결과로부터 구출하려 한다. 사회복음은 성령에 의해 초자연적으로 새롭게 탄생하는 것이 아니라 소위 사회의 중생에 의해 개인들을 구원하려 한다. 그것은 하나님의 은혜로 사람들에게서 찌끼들을 꺼내는 대신에 인간의 노력으로 찌끼들에서 사람들을 꺼내려 하고 있다. 사회복음주의는 위대한 복음주의 설교가 찰스 스펄젼(Charles Haddon Spurgeon)이 도적을 천국에 데려다 놓는다면 그가 가장 먼저 하려고 하는 일은 천사들의 주머니를 챙기는 일일 것이다"라고 잘 표현한 중대한 진리를 소홀히 여기고 있다.

근본주의의 개인적 복음과 현대주의의 사회복음의 차이점을 또 다른 방식으로 언급해 볼 수도 있겠다.

그리스도는 인간들의 구세주이며 또한 만유의 주가 되신다. 그의 주님되심은 그의 구세주되심을 전제로 한다. 그가 십자가에서 죽기까지 복종하셨기 **때문에** 하나님은 만물을 그 발 아래 복종하게 하시고 그를 "만물 위에 교회의 머리"(엡 1:22)로 주셨다.

실례로서 복음은 원추로 묘사될 수 있는데 아래쪽 절반은 대속적인 구속을 나타내고 위쪽 절반은 그리스도의 우주적인 왕권을 나타낸다.

많은 근본주의자들은 아래 쪽 절반은 강조하지만 위쪽 절반은 소홀히 한다. 그는 참된 복음, 기본적인 복음을 선포하지만 그 복음은 불완전한 복음으로 인정될 수밖에 없다.

현대주의자는 원추의 위쪽 절반을 칭찬하지만 그는 그것을 아래쪽 절반과 분리시킨다. 그러나 위쪽 절반은 아래쪽 절반과 함께 서기도 하고 넘어지기도 한다. 그리스도께서 만일 구원하시지 않는 분이라면 그는 왕이 아니시다. 이렇게 되면 현대주의의 복음은 공중누각이 되는 꼴이 되고 만다. 그것은 바울이 묘사했듯이 "다른 복음"(갈 1:6, 7)에 지나지 않는 것이다.

기독교 복음전도에 있어서 그리스도의 십자가와 그의 왕관은 함께 속해 있는 것이다. 하나님께서 함께 두신 것을 복음전도자가 떼어놓아선 안 될 것이다.

포괄성을 가진 복음

복음이란 무엇인가? 복음에는 여러 국면이 있는데 이 중 어느 하나라도 복음전도의 메시지에서 소홀히 되어서는 안된다.

복음은 기사(記事, a story)이다. 복음은 예수님과 그의 사랑에 관한 이야기이며 하나님 아들의 동정녀 탄생, 그의 구속적인 죽음에서 절정을 이루는 그의 거룩한 생애, 하나님께서 죽은 자 가운데서 살리심으로 그를 만유의 주로 세우신 사건, 예수님의 승천하심과 하나님의 우편에 앉으심, 그로 말미암아 그의 교회에 성령이 강림하심 등에 관한 이야기이다. 이 이야기는 초자연적인 이야기인 까닭에 신학적 자유주의는 이 사실들을 거부하며 소위 신정통주의는 이를 비신화화(非神話化)하거나 실제적인 역사의 영역에서 제외시켜 다른 영역에 포함시킨다. 그러나 성경은 이 사실들을 분명한 역사로 말하고 있다.

복음은 교리(a doctrine)이다. 복음은 이 이야기에 대한 하나님의 해석이며 특히 그리스도 신적 인격과 그의 대속적인 구속사역에 관한 교리이다. 현대의 불신앙은 이 교리를 전혀 받아들이려 하지 않으려 하지만 그러나 이것은 하나님의 지혜이다.

복음은 초청(a invitation)이다. 하나님은 복음을 받아들이는 모든 자에게 구원을 베푸신다. 그리고 특히 유념해야 할 것은 이 초청이 무조건적이라는 점이다. 하나님께서는 단지 죄인에게 "너희가 회개하고 믿으면 영생을 주리라"고만 말씀하시지 않는다. 물론 그렇게 말씀하신 것은 사실이다. 그러나 그는 또한 이렇게 선포하신다. "너희가 생명을 얻기 위해 회개하고 믿음으로 나아오길 진정으로 초대하고 있다." 왜냐 하면 하나님은 "아무도 멸망치 않고 다 회개하기에 이르기를 원하시기 때문이다(벧후 3:19).

복음은 **약속**(a promise)이다. 복음은 하나님이신 그리스도와 그의 구속사역 안에 있는 구원을 신뢰하는 모든 자에게 영생을 주시겠다는 하나님의 약속인 것이다. 하나님께서는 "주 예수를 믿으라 그리하면 너와 네 집이 구원을 얻으리라"(행 16:31)고 말씀하신다.

복음은 **호소**(an appeal)이다. 복음은 죄인들이 하나님의 선물을 받아들이고 그의 초청에 응하기를 원하시는 하나님의 절박하고 사랑에 넘친 호소이다. 하나님께서는 그들에게 "돌이키고 돌이키라 너희 악한 길에서 떠나라 어찌하여 죽고자 하느냐"(겔 33:11) 하시면서 간청하고 계신다. 하나님은 그들에게 간구하시며 예수님은 그들이 하나님과 화목하게 되기를 기도하신다(고후 5:20).

복음은 **요구**(a demand)이다. 복음은 사람들이 그리스도를 믿어야 한다는 하나님의 요구이다. 여기에서 율법과 복음이 서로 합병(合倂)된다. 복음이 율법이 된다. 유대인들이 예수님께 "우리가 어떻게 하여야 하나님의 일을 하오리까" 하고 물었을 때 예수님은 "하나님의 보내신 자를 믿는 것이 하나님의 일이니라"고 대답하셨다(요 6:28, 29).

복음은 **명령**(a command)이다. 복음은 그리스도를 구주로 믿는 자는 또한 감사함으로 그를 그들의 생애에 있어 왕으로 섬겨야 한다는 하나님의 명령이다. 이것은 복음의 부록이 아니라 복음의 절대 필요한 부분이다. 그리스도께서는 지상명령 가운데서 제자들로 하여금 사람들에게 자신이 분부한 모든 것을 가르쳐 지키게 하라고 지시하셨다. 그리스도를 믿는 것과 그의 말씀을 순종하는 것은 두 가지의 행위가 아니라 한 행위의 양국면이다. 그리스도를 구주로 믿는 것과 그를 주님으로 인식하는 것은 서로 분리될 수 없다. 후자는 전자에 대한 엄정한 테스트이다. 죄인이 복음에 응답하기 전에 이 점이 그에게 분명히 제시되어야 한다. "혹이 여짜오되 어디로 가시든지 저는 좇으리이다 예수께서 가라사대 여우도 굴이 있고 공중의 새도 집이 있으되 인자는 머리 둘 곳이 없도다 하시고 또 다른 사람에게 나를 좇으라 하시니 그가 가로되 나로 먼저 가서 내 부친을 장사하게 허락하옵소서 가라사대 죽은 자들로 자기의 죽은 자들을 장사하게 하고 너는 가서 하나님의 나라를 전파하라 하시고 또 다른 사람이 가로되 주여 내가 주를 좇겠나이다마는 나로 먼저 내 가족을 작별케 허락하소서 예수께서 이르시되 손에 쟁기를 잡고 뒤를 돌아보는 자는 하나님의 나라에 합당치 아니하니라 하시니라"(눅 9:57-62). 모든 사람은 제자가 되겠다고 하기 전에 먼저 자신이 "너희 중에 누구든지 자기의 모든 소유를 버리지 아니하면 능히 내 제자가 되지 못하리라"(눅 14:33)고 하신 예수님의 말씀을 기억하면서 제자로서의 요구사항들을 기꺼이 감당할 것인지를 스스로 시험해 보아야 한다.

배타적인 복음

기독교 이외의 종교들에 있어서도 진리의 요소들이 있다는 점은 인정할 수 있다. 그럼에도 불구하고 기독교만이 유일한 참종교이며 다른 모든 종교는 거짓된 종교라는 사실은 주장되어야 한다.

기독교의 하나님만이 홀로 참된 하나님이시다. 비록 하나님께서 구약에서보다 신약에서 더욱 충분하게 자신을 계시하셨지만 신구약의 하나님은 동일하신 분이다. 그의 율법 가운데 으뜸되고 첫째되는 계명은 "너는 나 외에는 다른 신들을 네게 있게 말지니라"(출 20:3; 신 5:7)는 계명이다. 하나님의 전체 율법 중 가장 큰 계명은 "네 마음을 다하고 목숨을 다하고 뜻을 다하여 주 너의 하나님을 사랑하라"(신 6:5; 마 22:37)는 계명이다. 그는 다른 거짓된 신들을 참지 못하시며 질투하시는 하나님이시다. 시편 기자는 "주만 하나님이시니이다"(시 86:10)라고 노래했다. 사도 바울은 우상으로 가득찬 고린도에 사는 신자들에게 이렇게 편지했다. "비록 하늘에나 땅에나 신(神)이라 칭하는 자가 있어 많은 신과 많은 주(主)가 있으나 그러나 우리에게는 한 하나님 곧 아버지가 계시니 만물이 그에게서 났고 우리도 그를 위하며 또한 주 예수 그리스도께서 계시니 만물이 그로 말미암고 우리도 그로 말미암았느니라"(고전 8:5, 6). 인간은 창조주를 섬기거나 아니면 피조물을 섬긴다(롬 1:25). 창조주만이 홀로 하나님이시다. 다른 모든 신들은 우상인 것이다.

유일하신 참 하나님은 우리가 성경이라고 말하는 바 기록된 말씀으로, 또 그 아들로 인한 인격적 말씀으로 말미암아 초자연적으로 무오하게 자신을 계시하셨다. 조로아스터교(Zoroastrianism)의 젠드 아베스타(Zend-Avesta), 브라만교(Brahmanism)의 베다(Vedas), 마호멧교(Mohammedanism)의 코란(Koran) 등과 같은 그들의 경전은 성경에 견줄 바가 못된다. 또한 부처(Buddha), 공자(Confucius), 마호멧(Mohammed), 그리고 인류의 종교들의 모든 인간 창시자들은 죄가 많은 죽을 수밖에 없는 존재들로서 하나님의 아들과 동시에 일컬어질 수 없는 존재들이다.

예수 그리스도만이 유일하신 구세주이시다. 그는 스스로 자신에 대해 위엄있게 선포하셨다. “내가 곧 길이요 진리요 생명이니 나로 말미암지 않고는 아버지께로 올 자가 없느니라”(요 14:6). 베드로는 성령으로 충만하여 유대인의 산헤드린에 이렇게 말했다. “다른이로서는 구원을 얻을 수 없나니 천하 인간에 구원을 얻을만한 다른 이름을 우리에게 주신 일이 없음이니라”(행 4:12). 그 분은 완전하신 구세주이시기 때문에 다른이가 필요없다. “자기를 힘입어 하나님께 나아가는 자들을 온전히 구원하실 수 있으니 이는 그가 항상 살아서 저희를 위하여 간구하심이니라”(히 7:25). 다른 모든 구주란 자들은 사칭(詐稱)하는 자들이다.

기독교적인 구원의 길만이 유일한 길이다. 다른 모든 종교에서는 인간의 노력에 의한 구원을 가르친다. 기독교만이 하나님의 은혜로 인한 구원을 가르친다. 다른 모든 종교에서는 “행하라, 그러면 생명을 얻을 것이니라”(Do and live)라고 말한다. 그러나 기독교에서는 “생명을 얻으라, 그러면 행할 수 있으리라”(Live and do)라고 말한다. 따라서 고대와 현대의 펠라기안주의(Pelagianism)는 이교적인 것이다. 다음과 같은 윌리암 헨리(William E. Henley)의 자랑은 이교적이다.

> 얼마나 문이 좁은가 하는 것은,
> 두루마리에 얼마나 많은 형벌이 기록되어 있는가 하는 것은
> 문제되지 않는다.
> 내가 내 운명의 주인이요

> 내가 내 영혼의 지휘자이니까

크리스티나 로제티(Christina G. Rossetti)의 다음과 같은 고백은 기독교적이다.

> 다른 어떤 어린 양도 다른 어떤 이름도,
> 하늘이나 땅이나 바다에 있는 다른 어떤 소망도,
> 죄책감과 수치로부터 숨겨줄 다른 어떤 피난처도
> 우리에겐 없사옵니다.
> 오직 주님 밖에는

안타깝게도 기독교 신학이라고 해서 모두가 다 삼위일체 하나님의 은혜로 인한 구원의 성경적 교훈을 완전하게 그리고 불변의 일관성을 가지고 주장하고 있지는 않다. 그러나 서슴없이 말할 수 있는 것은 개혁주의 신학이 이 중요한 기독교 교리의 핵심을 일관성있게 드러내고 있다는 점이다. 개혁주의는 죄인의 구원에 관련된 모든 영광을 하나님께 돌린다.

그러나 이것이 전부를 말한 것은 아니다. 생각하기 힘들지 모르지만, 그리고 인간의 사고는 불완전하지만 그래도 밝힐 수 있는 것은 모든 그리스도인은 마음의 중심에서 하나님 안에서의 구원만을 신뢰한다. **웨스트민스터 소요리문답**에서는 예수 그리스도를 믿는다는 것은 "구원의 은혜인데, 이로 말미암아 복음 안에서 자기를 우리에게 주신 바대로 구원받기 위해 우리가 예수 그리스도를 영접하고 그에게

만(alone) 의지하는 것이다"(제86문의 답). 이것이 구원에 이르는 믿음의 본질이다. 모든 그리스도인은 이런 믿음을 소유하고 있다. 하나님의 자녀 중에 신자가 된 것이 자신으로 말미암은 것인지 아니면 하나님의 은혜로 말미암은 것인지에 대한 질문을 받게 된다면 감사함으로 겸허하게 그 모든 명예와 찬양을 성령님께 돌리지 않을 사람이 있겠는가?

공격적인 복음

전반적인 기독교 복음이 자연인의 비위를 거스리는데 특히 복음의 두가지 국면이 복음을 공격적인 것으로 만든다.

그 하나는 오직 하나님의 은혜에 의한 구원을 가르치는 기독교 복음의 비타협적인 교훈이다. 인간에게 이 이상으로 굴욕적인 것은 없을 것이다. 인간은 전혀 구원을 받기에 마땅치 않으며 또한 전혀 자신을 구원할 수 없는 존재이다. 그는 다만 영원한 지옥에 떨어져야 마땅하다. 그가 천국의 의복을 만들기 위해선 자신이 스스로 단 한 뜸이라도 기여를 해야만 한다고 하였더라면 그는 영원히 멸망을 당하고 말 것이다. 인간이 믿음을 가지게 된 것은 "하나님의 선물"이며, 그의 선한 일은 하나님의 "전에 예비하신" 것이었다(엡 2:8, 10).

자연인을 공격하고 심지어 격분케 하는 기독교 복음의 또 한 국면은 그 배타적인 주장이다. 그는 이 주장을 참을 수 없는 고집불통의 것이라고 비난한다.

그러나 이 공격적인 복음은 조금이라도 타협하는 일 없이 그대로 선포되어야 한다. 왜냐 하면 타협은 복음의 변질이기 때문이다. 진리가 항상 열정적으로 참을성 있게 그리고 사랑으로 선포되어야 하는 것은 물론이지만 그러나 진리는 온전한 진리로 선포되어야 한다. 왜냐 하면 이 복음의 그리스도는 유대인에게는 거리끼는 것이요 이방인에게는 미련한 것일지라도 부르심을 입은 자들에게는 유대인이나 헬라인이나 그리스도는 “하나님의 능력이요 하나님의 지혜”이기 때문이다(고전 1:23, 24).

제14장

하나님과 복음전도의 열정

전시대(前時代)의 열정

16세기의 종교개혁자들과 개혁교회들은 종종 복음전도에 거의 완전히 무관심하다는 비난을 받아왔다. 이상하게도 그들에 대한 이러한 비난은 로마 카톨릭에 의해서 뿐만 아니라 개신교 작가들에 의해서도 퍼부어져 왔다. 앞에서 말한 비난을 한 사람들은 개신교의 선교열정이 19세기와 20세기에 들어와서 더욱 고조(高潮)되었다는 점은 인정을 하고 있지만 그들은 여러 가지 사실들을 간과하고 있다.

종교개혁자들은 유럽의 복음화를 목표해서 강력한 캠페인을 벌였다. 그들의 프로그램은 매우 집중적인 국내선교 프로그램이었다. 강조해서 말해야 할 것은 국내선교가 해외선교 못지 않은 가치가 있다는 점이다. 성경이 자국어, 곧 일반 민중의 언어로 번역되었다. 로마교회에서는 의식이 복음을 떠밀어냈지만 개신교회는 복음선포를 교회의 주된 사역으로 강조했다. 영국을 포함해서 대륙의 전역에서 온 사람들이 칼빈(Calvin)의 수하에 와서 그에게서 하나님의 말씀을 선포하라는 가르침을 들었다. 그외에도 이 제네바의 종교개혁자는 복음을 위하여 참으로 전세계적으로 서신을 보냈다. 그는 영국에 있는 어떤 사람에게 이렇게 썼다. “하나님은 그의 복음을 확장시키심으로 말미암아 그의 영광의 현장(theater)이 되도록 하기 위해 온 세상을 창조하셨습니다.”

해외선교에 관하여서는 개혁교회들이 두 가지 심각한 핸디캡(handicap)으로 곤란을 겪었다. 개혁교회들은 자체의 존립을 위해 힘든 투쟁 가운데 있었으며 또 아시아와 아프리카와 아메리카에서 새로 발견된 많은 나라들이 신교를 핍박하던 스페인이나 포르투갈 같은 로마 카톨릭 국가들의 지배 하에 있었다.

이러한 장애를 고려하해 볼 때 신교가 해외에 있는 나라들의 복음화에 대해 그렇게 적극적이었다고 하는 점은 참으로 놀라운 일이다. 이미 1555년에 칼빈(Calvin)과 프랑스 위그노교도(Huguenot ; 16-17세기 경 프랑스 신교도-역자주)인 꼴리니(Coligny) 제독은 브라질 선교부를 조직했다. 칼빈 자신은 이 계획을 위해 네 명의 선교사를 확보했으며, 제네바 교외에 거주하는 칼빈주의자들에 의해 여덟 명이 합류되었다. 로마 카톨릭의 박해로 인해 이 선교사들 중 다섯 명은 살해되었고 그 나머지는 유럽으로 송환되었다. 1559년에는 스웨덴의 구스타프 바사(Gustav Wasa)가 랩랜드(Lapland ; 유럽 최북부의 지역-역자주)에 복음을 전했다. 1577년에는 헝가리의 칼빈주의자인 벤세슬라우스 부도바츠(Wenceslaus Budovatz)가 회교국인 터어키에서 선교활동을 시작했다. 그는 회교도들에게 기독교를 변증하는 글을 썼다. 소위 칼빈주의의 5대 강령을 채택한 돌트총회(The Synod of Dort)는 해외선교에 진지하게 관심을 가졌다. 이 회의는 1618년에서 1619년에 걸쳐 있었다. 1622년에는 라이든(Leyden)에 선교사 훈련을 위한 개혁주의 신학교가 세워졌다. 화란의 신교는 스페인과의 독립전쟁을 치루면서도 동인도제국(East Indies)과 실론(Ceylon)에 선교사들을 파송했다. 의회는 영국과 스콧틀랜드 목사들의 강권으로 "뉴 잉글랜드 복음전파를 위한 법인"(The Corporation for Propagation of the Gospel in New England)을 창설하는 법령을 통과시켰다. 1646년에는 이곳에서 죤 엘리엇(John Eliot)을 첫 선교사로 임명하였는데, 그는 북미 인디안들 가운데 17개의 선교지부를 세웠다. 17세기 중엽에는 두 개의 화란선교부가 설립되었는데 둘 다 오늘날까지 주목을 받고 있다. 이 두 선교부는 요하네스 호른베익(Johannes Hoornbeek)에 의해 설립된 **인도선교부**(De Conversione Indorum)와 게이스베르투스 부티우스(Gijsbertus Voetius)에 의해 설립된 **교회개척선교부**(De Plantatione Ecclesiarum)이다. 덴마크의 할레선교부(Halle Mission)는 1706년에 인도에 들어갔다. 루터교도인 토마스 베스톤(Thomas V. Weston)은 1727년 랩랜드(Lapland)에서 그의 사역을 시작했다.

불충분하긴 하지만 앞의 기록은 유럽의 개신교회들이 종종 현대선교의 창시자라고 언급되는 윌리암 캐리(William Carey)가 1793년 인도로 항해하여 도착하기 오래 전에 해외선교에 적극적으로 참여하였다는 결정적인 증거가 된다.

이러한 사실들을 고려해 볼 때 개혁교회들이 복음전도에 관심을 가졌다는 증거가 거의 없다는 비난을 받는 것은 타당하지 않다. 이는 아마도 개혁신학을 박해하는 자들에 의한 비정(非情)한 태도에 의한 것이라고 설명될 수 있을 것이다. 요셉 슈미들린(Joseph Schmidlin)과 같은 로마 가톨릭 작가는 개혁신학에 대해 편견을 가졌을 것이다. 심지어 율리우스 리히터(Julius Richter)와 같은 아주 존경받고 있는 개신교 작가도 그 점에서는 전혀 오류가 없다고 할 수 없다. 종교개혁은 루터(Luther)의 95개조(Ninety-five Theses)와 칼빈(Calvin)의 **기독교강요**(Institutes of the Christian Religion)에 의해 분명히 드러난 것처럼 강력한 교리운동이며 마땅히 그렇게 받아들여져야 함에도 불구하고 대체로 그렇게 이해되어지고 있지 못한 형편이다. 그리고 루터(Luther)와 칼빈(Calvin)이 더불어 동의했던 예정교리(豫定敎理)가 전도의 열정을 누그러뜨리는 것일 뿐이라는 생각은 널리 퍼져있는 오해이다. 사실상 칼빈은 그의 설교 뿐만 아니라 **기독교강요**와 그의 주석에서도 "모든 나라와 모든 민족"에 복음을 전파하는 일에 깊은 관심을 표명했다. 그는 지상명령을 주석하면서 "주님께서는 이 세상 모든 곳에 구원의 교리를 전파하기 위하여 멀리 떨어진 곳에까지 가라고 복음의 사역자들에게 명령하신다"고 말했다. 참으로 종교개혁은 바울에 관한 재발견 이상 아무 것도 아니라는 말이 있어 왔다. 종교개혁은 사도 바울을 주권적인 하나님의 선택으로 세움을 입은 교사로, 또한 이방에 그의 이름을 전하기 위하여 하나님의 택한 그릇으로 재발견한 것이었다(행 9:15).

지식없는 열정

여러 역사가들이 기독교회가 교리적 논쟁에 참여했던 시대와 복음 전파에 헌신했던 시대를 대조시켜 왔다. 일반적으로 이러한 대조를 가장 잘 이용했던 이들은 전자에 대해서는 교회를 책망하고 후자에 대해서는 교회를 칭찬한다.

이와 유사한 태도가 오늘날 개신교도들에 대해서도 만연되고 있다. 실제로는 모든 개신교도들은 복음전도에 대해 열정적이며, 적어도 그러하다고 주장할 수 있다. 반면에 기독교 교리에 흥미를 지니고 있는 사람은 거의 없다. 사실 과거에 교리적 차이로 인해 여러 교파로 나누어졌던 개신교가 이제는 교리적 차이를 줄여야 할 때라는 견해가 널리 주장되고 있고 강력한 지지를 얻고 있다. 가장 강력하게 주장되고 있는 것은 개신교 선교사들이 함께 사역하는 자들과 그러한 차이점으로 인해 분쟁해서는 안되며 오히려 연합전선을 모색해야 한다는 점이다. 최저 공통분모의 신학(a lowest common denominator theology)으로 특징지워지는 현대 에큐메니칼 운동은 세계 선교 분야에서 비롯되었다.

가령 아프리카의 이교도들에게 여러 교파의 개신교도들이 가져왔던 모든 교리적 문제점들에 가담하라고 요구한다고 하면 그것은 가장 현명치 못한 것일 것이라는 점은 분명하다. 그리고 북미에 있는 모든 개신교 교파를 아프리카 대륙에 재현하는 것은 무책임한 행동일 것이리라는 점도 인정된다. 그럼에도 불구하고 이러한 태도(교리적인 것은 무시하려는 태도를 말함-역자주)는 강력한 비난을 받아 마땅하다.

언제나 개신교가 기독교는 교리가 아니라 생활이라고 하는 진부하고 오도(誤導)된, 아니 전적으로 잘못된 슬로건에서 벗어날 것인가? 물론 기독교는 생활이지만, 그러나 그것은 또한 교리임이 매우 분명하다. 부적절할지는 모르나 오래된 예화를 들자면 정통주의와 기독교의 관계는 뼈와 인간의 몸의 관계와 같다. 뼈들로만 홀로 몸을 구성하지 못한다. 뼈가 몸의 다른 부분과 분리되면 그것은 하나의 골격일 뿐이다. 이처럼 생활이 없는 정통주의나 야고보의 말처럼 "행함이 없는 믿음"(약 2:26)은 죽은 것이다. 그러나 역시 뼈는 인간의 몸을 구성하는데 필수적인 것이다. 단순히 뼈없는 몸은 몸이 아니다. 마찬가지로 교리가 없는 기독교는 기독교가 아니다. 살아있는 몸 속에 있는 뼈를 죽은 것으로 생각해서는 안 된다. 뼈들은 전체 몸의 생활을 영위하는 요소이다. 마찬가지로 기독교 교리는 극히 중요하다. 비유를 바꾸어 좀 더 직설적으로 말하자면 진리가 기독교의 핵심이다.

복음전도자가 하나님의 말씀을 전달해야 한다는 점에는 일반적으로 모두 동의하고 있다. 그러나 이것이 의미하는 것은 과연 무엇인가? 이것은 현대주의와 소위 신정통주의에서 말하는 바와 같이 복음전도자가 오류와 결점이 많은 성경이 증거하고 있는 그런 그리스도, 그런 인격적인 말씀을 전하는 것을 의미하는가? 아니면 복음전도자는 기록된 말씀의 인격적 말씀과 더불어 오류가 없이 정확무오한 하나님의 영감된 말씀을 선포해야한다는 역사적 기독교회의 입장을 주장해야 하는 것을 의미하는가?

일반적으로 공감하고 있는 바로는 복음전도자는 그리스도를 전파해야한다는 점이다. 그러나 어떤 그리스도를 전파해야 하는가? 분명히 이 질문에 대한 대답은 교리의 문제이다. 현대주의에서 말하는 그리스도인가? 현대주의(現代主義)에서는 그리스도에 대하여 이렇게 보고 있다. 그는 삼위일체의 제2위로서 영원 전부터 계시지 않았으며, 사복음서에서 묘사된 그의 모습은 대체로 신화적이고, 그는 동정녀에게서 나지 아니하였으며, 그의 육신은 오래 전에 이미 흙으로 되돌아갔고, 모든 사람이 신성을 가졌다는 의미에서만 그도 신성을 가진 것이며, 따라서 경배의 대상이 되어서는 안되며, 또는 기껏해야 하나님이 된 인간 정도로 보고 있다. 이런 그리스도를 전하는가? 아니면 성경에서 말하는 그리스도인가? 초기의 교회는 칼케돈회의(the Council of Chalcedon)가 열린 451년에 이르기까지 수 세기 동안 그리스도의 인격과 속성에 관하여 논의했다. 결국 이 회의에서 온 기독교회는 그리스도에 대하여 그 분은 "완전한 신성과 또한 완전한 인성"을 가지신 분이며, "단일한 인격이시며 … 성자이시고 독생자이시며 말씀이신 하나님"이시며, 그리고 그의 양성(兩性), 곧 신성(神性)과 인성(人性)은 "혼동없이, 불변하게 불가분적으로 분리할 수 없이" 존재한다는 결론을 내렸다.

일반적으로 동의하듯이 복음전도자는 또한 구원을 선포해야 한다. 그러나 구원이 어떻게 주어지는 것이라고 선포해야 하는가? 죄인의 노력으로 인해 얻어지는 구원인가 아니면 하나님의 은혜로 인해 주어지는 구원인가? 기독교계는 이 문제를 5세기 초에 직면했었다. 이 문제는 아프리카 히포(Hippo)의 감독이었던 어거스틴(Augustine)과 영국의 수도승이었던 펠라기우스(Pelagius)에 의해 열띤 논쟁으로 번졌다. 어거스틴의 입장이 성경적이며 기독교적이었기 때문에 교회는 이를 채택하였다.

그러나 교회가 이 입장을 일관성있게 지탱해 나가기가 어렵게 되었다. 선행(善行)의 공적을 주장하는 이단이 기독교계에 침투해 왔기 때문이다. 죄인은 그리스도의 공로에 덧붙여 인간의 공로에 의해 구원을 얻게 된다는 것이 교회의 공식적인 가르침이 되었다. 이 교리적 오류는 종교개혁의 도전을 받았다. 개신교는 그리스도의 공로만이 구원의 유일한 근거라고 주장했다. 이 진리야말로 복음의 정수(精髓)이다.

역사적 교회가 교리적 논쟁에 관여했던 것이 결코 시간낭비가 아니었다고 하는 점이 얼마나 명백한가! 오히려 진리의 영(요 16:13)의 인도하심으로 교회는 복음을 지키고 있었다. 만일 이단의 부패에 대항하여 복음을 지키는 일에 실패하였더라면 오늘의 교회가 선포해야 할 복음을 가지지 못했을 것이다. 마찬가지로 오늘의 교회도 교리의 순수성을 유지해야 하는 더없는 엄숙한 의무를 지고 있다. 이 의무를 수행하는 일은 복음전도를 방해하는 것이 아니라 오히려 복음전도에 관심을 갖는 일이며 필연적인 일이다. 이 일과 더불어 기독교의 복음전도가 계속되느냐 아니면 실패하고 마느냐가 달려 있다.

사도 바울보다 더 열정적인 복음전도자는 결코 없었다. 역시 그도 교리적 논쟁에 참여했다. 그러나 그는 말주변으로 논쟁하지 않았다. 그는 투쟁적으로 이렇게 선언했다. "우리나 혹 하늘로부터 온 천사라도 우리가 너희에게 전한 복음 외에 다른 복음을 전하면 저주를 받을지어다"(갈 1:8). 그는 복음전도에 열정적이었기 때문에 건전한 교리에 열정적이었다. 한편에 대한 그의 열정은 다른 한편에 대한 그의 열정과 조화를 이루었다.

기독교 교리에 대해 관심을 두지 않는 복음전도의 열정은 "지식을 좇지 않는 열심"(롬 10:2)이다.

이러한 열정은 교회의 회원, 특히 어린이들을 교리로 가르치는 일에서 명백하게 드러난다. 오늘날 교리적 설교는 인기를 끌지 못하고 있다. 교회의 회원들은 강단으로부터 무엇을 해야 할 것인가(do)에 관한 설교가 선포되기를 즐거이 기대하고 있으며 무엇을 믿어야 할 것인가(believe)에 관한 설교는 거의 반가와 하지 않고 있다. 그들 대부분은 신학에 관심이 없으며 관심을 가진 소수의 사람들 가운데도 자기 나름의 신학박사가 되려하고 있다. 목사들은 그들을 제멋대로 하도록 기꺼이 내버려 두고 있다. 신학을 배우는 기회는 언약의 자녀들에게 그들의 목사들이 기독교의 진리로 교육하는 때 뿐이다. 오늘날 소수의 사람들이 이 일을 시도하고 있다. 언젠가 아라비아에서 휴가차 온 한 선교사가 미국의 청중들—아마도 그들 모두는 선교의 마음을 가지고 있을 것인데—을 꾸짖은 적이 있다. 왜냐 하면 그들이 회교도 청년의 종교교육을 위해 하는 일보다 오히려 자기들의 자녀의 종교교육을 위해 하는 일이 더 적다는 이유 때문이었다. 자라나는 세대에 대한 교리적 교훈을 소홀히 하는 교회는 곧 파송할 선교사들을 가지지 못하게 될 것이다. 즉 유일한 참복음을 선포하는데 열정을 품은 선교사들을 교회가 갖지 못하게 될 것이다.

신학지식과 관련지어진 열정

신학적 관심은 복음전도의 열정과 서로 양립할 수 없다는 논지가 개혁신학을 지지하는 자들이 가장 흔히 접하게 되는 문제이다. 개혁신앙을 고백하는 모든 사람이 다 선교에 열정적인 것은 아니라는 점과 또한 모라비안주의(Moravianism)와 경건주의(Pietism)와 감리교(Methodism)가 개신교 선교에 커다란 자극을 주었다는 점은 인정할 수 있는 일이다. 개혁주의 신앙이 적절히 인식되고 철저히 믿어진다면 이 신앙은 명백히 복음전도의 열정을 가지도록 이끈다는 점이 쉽게 드러날 것이다. 이 신앙에 대해 이미 논의한 여러 국면들을 되돌아보면 이 점은 아주 분명하게 될 것이다.

하나님의 주권이 칼빈주의의 근본원리이다. 칼빈주의자들은 하나님의 주권을 다른 그리스도인들이 하려 하는 일보다 더 강조한다고 말해도 좋을 것이다. 이 하나님의 뜻은 하나님의 한 가지 뜻에 세 국면이 있음을 분명히 알 수 있다. 이 세 국면은 하나님의 비밀스런 혹은 섭리적인 뜻, 그의 계시되거나 교훈적인 뜻, 그리고 하나님이 원하시는 뜻이라고 말할 수 있다. 어느 관점에서 하나님의 주권적인 뜻을 보든지 간에 그의 주권적인 뜻을 살펴보게 되면 참으로 복음의 확장에 대한 열정이 생겨날 수밖에 없다.

하나님께서는 영원 전부터 영생을 주시려고 그리스도 안에서 특정한 사람들을 선택하셨다(엡 1:4). 그러나 이 진리를 신학적 숙명론(theological fatalism)이나 철학적 결정론(philosophical determinism)과 혼동해서는 안된다. 하나님은 사랑으로 선택하셨다. 그리고 하나님은 선택함을 입은 자들을 강제로 천국으로 인도하시지 않는다. 그는 그들이 다른 어떤 수단에 의해서가 아니라 복음으로 구원받을 수 있도록 정해 놓으셨다. 따라서 선택은 복음전도를 요구한다. 그리하여 또한 선택이 복음전도의 결과를 보증한다. 만약 전적으로 부패한 죄인들에게 자신들 의향대로 복음을 믿으라고 내버려 두셨다면 단 한 사람도 복음에 응답하지 않았을 것이다. 사실 그들을 선택하신 하나님께서 선택한 자들에게 믿을 수 있는 은혜를 부여하시는 것이 확실하다. 이 모든 점에 대해 앞 장에서 이미 언급했으나 여기에서 재차 반복해서 강조한다.

지상명령은 주권적인 하나님의 명령이다. 사람들이 하나님의 주권을 더욱 더 중요하게 여길수록 자신이 그 명령을 수행해야 할 거룩한 의무를 지니고 있다는 사실을 느끼게 될 것은 분명하다. 그리스도인들 중에 칼빈주의자라면 이렇게 말할 것이다. "내가 부득불 할 일임이라 만일 복음을 전하지 아니하면 내게 화가 있을 것임이로라"(고전 9:16). 복음을 듣는 모든 사람에게 주어지는 하나님의 주권적인 명령은 그리스도를 믿으라는 명령이다. 하나님께서 성령의 불가항력적인 은혜로 이끌지 아니하면 아무라도 믿을 수 없다는 진리(요 6:44)는 이 명령의 구속력을 조금도 떨어뜨리지 않는다. 또한 이 명령에 있어서는 전혀 불합리성이 없다. 하나님께서 인간을 창조주의 손에서 내실 때 인간이 할 수 없는 어떤 것, 예를 들면 태양 주위를 도는 지구의 궤도를 수정하는 것과 같은 것들을 인간에게 요구하신다면 이는 참으로 불합리하고 부당하다. 그러나 하나님께서 자기를 믿으라고 인간에게 요구하실 때 하나님은 다만 인간이 본래적으로 할 수 있는 것을 요구하시는 것이다. 그리고, 비록 타락한 상태의 인간이 더 이상 이러한 능력을 가지고 있지 못할지라도 오직 그가 이 능력의 상실에 대해 비난을 받아야 한다. 하나님의 권리는 결코 영향을 받지 않는다. 따라서 죄인은 믿어야 한다. 그렇지 않으면 그는 영원히 멸망받게 될 것이다. 잃어버린 자들에게 이 명령을 알리는 것은 얼마나 고무적인 일인가!

개혁주의적인 그리스도인은 성경적인 역설(逆說)에 대해 피하지 않는다. 물론 그는 신정통주의의 비합리주의를 조금도 받아들이지 않을 것이다. 그는 진리가 자기모순이라는 가르침에 대해서는 힘을 다해 배격한다. 그러나 인간 이성의 장벽으로 인해 서로 조화되어 보이지 않는 두 가지의 진리에 대한 성경의 사상을 분명히 발견하였을지라도 그는 즐거이 하나님의 말씀에 자신의 논리를 복종시킨다. 가장 뚜렷한 성경의 역설은 타락한 인간들 가운데서 영생을 주시기로 일정한 수의 사람들을 주권적으로 선택하신 하나님께서 타락한 인간들에게 믿으라는 그의 명령을 받아들이는 것보다 더 그가 기뻐하실 일은 없다고 확신시키는 말씀이다. 하나님은 어느 곳에 있는 죄인에게나 자신은 "모든 사람이 구원을 받기를 원하신다"(딤전 2:4)고 분명히 말씀하신다. 역시 이 말씀은 하나님의 주권의 표현이며, 이 선포는 그 주권에 대한 인정(認定)이다. 칼빈주의자들은 이것을 열정적으로 선포한다.

실제로 모든 사람들이 사도 바울이 기독교회사상 가장 위대한 선교사라고 알고 있다. 그는 자신에 대하여 "나는 사도 중에 지극히 작은 자라 … 사도라 칭함을 받기에 감당치 못할 자로라"고 인정하였지만, 그러나 그는 "나의 나된 것은 하나님의 은혜로 된 것이니 내게 주신 그의 은혜가 헛되지 아니하여 내가 모든 사도보다 더 많이 수고하였으나 내가 아니요 오직 나와 함께 하신 하나님의 은혜로라"라고 증거할 수 있었다(고전 15:9, 10). 또한 이 사도의 서신을 통독한 자면 누구나 알 수 있는 사실은 그가 하나님의 주권을 가장 강력하게 강조하고 있다는 점이다. 하나님의 주권을 가르친 교회의 최고의 교사가 동시에 교회의 최고의 선교사였다는 사실은 우연한 일이 아니다. 이는 꼭 있어야 할 가장 건전한 논리의 법칙이다. 이 법칙에는 일관성이 있다.

또 하나의 독특한 개혁주의의 가르침은 은혜언약의 가르침이다. 선택교리와 마찬가지로 은혜언약 역시 선교적 열정과 서로 조화되지 않는다고 흔히 말하는 자들이 있다. 그러나 이것도 선택의 교리처럼 적절히 이해된다면 복음전도의 열정을 갖게 할 것이 분명하다. 은혜계약은 참으로 특별은총설(particularism;속죄가 특별한 개인에게만 한정된다는 칼빈주의의 교리-역자주)과 선별(選別, separation)을 동반하는 것이지만, 그러나 이것들은 그 자체에 목적을 두는 것이 아니라 오히려 보편구원을 목적으로 하는 수단들이다. 하나님은 아브라함에게 그로 인하여 온 땅의 모든 족속이 복을 얻도록 하시기 위해 본토 친척 아비 집을 떠나라고 명령하셨다(창 12:1-3). 은혜언약은 아주 넓은 개념이어서 복음이 선포되는 곳에는 어느 곳에나 은혜언약이 존재한다고 말해도 좋을 것이다. 그리고 언약의 하나님이 구원의 은혜를 부여하심에 있어 가족 단위로 고려하시기 때문에 복음전도자는 현재에 있어 그의 수고가 주 안에서 헛되지 않을(고전 15:58) 뿐만 아니라 세대에 걸쳐서 열매를 맺게 될 것이라는 점을 확신할 수 있다. 이 역시 앞장에서 언급했으나 되풀이 하여 강조하는 것이다.

개혁신앙은 복음전도에 있어 가장 강력하고 고상한 동기를 부여한다. 가치없는 자아에 대한 사랑과 사랑스럽지 못한 사람에 대한 사랑은 참으로 가치있는 동기이다. 그러나 이 중 어느 것도 궁극적인 동기는 아니다. 그러므로 가장 강권적인 궁극적 동기는 찬양받으시기에 합당하신 하나님에 대한 사랑이어야 한다.

개혁신앙은 가장 순수하고 가장 포괄적인 복음전도의 메시지를 제시한다. 개혁신앙은 일관성 있게 하나님의 은혜로 인한 구원이라는 성경적 교훈을 강조한다. 개혁신앙은 가장 중요한 국면에 있어 현대주의(modernism)를 전적으로 배격하고 있으며, 또한 신인협력의 구원 개념(synergetic conception of salvation)을 가진 루터교와 구원을 개인에게 베푸는 일에 있어 하나님을 인간에게 의지하는 분으로 전락시키는 알미니안주의(Arminianism)를 능가한다. 그리고 개혁신앙은 "하나님의 뜻을 다"(행 20:27) 포함하고 있다. 특별한 하나님의 선택과 보편적인 하나님의 사랑의 교훈을 포함해서 모순되는 것처럼 보이는 것일지라도 하나님의 뜻 안에서는 완전히 조화를 이룬다.

개혁신앙은 복음전도의 최고의 목적을 제시한다. 그것은 영혼의 구원이 아니다. 그리고 그것은 그리스도의 교회의 성장도 아니다. 또한 그것은 그리스도의 왕국의 도래도 아니다. 복음전도의 이러한 목적들은 더할 나위없이 중요하다. 그러나 이러한 목적들은 다만 궁극적인 목적－**하나님의 영광**(the glory of God)－을 실현하기 위한 수단에 불과하다. 이 목적을 위해 만물이 생겨나고 계속 존재하고 있으며 하나님의 하시는 모든 일은 이 목적을 위한 것이며, 이 목적 안에서 언젠가 전체 역사가 절정에 도달하게 될 것이며, 결코 다함이 없는 영원한 세대에 이르기까지 이 목적은 초점을 이루게 될 것이다.

간단히 말한다면 모든 그리스도인들 중에 개혁주의 그리스도인은 복음전도에 가장 열정적이어야 한다. 명목상의 개혁주의 그리스도인이 아니라 진정한 개혁주의 그리스도인이라면, 그는 복음전도에 가장 열정적일 것임에 틀림없다.

제15장

하나님과 복음전도의 방법

일반적으로 복음전도의 방법(the method of evangelism)은 복음전도의 원리에 의해 결정되어진다. 이 주장 외에 다른 의견이 있을 수 없다. 그렇다고 이 원리가 복음전도의 방법에 관한 모든 항목을 상세히 함의하고 있다는 것은 아니다. 때로는 행동의 과정이 방편에 의해서 더 적절하게 결정되어지기도 한다. 달리 말하면, 여기에는 하나님의 명령은 아니나 하나님께서 인정하시는 아디아포라(adiaphora), 즉 자유로운 결정의 여지가 있다는 것이다.

이를 부인하는 것은 장소가 달라지면 조건과 형편이 크게 달라진다고 하는 이 자명한 사실을 지나쳐 버리는 것이 된다. 또한 이것은 올바른 신학이 아니다. 물론 하나님은 법과 질서의 하나님이시다. 그러나 하나님은 또한 무한한 다양성을 지니신 분이시기도 하다. 하나님은 세상에 있는 모든 나무의 잎사귀들이 정확하게 똑같은 크기와 모양을 가지도록 만드시지 않으셨다. 마찬가지로 구원의 길은 그리스도에게로 나가는 오직 한 길이지만, 같은 길을 걷고 있는 두 사람일지라도 완전히 동일한 체험을 하는 것은 아니다. 다양성(variety) 또한 복음전도의 방법에 속한다.

이 장에서는 복음전도의 원리와 밀접한 연관을 가진 복음전도의 방법에 관하여 다루고자 한다. 즉 복음전도 방법의 신학적 관련을 고찰해 보고자 한다.

조직화된 교회의 우선권(優先權)

기독교회는 하나님께서 제정해 놓으신 복음전도의 대행기관(agent)이다. 그 진리가 먼저 조직체로서의 교회에 적용된다. 그리스도께서는 조직화된 신약교회의 핵심인 사도들에게 모든 족속으로 제자를 삼으라고 명령하셨다(마 28:19). 그리하여 조직화된 교회가 오순절에 이러한 임무를 수행할 수 있도록 성령에 의해 권능을 부여받게 되었다(행 2장). 따라서 수리아 안디옥 교회는 성령의 인도하심을 받아 바나바와 사울을 선교사로 파송하게 되었다(행 13:1-4).

물론 신자 개개인들이 복음에 대해 증거하지 않아도 된다는 말은 아니다. 그들은 물론 복음을 전해야 한다. 조직체라기 보다는 유기체로서의 교회를 의미하는 개개의 기독교 단체들 역시 복음전도에 온 힘을 기울이지 말라는 것은 아니다. 오히려 어떤 상황 하에서라도 그들은 복음을 전파해야 한다. 더욱이 성경에 의하면 조직화된 교회가 복음전도의 주요한 대리자라고 하는데, 이것이 복음전도의 방법에 관하여 몇 가지 명확한 의미를 내포하고 있다고 할 수 있다. 이러한 관련내용 중 네 가지는 다음과 같다.

첫째로, 조직화된 교회가 복음전도를 이끌어야 한다. 복음전도 활동이야 말로 참교회의 표지(標識)이기 때문이다. 그러므로 조직화된 교회는 이 임무를 수행하는데 있어 교회의 개인들에게나 또는 자발적인 단체에게 떠맡겨서도 안 된다.

둘째, 정상적인 상황 아래서 신자들의 자발적인 단체가 복음전도의 대리자로 조직화된 교회를 대신하려 해서도 안 된다. 아무리 해도 그들은 교회의 사역에 있어 보충적인 역할만을 하기 때문이다. 교회의 통제 밖에 독립하여 있는 선교회들과 전도회들은 오직 조직화된 교회가 하나님께서 지정해 놓으신 의무를 수행하는데 실패하고, 또한 그러한 의무를 행하기 위해 설득하는 모든 노력들이 실패했을 경우에만 그 역할을 담당할 수 있게 된다.

셋째, 여러 단체 중 두 가지만 예로 들어 전국기독교회연합회(the National Council of the Church of Christ)와 국제기독교회연합회(the International Council of Christian Churches)와 같은 교회협의회들은 교회라 할 수 없다. 교회협의회는 그 자체로 교회가 아니며 또한 초교회(super-church)로 등장해서도 안 된다. 그러므로 이러한 단체들이 교회를 적절하게 구성하고 있는 기능들을 침해해서는 안 된다. 이러한 기능들 중에 가장 두드러진 것이 바로 복음전도이다.

넷째, 하나님께서 왜 조직화된 교회에 우선적으로 복음전도의 사역을 맡기셨는가 하면, 그것은 말할 것도 없이 그가 교회와 연합하려 하셨기 때문이다. 복음전도의 목적은 단순히 개개인 영혼들의 구원에만 있는 것이 아니라 교회에 구원받는 영혼들을 더해 주는 것이기도 하다. 일반적으로 말하면, 신자들의 자발적인 단체의 복음전도보다 조직화된 교회에 의해 이끌어진 복음전도가 더욱 더 교회의 성장에 공헌한다는 것이다.

교육적 복음전도의 우선권

복음전도의 두 가지 방법은 종종 서로 대조를 이룬다. 즉 대중전도와 개인전도가 그것이다. 이 둘 중 하나를 주장하기 위하여 다른 하나를 배제하는 것은 용납되지 않는다. 이들은 서로 잘 상호보완해 주고 있다. 지적되어야 할 것은 이들 방법 중 어느 쪽이든지 간에 가르치거나 교훈하거나 교육하는 것이 우선되어야 한다는 것이다.

개인전도에 관한 필요성에 대하여 충분한 호응이 있지만 오늘날과 같은 대중전도의 시대에는 적절하지가 못한 것 같다. 사실상, 오늘날 일반적이고 통상적으로 생각되어지고 있는 대중전도에 대하여는 타당한 근거가 있다.

역사적으로 대중전도는 주로 의지와 감정에 호소하고 있다. 이는 요나단 에드워즈(Jonathan Edwards)를 필두로 하여 웨슬리(Wesley)와 휫필드(Whitefield)의 복음전파에서 기인한 것으로, 좀 더 정확히 말하면 드와이트 무디(Dwight L. Moody), 챨스 휘니(Charles G. Finny), 빌리 선데이(Billy Sunday), 그리고 최근의 집시 스미즈(Gypsy Smiths)가 그러하다. 감정에 호소하는 것에는 상당히 정당성이 있다. 위에 언급한 복음전도자들은 청중들이 기독교 기본교리에 관한 지식을 어느 정도나마 알고 있다고 가정하였다. 그러나 오늘날 이러한 가정은 비록 영국이나 미국과 같은 기독교 국가라 할지라도 더 이상 타당하지 않다. 일반 대중은 대개 성경 윤리학이나 성경의 역사와 교리에 아주 무지하다. 때문에 오늘날의 복음주의적 전도란 무엇보다도 교훈적(instructive)이어야 한다. 사람들은 하나님의 말씀으로 가르침 받아야 된다. 빌리 그래함(Billy Graham)은 종종 '성경은 말하기를'(The Bible says)이란 어구를 사용하는데, 이는 미약하기는 하지만 그가 이러한 방향으로 나가고 있음을 보여주는 좋은 증거이다.

교육적 유형의 복음전도가 왜 오늘날 강조되어야 하는가에 관한 부가적인 이유가 있다. 기독교에 무지한 사람들도 소위 세속 교육이 비록 절대성을 심각하게 결여하고 있긴 하지만 불과 몇 십년 전보다 더욱 더 확산되어 있다는 것은 부인할 수 없기 때문이다. 따라서 일반적으로 지적 수준이 어느 정도 향상되었다. 이는 다른 나라들에 있어서도 그러하다. 미국의 대부분의 사람들은 고등학교의 교육을 받고 있으며 대학도 만원상태이다. 때문에 지금까지 널리 행해져 온 의지적이고 감정적인 복음전도에 많은 불평이 나오게 되었다. 복음주의자가 기독교의 합리성을 보여주는 것이 요구되고 있다. 이러한 요구는 성경적 변증(Scriptural apologetic)을 통해 나타나야 한다.

많은 사람들은 전통적인 "강단에서 초청의 시간을 갖는 방법"(alter call)을 대중전도의 한 부분이라고 생각한다. 그러나 이에 대하여는 흔히 의지주의와 감정주의의 방법보다도 더욱 심각한 반대가 있다. 여기에는 매우 그릇된 신학이 잠재해 있다. 그것은 거듭나지 못한 사람이 신앙 안에서 자신의 자유의지적 능력으로 강한 힘에 의하여 그리스도를 영접할 수 있으므로 복음전도자는 자연인의 의지와 감정에 호소하라는 것이다. 말하자면, 이것은 대중적인 용어로 흔히 '그로 고백케 하라'(make him come across)는 말이다.

씨 뿌리는 사람의 비유, 좀 더 정확히 말해 토양에 대한 비유라고 일컬어야 하겠는데, 여기에서 예수님은 전통적 대중전도의 위험에 대해 주의를 주셨다. 주님께서는 말씀하시길 "돌 밭에 뿌리셨다는 것은 말씀을 듣고 즉시 기쁨으로 받되 그 속에 뿌리가 없어 잠시 견디다가 말씀을 인하여 환난이나 핍박이 일어나는 때에는 곧 넘어지는 자요" (마 13 : 20, 21)라고 하셨다. 여기서 기쁨이란 감정을 가리킨다. 갑작스런 기쁨은 상당히 감정적일 수 있다. 이는 분명히 예수께서 복음에 의해 단지 감정적으로만 영향을 받았을 뿐이지 심령의 변화를 체험하거나 또는 그의 마음에 말씀과 성령에 의해 밝히 깨우친 바가 없는 사람의 마음을 두고 말씀하신 것일게다. 하지만 예수께서 새로운 심령에 성령을 선물로 주셨는데, 그 역사로 마음이 차가워진다고 하신 것은 아니다. 그의 처음 반응은 즐거움이 아니라 죄에 대한 비탄과 하나님께 향한 회개, 그리고 십자가에서 죽으신 구세주께로 피하는 것일게다. 그리고 나서야 기쁨이 따라 오게 될 것이다.

그러면 이와 같은 대중전도가 비난받아야 되는가? 결코 그렇지 않다. 신약성경은 이 점에 대하여 선명한 실례를 보여주는데, 이 실례는 절대적으로 하나님의 마음에 합한 것이다. 베드로의 오순절 설교는 수천명에게 전파되었다. 이를 통해 약 3천명이 회개하였다. 그러나 여기에서 우리는 베드로의 설교를 들은 청중이 주로 흩어져 있던 유대인들이었으며 그들이 구약성경에 매우 친숙해 있었다는 사실을 간과해서는 안 된다. 그러므로 베드로가 청중들의 전 인격과 그들 영혼의 모든 기능에 말하고 있는 동안 그의 설교는, 모든 설교가 그러하듯이, 기록된

대로 주로 교훈적이었다. 베드로 사도는 예수께서 십자가에 못 박히시고 부활하시고 승천하신 나사렛 예수께서 바로 메시야의 직능을 다 행하셨다는 것을 예언을 통해 증명해 보였으며, 또한 바로 이 예수께서 오늘날 성령을 부어주실 것이라고 청중들에게 말하였다(행 2:14-40).

대중전도는 복음을 가능한 한 많은 사람들에게 접할 수 있도록 해야 한다는 분명한 연유에서 장려되어야 한다. 많은 청중을 대변한 복음전도자는 자신에게 그러한 기회를 주신 하나님께 감사드려야 한다. 그리고 메시지는 반드시 올바르게 선포되어야 한다. 메시지가 사람들의 지성과 의지와 감성 그리고 심상(心像)에 호소하는 동안 사람들은 무엇보다도 하나님의 말씀으로 가르침을 받아야 한다. 지상명령에 따르면 복음전도에는 교리가 우선이라고 하는 것이 빈번히 강조되고 있다. 언제든지, 특히 오늘날에 있어서는 교육적 복음전도에 대한 외침이 필요하다.

대중전도가 개인전도를 용이하게 해주고 있다. 대중에게 복음전파시, 복음전도자는 한 가지 또는 여러 가지 방법으로 위에서 지적한 구원의 길에 관한 더 많은 것을 배우려는 사람들에게 기회를 제공해 주어야 한다. 좀 더 많은 교훈을 얻기를 원하는 사람들을 가장 중요하게 생각해야 한다는 것이다.

이렇게 개인전도는 대중전도에서 나온 것이라야 한다. 하지만 개인전도가 대중전도에 의존한다는 것은 아니다. 이는 개인전도 자체에 중요한 가치가 있다는 말이다. 성경은 이를 상당히 강조하고 있다. 하나님께서 가인을 다루시는 것(창 4:9-15)과 타락한 다윗의 행사에 대한 나단의 책망(삼하 12:1-14), 니고데모에게 하신 주님의 말씀(요 3

장), 사마리아 여인의 회개(요 4:1-29), 에디오피아의 환관(행 8:26-39), 로마의 백부장 고넬료(행 10장), 빌립보의 간수(행 16:15-24), 그리고 종이었던 오네시모(몬) 등 셀 수 없이 많은 실례들 중 단지 몇 개만을 보기로 든 것이다. 이유는 명백하다. 회개란 격렬한 개인적 체험인 것이다. 개인에게 이보다 더한 체험은 없다. 그리고 개인전도는 일반적으로 대중전도가 주는 것보다 더욱 철저하고 효과적인 가르침을 주는 더 나은 기회를 제공해 준다는 것을 잊어서는 안 된다.

모든 교회는 구원을 받은 후에 더 깊은 교리를 알고자 원하는 문의자들의 교육을 위하여 목사가 지도하는 연구반을 마련하는 것이 좋다. 그리하여 한 영혼이라도 구하여 얻으면 이러한 일을 계속하여야 한다. "이와 같이 죄인 하나가 회개하면 하늘에서는 회개할 것 없는 의인 아흔 아홉을 인하여 기뻐하는 것보다 더하니라(눅 15:7).

포괄적인 방법

포괄적인 복음전도의 방법이란 무엇인가? 간단히 말해서, 복음전도의 주창자들은 복음전도자가 단순히 죄와 사망으로부터 구원의 복음만을 전달할 것이 아니라 문화의 특전도 함께 전하여 주어야 한다고 주장한다. 이러한 특전들 가운데는 위생시설, 의료기관, 병원, 학교, 적절한 주택, 농경술, 건강식품의 생산, 그리고 인간관계에 있어서의 예절의 함양 등이 포함된다. 또한 최근에는 위의 항목에 자식들에 대한 부모의 교육도 첨가되었다.

그러면 이제 문화를 정의해 보기로 하자. 하찮은 많은 것들이 종종 문화라는 이름 아래 포함되어 왔다. 가장 작은 예를 하나 들어보자면 산아제한의 여러 동기와 방법들은 기독교 윤리에 용납될 수 없으며 또한 참종교에 대조되는 어떠한 것이면 무엇이나 진정한 문화와는 모순되는 것이다. 그러나 적절히 생각해 보면 문화란 복된 것이다. 태초에 하나님께서는 인간에게 땅을 정복하라는 명령을 주셨다(창 1:28). 하나님의 일반은총의 인도 아래 그 명령을 수행하려는 인간의 노력의 결과는 인류에게 수많은 축복을 가져다 주었다.

많은 사람들이 포괄적인 복음전도의 방법에 대해 말하고 있다. **하나님과 복음전도의 접근법**(God and the Approach of Evangelism)이란 주제에서 지적한 바대로 예수께서 병든 자를 고치는 기적들을 행하실 때 대체로 이 방법을 원리로 사용하셨는데, 그는 먼저 그들이 심리적으로 복음을 영접하도록 준비시키셨다. 그래서 예수께서는 그의 제자들에게 복음전파만이 아니라 병든 자를 고쳐주라고 하시면서 그들도 이같은 방법을 사용하도록 명하셨다(눅 9:2). 게다가 비록 많은 문화들이 고대 이집트나 바빌론, 페르시아, 그리스 그리고 로마 같은 이방민족들 안에 뚜렷이 존재하였다고는 하더라도, 문화의 축복 중 가장 풍성한 문화의 누림은 기독교의 발자취를 좇아왔다는 사실을 부인할 수 없다. 분명히 낙후된 이방의 국가나 백성들, 또는 대도시의 슬럼가에 거주하는 주민들에게 기독교를 소개할 때, 이러한 부수적인 특전들도 함께 조화를 이루어 나누어 갖도록 해야 할 것이다.

포괄적 방법의 적절한 사용이 널리 인정되고 있으나 그 방법을 남용하는데 대한 경고 또한 준엄하다. 이 방법의 지지자들 중에 이것을 오해하는 사람들이 있는데, 이런 오해는 빈번하게 발생한다. 그들은 문화의 특전들 때문에 복음을 경시(輕視)한다. 간단히 말하면 문명화를 기독교화에 대치시켜 이를 복음전도가 의미하는 목적인 양 바꾸어 버리는 것이다.

이것은 아주 분명한 복음전도의 특성, 곧 복음전도는 복음전도이어야 한다는 주장과는 거리가 먼 것이다. 복음전도자의 임무는 오직 복음을 전하는 것이다. 이 일을 하는데 있어 그는 여러 가지 보조 수단들을 이용할 수 있다. 그러나 그가 이용하는 도움의 수단들은 어떤 것이든 간에 그의 임무를 수행하는 데 보조적인 역할만을 해야 한다. 복음의 확산만이 그의 유일한 사명인 것이다. 복음은 죄책과 죄의 권세 및 죄의 오염으로부터 잃어버린 사람들을 구하고 그들에게 의로움과 성결함을 덧입혀 지상에서 하나님의 예배의식에 동참할 수 있는 자격을 얻게 하며 또한 지옥으로부터 벗어나서 하늘의 완전하고 영원한 다시 없는 축복들로 그들을 인도하시기 위하여, 하나님께서 그리스도 안에서 행하신 사역을 전해주는 복된 소식인 것이다.

현대적인 교통과 통신의 수단

하찮아 보이긴 해도, 우리는 오늘날의 세계가 선교사 바울이 일했던 세계와는 여러 면에서 상당히 변모해 있다는 것을 상기해 보아야 한다. 한 가지 사실만 보더라도 세계는 지금 아주 좁아져 있다. 비교해 보면 바울시대의 로마(Rome)에서 예루살렘(Jerusalem)보다 지금의 서울(Seoul)과 뉴욕(New York)이 더 가까워졌다는 말이다. 이 변화는 현대의 수송기관 중 제트 비행기에서 더욱 현저하다. 또한 라디오와 같은 현대의 통신기관이 거리감을 실제로 없애버렸다.

그리스도인 모두가 이러한 발명품에 대해 고마워 하고 있는 것은 아니다. 이것들을 흘겨보는 자들도 있다. 그러나 이는 잘못된 태도이다. 의식적이든 무의식적이든 간에 현대인은 이 땅을 정복하라고 하신 하나님의 명령(창 1:28)에 따라 열심히 노력하고 있다. 위에서 언급한 내용의 발명품들은 태초에 하나님께서 창조하신 힘을 인간이 발견하여 동력화할 수 있게 해 놓으셨다는 것과 하나님이 정하신 자연의 법칙을 따라 인간이 발견할 수 있도록 해 놓으셨다는 것과 하나님이 정하신 자연의 법칙을 따라 인간이 발견할 수 있도록 해 놓으셨다는 것을 깨닫게 해준다.

쉘리(Shelley) 부인의 신화적인 작품 「프랑켄스타인」(*Frankenstein*)에서 말한 대로 결국 인류는 그 발명품들에 의해 스스로 멸망의 길로 치닫는 긴 여정을 가고 있을지라도, 그리스도가 승리하시고 오실 날을 서두르기 위하여(마 24:14) 하나님께서는 지구의 구석진 곳까지라도 복음이 전파되도록 현대의 교통과 통신수단을 효과적으로 사용하신다는 것을 간과해서는 안 된다. 이 또한 건전한 신학의 주장이다.

토착(indigenous)교회

토착의(indigenous)라는 말은 원주민의(native)라는 뜻이다.

최근 수 십년 동안 많은 사람들은 교회가 복음의 전파와 더불어 외국 땅에 들어가게 되면 즉시 선교사는 다른 지역으로 옮겨서 일을 해야 하며 새로이 조직된 토착교회가 스스로 꾸려갈 수 있도록 맡겨야 한다고 주장한다. 이러한 절차를 주장하는 사람들 중 가장 으뜸되고 열렬한 사람은 죤 리빙스톤 네비우스(John Livingston Nevius)인데, 그는 1854년부터 1893년 그가 죽을 때까지 중국과 일본에서 장로교 선교사로 헌신하였다. 그에 의해 개발된 이 방법은 때때로 그의 이름을 따서 명명되기도 하는데, 한국에 있던 선교사들에 의해 이미 채택되었으며 한국에서 가장 뚜렷한 성공을 거두었다.

네비우스 방법 또는 토착적 방법은 네 가지를 주장하는데 그것은 토착교회의 자조(自助;self-support), 자치(自治;self-government), 자육(自育;self-education) 그리고 자전(自傳;self-propagation)이다.

이러한 방법에 대하여 타당한 주장을 찾기란 전혀 어려운 일이 아닌데, 다음은 그 중 몇 가지이다.

자조(自助)에 대하여 살펴보기로 하자. 토착교회가 선교국가에 있는 교회나 교회기관에 재정적으로 의존하고 있는 것은 바람직한 것이 못된다. 왜냐 하면 기독교로 개종한 사람들에게 가르쳐야 할 은총의 생활은 희생적인 헌신의 생활이다. 만약 원주민의 교회가 스스로 설 수만 있게 된다면 선교사가 그 교회를 후원하기 위하여 모은 그 기금들은 복음의 더 넓은 확산을 위해서 달리 유용하게 사용되어질 수 있다.

자치(自治)에 대해서 살펴보기로 하자. 바울과 바나바와 그들의 첫번째 전도여행에서 안디옥으로 돌아오던 중 자기들이 뿌린 씨가 열매를 맺도록 교회들을 방문하고 "각 교회에서 장로들을 택하였다"(행 14:23)고 한 사실에서 잘 나타나고 있다. 자치의 한도는 상당한 부분에 이르고 있음이 분명하게 나타난다. 모든 지역교회 혹은 개교회가 그리스도의 신비적인 몸의 어느 한 부분이기도 하지만 완전한 그 몸의 현현(顯現)이며, 신학적인 용어로는 완전한 교회(ecclesia completa)라는 주장도 타당하다. 이러한 원리로부터 우리들은 다른 교회 위에 군림하는 교회란 없다는 것을 알게 된다.

자육(自育)에 대하여 살펴보기로 하자. 모든 개종자들은 그가 단지 하나님에 관한 지식의 아주 조그마한 것 밖에 모르기 때문에 개인적으로나 또는 다른 사람들과 협력하여 하나님의 말씀을 부지런히 연구하여 예수 그리스도의 은혜와 저를 아는 지식에서 자라가야겠다는 점(벧후 3:18)을 절감해야 한다. 그러므로 토착교회의 목사는 그의 양떼들에게 하나님의 말씀을 가르치는 것보다 더 절박한 임무란 없다는 것을 명심해야 한다.

자전(自傳)에 대하여 살펴보기로 하자. 토착교회의 모든 신자들은 자신들이 신자들의 보편적 예언자의 지위에 동참하고 있다는 것과 사람들 앞에서 그리스도를 시인하는 것이 자신들의 중대한 사명이며(마 10:32, 33), 또 자신을 어두운데서 불러내어 그의 기이한 빛에 들어가게 하신 자의 아름다운 덕을 선전하는 것(벧전 2:9)이 그의 의무라는 것을 명심해야 한다. 만약 원주민 교회의 신자들이 이러한 사실을 충실하게 받아들인다면, 교회를 세우는데 힘썼던 그 선교사는 바울의 모범을 따르는 것이 좋다. 바울 자신의 증거에 의하면 그는 그리스도의 이름을 부르는 곳에는 복음을 전하지 않기로 하였는데, 이것은 남의 터 위에 건축하지 않으려는 의도에서였다(롬 15:20). 이러한 행동이 복음의 확장을 훨씬 더 가속화시킬 것이다. 많은 실례들이 보여주듯이 원주민 복음전도자야말로 아직 구원받지 못한 이웃들에게 외국인 선교사가 할 수 있는 것보다 더 많은 영향력을 끼칠 수 있다.

세계 속에서 일어나고 있는 현행의 사건들이 분명히 이 토착적 방법에 대한 강력한 근거를 제공해 주고 있다. 지금 기독교 선교사들은 다른 나라들보다 중국에서 그들의 의도와 목적이 많은 장해를 받고 있는데, 어떤 이는 중국 내에서 토착교회의 자조, 자치, 자육, 자전의 실제성을 배우고자 희망한다. 어느 한 곳에서 발생한 것은 다른 곳에서도 일어날 수 있기 때문이다.

성도들의 보호(preservation), 즉 견인(perseverance)의 성경적 교훈이 토착적 방법을 지지하는데 사용되고 있다. "너희 속에 착한 일을 시작하신 이가 그리스도 예수의 날까지 이루실 줄을 우리가 확신하노라"(빌 1:6)라는 말씀은 그들에게 신앙을 전해 준 선교사가 언제든지 자유롭게 떠날 수 있어야 한다는 것을 보여주고 있다. 이제 우리는 성도들의 견인이라는 교리가 얼마나 귀중한 교리인가 하는 것을 깨닫게 되었다. 그러나 위에서 언급된 논의는 극단적으로 단순화된 것이라 생각된다. 그것은 구원이 단순히 한 순간적인 체험이 아니라 일생 동안 계속되어지는 것이라고 하는 진리를 설명하기 위해서는 상당히 미흡하다. 또한 하나님께서 그의 자녀들을 신앙 안에서 보호하시기 위해 말씀을 수단으로 사용하셨다는 명백한 사실을 말해 주는 데에도 실패한다. 예수께서는 그의 제자들을 위하여 "저희를 진리로 거룩케 하옵소서"(요 17:17)라고 중재하지 않으셨던가? 이는 새로 조직된 토착교회 신자들의 영적 유익을 위해서라면 선교사가 그들에게 하나님의 말씀 가르치기를 얼마동안 계속하라는 것을 보여준다.

비록 토착적인 방법에 대해 주로 좋은 실례를 찾아볼 수 있고 또 참으로 하나의 원리가 된다고 할 수는 있겠으나 토착교회의 원리가 보편적인 타당성을 갖는다고는 할 수 없다.

토착교회들은 불확정적인 기간 동안에는 계속적으로 재정적 지원이 필요할 수도 있다. 현재 한국교회가 이런 경우에 해당된다(이제는 지원하는 교회로 상황이 역전되었다-역자주). 나환자 촌락에 세워진 교회 역시 이러한 경우에 속한다.

사도시대에 있어 이방지역 교회들의 자치행정은 자유롭지 못했다. 유대인들이 이방인들의 개종시 할례받을 것을 종용함으로써 교회에서 심각한 문제를 야기시켰을 때, 이 문제의 해결을 위해 그들 자유대로 한 것이 아니라 "사도들과 장로들"(행 15장)로 구성된 예루살렘 공의회에 이 문제를 회부하였다. 또한 고린도 교회에서 취해진 조치가 조금은 의아하게 보일런지 모르지만, 사도 바울이 근친상간의 죄를 범한 회원을 출교시키라고 엄단한 것은 필요불가결한 것이었다(고전 5장). 세계의 역사 가운데 나타난 최근의 사건들은 모든 아프리카의 부족들이 다 시민의 자치능력을 갖추고 있는 것은 아니라는 점을 보여주고 있다. 모든 원주민 교회가 교회 설립시부터 남의 도움을 받지 않고 자치를 담당할 능력이 있다고 하는 가정은 근거가 희박하다.

선교사 바울이 그가 도움을 주어 설립한 교회를 순회할 때 그들 스스로 교육하도록 하였다고 누구도 감히 말할 수 없을 것이다. 이와는 대조적으로 바울은 친히 방문하거나 또는 그의 서신들에 의하여 그들을 교육시켰다. 바울이 처음 고린도를 방문한지 5년 후인 아마도 57년에 씌어진 듯한 고린도인에게 보내는 두번째 편지에서 그는 "너희의 믿음이 더할수록" 곧 그들의 믿음이 더할 '때' 그들의 지경을 넘어 복음을 전하려 한다고 말하였다(고후 10:15, 16). 비록 그가 지금 로마의 감옥에 있다고 해도 그는 여전히 최선을 다해 일했는데, 신앙 안에서 교회를 굳건히 세우는 것이 그의 주된 일과였다. 그리고 그는 하나님의 부르심을 입을 때까지 이러한 일을 계속했다.

원주민 복음전도자들 스스로 필요한 사역이라고 말하는 자전(自傳)에 관해 생각해 볼 때 그들은 많은 경우에 있어 선교사들의 충고와 지도가 매우 귀중하다는 사실을 발견하게 될 것이다.

근년에 들어 최근 개종한 신자들로 구성된 교회들은 역사적인 기독교의 신조를 채택하지 말고 대신에 그들 나름의 기독교 교리에 대한 설명서를 내놓는 일을 위해 노력해야 한다는 얘기들이 들린다. 이처럼 잘못된 충고가 있다는 것은 생각조차 하기 힘들다. 예컨데 이와 같은 말을 하는 것은 오직 역사의식이 결여되어 있거나 그리스도 안에 있는 진리에 적대적인 태도이다. 오늘날의 기독교회는 실제로 기독교의 모든 역사를 무시할 수 있는가? 과거로부터 배울만한 아무런 교훈이 없단 말인가? 니케아신조(The Nicean Creed), 사도신경(The Apostles' Creed), 아우그스부르그 신앙고백(The Augsburg Confession), 영국교회의 39개조(The Thirty-nine Articles of the Church of England), 돌트신경(The Canons of Dort), 그리고 웨스트민스터 신앙고백(The Westminster Confession) 등과 같은 위대한 신앙고백서들은 교회의 머리되신 예수 그리스도께서 교회에 약속하신 진리의 성령께서 역사적 교회를 진리로 인도하신 결과가 아니겠는가?(요 16 : 13). 이러한 진리에로 인도하는 성령의 역사를 배격하는 것은 가증스런 죄악이다.

"진리(眞理)의 성령(聖靈)이 오시면 그가 너희를 진리 가운데로 인도(引導)하시리니."

제16장

하나님과 복음전도의 협력

교회와 국가

복음전도의 일을 수행함에 있어 교회와 국가의 관계에 해묵은 곤란한 문제가 빈번히 발생한다. 이 문제는 특히 해외선교에 있어 심각한 양상을 띠게 되는데 한 가지 명백한 이유는 선교사가 두 정부 곧 자국의 정부와 자신이 가서 일하는 나라의 정부를 함께 인식해야 한다는 점이고, 또 하나의 이유는 여러 경우에 있어 선교지의 정부가 기독교적 전통에 의해 영향을 받아오지 못했다는 점이다.

다음에 언급하려는 것은 이 복잡한 문제에 대한 결론적인 어떤 말을 하려는 것은 아니다. 다만 이 문제가 지니고 있는 몇 가지 신학적인 원리들을 간단히 말해보고자 하는 것이다.

교회가 그 영적인 특성으로 인해 세속 정부와의 접촉을 거부해야 한다고 하는 입장이 종종 있는데, 이는 전적으로 지지할 수 없는 입장이다. 이 입장은 최악의 경우 재세례파(Anabaptism)의 주장을 드러내게 된다. 따라서 영적인 것과 자연적인 것이 분리될 수 없다. 둘 다 하나님께서 창조하신 것이며, 하나님께서 이 두 면으로 자신을 계시하셨다. 자연적인 것은 영적인 것을 위한 필수적인 배경이 된다. 예를 들면, 하나님은 먼저 노아와 자연으로 언약을 맺으시고 그 안에서 인류의 존속을 보장하셨다(창 8:21, 22). 그 후에 하나님은 아브라함과 은혜의 언약을 세우셨으며 이 언약 안에서 하나님은 교회의 존속을 보장하셨다(창 17:7). 후자는 전자를 전제로 하고 있으며, 심지어 전자를 요구하고 있다. 그리고 교회와 마찬가지로 국가도 신성하게 세워진다. "각 사람은 위에 있는 권세들에게 굴복하라 권세는 하나님께로 나지 않음이 없나니 모든 권세는 다 하나님의 정하신 바라"(롬 13:1).

흔히 설교자들과 정치가들은 교회와 국가의 "절대적인"(absolute) 분리를 믿고 있다고 하는 둔감한 진술을 듣게 된다. 이러한 말은 무책임한 말이다. 이러한 말을 하는 자들은 결코 이 문제를 심각하게 생각해보지 않은 자들이다. 왜냐 하면, 인간 생활에 있어 이 두 영역이 완전히 서로 독립되어 있는 것이 아니라는 점이 자명(自明)하기 때문이다. 종종 국가가 도덕적 문제에 직면케 될 때 하나님의 말씀으로 국가를 계몽해 주는 것이 교회의 임무가 된다. 만일 국가가 시민에게 하나님의 도덕법을 위반하도록 요구하는 법을 제정한다면 교회는 저항해야 할 의무가 있다는 것을 누가 부인할 것인가? 분명히 국가는 교회의 소유권에 대해 무언가 말해야 한다. 교회로 하여금 종교적 자유를 누리도록 교회를 보호하는 것이 하나님이 정하신 국가의 임무라는 것을 부인하는 사람은, 혹 있을런지도 모르나, 거의 없을 것이다.

교회와 국가의 적절한 관계는 어느 각도에서 보거나 쉽게 다룰 수 있는 단순한 문제가 아니라는 점은 명백하다. 그러나 이 문제와 복음전도의 관계에 대해 분명한 결론을 내리는 일은 논쟁의 여지가 없을 것으로 여겨진다.

국가는 복음전도에 관여하지 말아야 한다. 복음전도는 분명히 하나님에 의해 교회에 주어진 과업이다. 국가의 합당한 기능은 전혀 다른 것이다. 즉, 국가의 기능은 악을 행하는 자를 벌주고 선을 행하는 자를 칭찬하는 것이다(롬 13:3, 4). 간단히 말하자면 인간관계에 있어 공의를 유지시키는 것이다. 여기에 소위 영역주권(領域主權)의 원리가 적용된다. 엄격히 말해서 하나님만이 홀로 주권을 가지고 계시며 하나님은 인간 생활의 두 영역인 교회와 국가에 각각 권한–모순되는 용어가 아니라면 상대적 주권(relative sovereignty)이라 부를 수 있는 권한–을 부여하셨다. 교회가 국가의 주권을 침해하지 않는 것처럼 국가도 교회의 주권을 침해할 수 없다. 사울왕이 블레셋 사람들과 전쟁에 돌입하기 전 하나님께 제사드리는 기능을 빼앗았을 때 하나님은 그를 이스라엘의 왕이 되지 못하게 하셨다(삼상 13:1-14). 웃시야 왕이 제사장들의 특권인 성전에 분향하는 일에 주제넘게 나섰을 때 하나님은 그를 나병으로 벌하셨다(대하 26:16-21). 신성로마제국(Holy Roman Empire)의 창건자인 샤를르마뉴(Charlemagne)가 전 민족들에게 기독교 세례를 받으라고 무력으로 강요했을 때 그는 하나님이 세속 정부에 정해 놓으신 한계를 멀리 벗어난 것이었다.

교회가 국가에게 하나님의 말씀을 전파할 수 있도록 허락해 달라고 요청해서는 안된다. 그렇게 하는 것은 하나님이 교회에 주신 주권을 교회가 수치스럽게 포기해 버리는 것이 될 것이며, 교회의 머리되신 예수님을 국가로 대치시키는 것이 될 것이고 용납될 수 없는 국가 전체주의에 대한 인정(認定)이 되고 말 것이다. 이러한 점에서 오늘날 유행하는 이단에 대해 주의해야 한다. 이 이단적 사고에서는 인간들이 언론, 집회, 출판, 종교, 예배의 자유 등과 같은 기본적인 자유를 국가의 은혜에 의해 소유하게 된다고 본다. 그러나 결코 그렇지 않다. 이러한 자유들은 하나님이 주신(God-given) 자유이며, 따라서 **양도할 수 없는**(inalienable) 자유들이다. 땅끝까지 복음을 선포할 의무와 권리를 교회에 부여하신 분도 또한 하나님이시다. 교회는 왕 중의 왕으로부터 그 권리를 부여받았기 때문에 세속정부의 관리에게 그것을 청구해서는 안 된다.

교회가 국가의 도구로 전락되는 일에 처하지 않도록 주의해야 한다. 이런 일들은 과거에 종종 발생했는데, 특히 종교개혁 이후에 현저하게 발생했다. 국가에 대한 교회의 우위성을 가르쳤던 로마교에 대한 반동으로 개혁파의 교회들은 대체로 교회를 국가의 한 국면으로 보았고 그런 까닭에 교회를 국가의 지배 아래 놓여 있는 것으로 보는 에라스투스설(Erastianism)에 빠져 있었다. 그리하여 유럽 국가들에서는 국교회나 국가교회가 세워졌다. 19세기에 가서야 자유교회(free church)가 많이 발생하기 시작했으며 오늘날까지도 자유교회가 모든 국교회를 대치하여 들어서지는 못했다. 따라서 기독교 선교의 의의에 심각한 손상을 가져오게 되었다. 선교의 운명이 외교정책에 대한 유럽국가들의 전략에 묶여 버리게 되었다. 간단히 말해서 해외선교가 상당히 정치적인 것이 되었다. 충격적이고도 슬픈 사례는 1900년에 중국에서 일어난 소위 북청사변(北淸事變, the Boxer uprising)이다. 이

나라의 내정(內政)에 대한 외국 정부들의 간섭으로 인해 외국인들에 대한 강한 증오의 물결이 중국 북부 지방을 휩쓸게 되었고 수 많은 선교사들이 죽음을 당했다.

교회를 포함하여 시민들이 종교의 자유를 누리도록 보호하는 것이 국가의 임무이다. 이 명제에 대해 오늘날 개신교에서는 거의 완전하게 의견이 일치되고 있다. 종교개혁 시대의 산물인 **웨스트민스터 신앙고백**(The Westminster Confession of Faith)은 원래적인 형태에 있어 교회와 국가 상호간의 관계에 대한 교훈이 강력한 에라스티안설에 의해 손상을 당했다. 물론 1788년에는 유명한 미국의 침례교도인 로저 윌리암(Roger Willam)의 영향으로 인해 미국 장로교도들은 이 교리적 기준으로부터 오류를 제거했다. 그들은 더 이상 세속 관리에게 "교회 안의 질서와 통일과 평화를 유지시키고 하나님의 진리가 순수하고 완전하게 보존되도록 해 줄 것과 모든 신성모독과 이단을 억제시키고 예배와 치리에 있어 모든 부패와 폐해를 방지하고 개혁할 것, 그리고 하나님의 모든 명령이 정당하게 정착되고 시행되며 준수되도록 하게 해 줄 것"을 위탁하지 않았다. 또한 그들은 더 이상 계속해서 "더 나은 효과를 산출하기 위하여 관리는 종교회의를 소집하고 그 회의에 참석하고 회의에서 처리된 것들은 무엇이나 하나님의 뜻에 합당한 것이 되도록 준비할 권(權)이 있다"고 말하지 않았다. 그러나 그들은 다음과 같은 의미있는 주장을 했다. "자녀를 양육하는 아버지와 같이, 어떤 특정한 교파에게 다른 나머지 교파들보다 우선권을 주는 일이 없이, 우리 모두가 공통으로 섬기는 주님의 교회를 보호하여, 모든 교회 회원들이 지위 고하(高下)를 막론하고, 폭력이나 위험이 없이, 그들의 성스러운 직무들의 모든 부분을 수행하는데 있어서 충분하고, 자유롭고, 심문받지 않는 자유를 누릴 수 있도록 해주는 것이 관리들의 의무이다"(웨스트민스터 신앙고백 23장 3항).

이 입장이 성경적이라고 하는 사실은 의심할 바 없이 분명한 것이다. 이것은 관리에 관련된 주장, 곧 "그는 하나님의 사자(使者)가 되어 네게 선(善)을 이루는 자라"(롬 13:4)는 말씀에 함의되어 있다. 이 점은 로마 시민권을 가지고 있는 선교사 바울에게서 잘 드러난다. 로마 시민권 덕분으로 제국 전역에 복음을 자유롭게 전할 수 있었고, 적어도 세 번이나 폭력과 불의로 고통받게 되었을 때 그는 로마시민으로서의 권리를 주장했다. 빌립보의 관리가 그와 실라를 감옥에서 놓아주라고 명령하였을 때 바울은 강력하게 항의하였다. "로마 사람인 우리를 죄도 정(定)치 아니하고 공중 앞에서 때리고 옥에 가두었다가 이제는 가만히 우리를 내어 보내고자 하느냐 아니라 저희가 친히 와서 우리를 데리고 나가야 하리라"(행 16:37). 예루살렘에 있는 로마 수비대가 바울을 보호감금(protective custody)에 처하고 천부장이 채찍질하며 심문하라 명하였을 때 바울은 옆에 서있는 백부장에게 "너희가 로마 사람된 자를 죄도 정(定)치 아니하고 채찍질 할 수 있느냐"라고 말했다. 그 천부장은 자기가 감금시킨 자가 로마 사람이라는 사실을 알고 나서 두려워 하면서 바울을 심문하는 일을 중지시켰다(행 22:24-29). 그리고 유대의 행정장관이었던 보르시오 베스도(Porcius Festus)가 바울을 박해하는 유대인의 환심을 사기 위해 바울에게 가이사랴에서보다 예루살렘에서 심문을 받지 않겠느냐고 제안했을 때 이 사도는 그러한 부당한 제안을 거절하고 로마 시민이라는 특권을 이용해 황제에게 호소하였다(행 25:11). 이 호소는 전지하신 하나님의 섭리로 세계의 수도에 복음이 승리의 입성을 하게 되는 결과를 낳았다.

바울의 글 가운데 지금 논의하고 있는 문제에 대해 직접적으로 관련된 의미를 지니고 있는 구절이 있다. 그것은 디모데전서 2장 1절에서 4절까지의 말씀이다. 사도 바울은 "첫째로 권하노니 모든 사람을 위하여 간구(懇求)와 기도(祈禱)와 도고(禱告)와 감사(感謝)를 하되 임금들과 높은 지위에 있는 모든 사람을 위하여 하라"고 권면했다. 그는 그리스도인들에 의해 드려지는 그러한 기도들이 그들의 생활을 "경건과 단정 중에 고요하고 평안한 생활"을 이끌어 줄 것이라고 주장했다. 그러나 그는 거기에서 멈추지 않았다. 그는 계속해서 하나님께서 그의 백성들이 통치자들을 위해 기도하는 것과 그 결과로 그들이 평안한 생활을 하게 되는 것을 기뻐하시는데, 그 이유는 이러한 기도들이 "모든 사람이 구원을 받으며 진리를 아는데 이르기를 원하시는" 하나님의 소원을 이루어 드리는 것이기 때문이라는 점을 말한다. 결국 이 구절이 가르치는 한 가지 교훈은 만약 세속 관리들이 마땅하게 그들의 임무를 따라 통치하게 된다면 그것은 복음의 전파를 강화시킬 것이라는 것이다.

하나님이 제정하신 국가의 기능이란 교회와 성도들이 복음전도를 수행하는 일을 보호하는 것이라는 점이 확실하다면 몇 가지 구체적인 결론을 내릴 수 있다.

국제법에 따르면, 각 나라는 누가 자국의 영토 내에 들어올 수 있고 누가 제외되어야 하는지에 관해서는 그 국가 자체의 판단에 맡겨져 있다. 그러므로 비록 그리스도의 교회가 결코 세상 정부에게 복음을 전파할 수 있게 허락해 달라는 간청은 하지 않는다고 할지라도 교회가 외국 정부에게 특정한 선교사를 받아줄 것을 요청하는 것은 지극히 합당한 일이며 또 교회가 이러한 절차에 있어 본국 정부의 도움을 얻는 일도 아주 당연한 일이다.

외국에 나가 있는 선교사는 그 나라의 통치자들에게 적절한 경의를 표해야 하며, 심지어 그들이 이교도들이라고 해도 그래야 한다. 바울도 악명높은 네로 황제의 통치 기간에 쓴 서신인 로마서와 디모데전서에서도 그렇게 썼다. "하나님은 두려워하며 왕을 공경하라"(벧전 2:17)는 거룩한 명령은 다른 이들에게와 마찬가지로 복음전도자들에게도 적용된다. 그리고 복음전도자는 어느 곳에서 사역을 하든지 그는 모든 합법적인 방법으로 세속 관리의 호의를 얻을 수 있도록 해야 한다.

해외 선교사가 매 사건마다 본국 정부의 보호에 의존하는 것은 현명하지 못하다. 몇 해 전에 중국에서 일하던 한 미국 선교사가 우연히 한 중국 어린 아이에게 상해를 입힌 사건이 발생했다. 그리하여, 그는 체포되었다. 당시 시행 중에 있던 '치외법권'(extra-territorial rights)에 따라 그는 미국 법정에서 재판을 받겠다고 주장할 수도 있었다. 그러나 그는 그 대신 중국 법정에서 재판받을 것을 선택했고 그렇게 함으로써 사람들의 많은 호의를 얻었다.

복음전도자가 노예제도, 매음, 마약의 불법판매 등과 같은 사회악을 억제하는 일에 있어 세속 권력과 협력하는 것은 바람직한 일일 수 있다. 그러나 그렇게 함에 있어 복음전도자는 국가의 기능과 교회의 기능을 구별해야 한다. 국가는 그러한 악을 "검"(the sword, 롬 13:4)

으로써 다스리는 데 비해, 교회는 “성령의 검 곧 하나님의 말씀”(the sword of the Spirit, which is the word of God, 엡 6:17)으로써 다스린다.

기독교와 타종교

기독교가 세계의 많은 종교 가운데 다만 하나의 종교일 뿐이며 아마 그러한 종교들 가운데 수위(首位)에 있는 종교일지는 몰라도 다른 모든 종교와 같은 차원의 종교라는 견해가 오늘날 널리 만연되어 있다. 이러한 전제에서는 기독교 선교사의 과업이란 타종교를 신봉하는 자들을 기독교로 개종하도록 설득하는 것이 아니라 오히려 진리와 선을 추구하기 위해 타종교인들과 협력하는 것이라는 결론이 내려지게 된다. 이러한 결론은 「선교의 재고」(*Rethinking Missions,* 1932)의 출판위원회의 위원장이며 「현존하는 종교들과 하나의 세계 신앙」(*Living Religions and a World Faith*, 1940)의 저자이기도 한 하바드 대학의 윌리암 어네스트 하킹(William Ernest Hocking)의 견해와 일치하는 주장이다.

그러나 성경의 교훈은 전혀 다르다고 하는 사실은 이미 지적한 바 있다. 비록 인간의 모든 종교들에는 진리의 요소들이 포함되어 있다고 할지라도 기독교만이 유일하게 참된 종교이다. 기독교의 하나님, 성경의 하나님만이 홀로 하나님이시다(시 86:10). 다른 모든 신들은 우상이다. 기독교의 구세주인 예수 그리스도만이 유일하신 구제주이시다(요 14:6;행 4:12). 다른 구세주란 있을 수 없다. 기독교에서 말하는 은혜로 인한 구원이 유일한 구원의 길이다(엡 2:8). 다른 모든 종교에서 말하는 인간의 노력으로 인한 구원은 멸망으로 끝날 수밖에 없다. 기독교적인 타자구원론(他者救援論, heterosoterism) 곧 하나님에 의한 구원은, 자기구원론(自己救援論, autosoterism) 다시 말해 자기 자신에 의한 구원을 배제한다.

이러한 내용은 무오한 하나님의 말씀이 분명히 교훈하고 있기 때문에 복음전도에 있어 그리스도인이 타종교 신봉자들과 협력하는 일은 단호히 거절해야 한다.

따라서 그리스도인들과 타종교인들, 예를 들면 불교도, 유교도, 도교도, 신도교도, 회교도들과의 협력은 전혀 불가능한 것인가? 라는 질문에 대한 대답은 부정적이어야 한다. 하나님의 일반은총으로 인해, 몇 가지 예를 들면, 문맹을 줄이고 사회정의를 실현하며 질병을 퇴치하는 일 등과 같은 활동에 있어서는 함께 일할 수 있다. 심지어 그들이 그들의 종교적 자유를 박해하는 전체주의적인 독재자들에게 대항하는 일에 함께 투쟁하는 일도 생각해 볼 수 있다. 그러나 복음전도의 문제에 이르게 되면 그들은 공통적으로 선포할 메시지를 갖고 있지 않다. 이 점에 있어 사도 바울이 이방적 예배의식을 즉시 버리지 못했던 고린도 교회의 신자들에게 언급한 다음과 같은 절대적인 명령이 적용된다. "너희는 믿지 않는 자와 멍에를 같이 하지 말라 의(義)와 불법(不法)이 어찌 함께 하며 빛과 어두움이 어찌 사귀며 그리스도와 벨리알이 어찌 조화되며 믿는 자와 믿지 않는 자가 어찌 상관하며 하나님의 성전(聖殿)과 우상(偶像)이 어찌 일치가 되리요 우리는 살아계신 하나님의 성전이라 이와 같이 하나님께서 가라사대 내가 너희 가운데 거하며 두루 행하여 나는 저희 하나님이 되고 저희는 나의 백성이 되리라 하셨느니라 그러므로 주께서 말씀하시기를 너희는 저희 중에서 나와서 따로 있고 부정한 것을 만지지 말라 내가 너희를 영접하며 너희에게 아버지가 되고 너희는 내게 자녀가 되리라 전능하신 주의 말씀이니라 하셨느니라"(고전 6:14-18).

많은 종교학자들은 유대교와 기독교가 같은 기원을 갖고 있으며 또 이 두 종교가 구약을 경전으로 삼고 있고 따라서 그들이 선포하는 종교적 메시지도 많은 부분에서 공통적일 수밖에 없기 때문에 세계 복음화를 위해서 반드시 서로 노력해야 한다고 흔히 말하곤 한다. 그러나 이러한 주장은 유대교가 메시야이신 나사렛 예수를 배척해 왔다는 결정적인 사실을 알지 못한 것이다. 그리고 이 사실은 유대교가 거짓된 종교임을 나타내주고 있다. 그리스도는 신구약의 하나님을 온전히 계시하시는 분이시기 때문에 유대교는 결국 유일하신 참 하나님에게서 등을 돌리고 있는 것이다. 유대교는 유일하신 인류의 구세주를 배척해 왔다. 유대교는 인간의 의로 인한 구원을 신뢰하도록 가르친다. 기독교와 유대교가 복음전도에 있어 협력하는 일이란 생각할 수 없는 일이다.

정통과 이단

개신교와 로마 가톨릭이 복음전도에 있어 함께 일할 수 있는가 그렇지 않은가 하는 것은 교리적인 문제에서 분명하게 드러난다. 지금까지 로마교는 그러한 협력을 배제해 왔고 심지어 개신교의 복음전도를 강력히 반대해 왔다. 오늘날 소수의 사람들이 이 문제를 실제적으로 다루어야 할 시기가 다가왔다고 제안하는 흐름이 있다. 만약 그렇게 된다면 개신교는 로마교가 참 교회인지 거짓 교회인지의 문제부터 먼저 다루어야 할 것이다. 칼빈이 담대하게, 그러나 주의 깊게 로마교에 대해 내린 평가를 여기에서 인용한다. “우리는 교황주의자들에게 ‘교회’(Church)라는 이름을 주려는 마음이 거의 없긴 하지만 그들 가운데도 얼마간 교회들이 있다는 사실을 부인하지는 않는다. … 내가 그들을 교회라고 부르는 까닭은 첫째로 산산히 흩어져 있기는 하지만 하나님께서 그 교회들 안에 자기의 남은 백성들을 보존하고 계시고 둘째로는, 교회의 어떤 흔적들–특히 악마의 간계나 인간의 부패로도 그 흔적들의 효력을 파괴할 수 없는 그러한 흔적들이 남아있기 때문이다. 그러나 한편 여기서 우리가 특별히 중시하지 않으면 안 되는 그 표지(標識)들이 사라져 버렸으므로 우리는 하나 하나의 집회를 포함해 교황주의의 집단 전체가 적법한 교회(Church)의 모양을 결여하고 있다는 점을 말하고자 한다”(기독교강요 4권 2장 12항). 개신교는 또한 로마교의 많은 가르침들, 특히 선행의 공로와 사제주의(司祭主義)의 교리, 즉 교회는 다만 하나님의 은혜를 **선포할**(proclaims) 뿐 아니라 성례를 통해서 인간들에게 실제로 구원의 은혜를 **나누어 준다**(imparts)고 하는 교리와 같은 것들이 반기독교적이라는 사실을 분명히 인식해야 할 것이다. 모든 개신교회가 그러해야 하듯이 죄인은 교회의 중재없이 성령에 의해 부여된 하나님의 은혜로 인해 구원을 받으며 그리스도의 공로가 유일한 구원의 근거가 된다는 사실을 주장하는 교회는 앞에 언급한 것과 같은 그러한 이단들과 복음전도의 사역에서 협력하는 것이 불가능하다. 로마 교회가 마리아를 구세주처럼 높이는 현재의 강한 추세를 볼 때 협력을 하는 일이 가능치 않다.

말하기 몹시 유감스러운 사실이지만 오늘날의 개신교의 상당한 부분이 로마교보다 더 나쁜 이단적 죄에 빠져 있다. 로마교는 비록 하나님의 말씀으로서의 성경의 충족성(充足性)을 부인하긴 할지라도 성경의 무오성(無誤性)은 주장하고 있다. 그러나 현대주의는 성경의 무오성을 부인하며 성경이 무오하다는 가르침을 해로운 것으로 낙인찍어 버린다. 로마교에서는 그리스도의 본질적이고 영원한 신성(deity)을 선포하나 현대주의는 이를 거부한다. 로마교에서는 그리스도의 공로에 덧붙여 인간의 공로로 인해 구원을 받는다고 가르치나 현대주의는 거리낌없이 인간의 공로로만 구원을 받는다고 주장한다. 로마교는 오늘날의 기적적인 치유에 관해서 잘못 이해하고 있긴 하지만 기독교가 초자연적인 종교라는 점에 대하여서는 바르게 주장하는 반면 현대주의는 기독교에서 초자연주의를 마구 제거해 버린다. 로마교가 하나님의 아들의 죽음에 큰 의의를 부여하는데 반해 현대주의는 하나님을 죄에 대하여 피의 희생을 요구하시는, 특히 자신의 아들의 피의 희생을 요구하시는 분이라고 조롱한다. 그레샴 메이첸(J. Gresham Machen)의 「기독교와 자유주의」(*Christianity and Liberalism*)라는 책이 1924년에 초판으로 나왔다. 이 책에서는 당시의 현대주의는 역사적 기독교가 아니라 또 다른 하나의 종교라고 주장했다. 전적으로 메이첸의 말이 옳다. 그가 결코 논박당하지 않았다고 하는 사실은 조금도 이상할 것이 없다.

과거의 현대주의는 그 전성기가 지나가고 이제는 없어져 버렸다고 순진하게 생각해서는 안 된다. 현대주의는 여전히 왕성하게 세력을 떨치고 있다. 과거의 현대주의와 나란히 하여 새로운 현대주의가 등장하였는데, 이 새로운 현대주의는 과거의 현대주의에 대해 비평적이긴 하지만, 성경은 무오한 하나님의 영감된 말씀이 아니며 수많은 오류로 얼룩져 있다는 그 기본적 전제(前提)에 동의하고 있다. 비록 이 새로운 현대주의가 "신정통주의"(新正統主義, the new orthodoxy)라고 알려져 있지만 과거의 현대주의를 일관성있게 부인하는 것도 아니고 또한 개신교의 개혁교리에도 전심으로 복귀한 것도 아니다. "신정통주의" 안에도 상당히 다양한 신학적 입장이 있어 신정통주의를 평가하는 일은 그리 쉽지 않다. 그러나 몇 가지의 예를 살펴보면 역사적인 기독교의 복음과 이 변증법적 사고의 학파 사이에 엄청난 차이가 있음을 알게 될 것이다. 루돌프 불트만(Rudolf Bultmann)은 4복음기자에 의해 기록된 복음의 내용이 반드시 비신화화(非神話化)되어야 할 필요가 있다고 주장했다. 폴 틸리히(Paul Tillich)는 나사렛 예수를 하나님 아버지와 본체이신 영원한 하나님의 아들로 보지 않고 신이 된 인간 존재로 보고 있다. 칼 바르트(Karl Barth)는 하나님과 인간의 화목을 그리스도의 십자가에서의 자기희생으로 인한 하나님의 형법상의 공의를 만족시킴으로 온 것이라 생각하기 보다는, 오히려 창조주 하나님과 피조물 인간 사이의 간격을 말씀이 육신이 되실 때, 곧 성육신하실 때 연결시켜 준 것으로 보고 있다. 또한 바르트는 만인구원설을 넌지시 가르치는 위험한 지경에 이르러 있다.

과거의 현대주의와 새로운 현대주의가 미국의 전국기독교회협의회(the National Council of the Churches of Christ)와 세계교회협의회(the World Council of Churches)에 크게 영향을 끼치고 있다는 점은 상식적으로 알고 있는 일이다. “거룩하신 주시요 구세주이신 예수 그리스도”나 “하나님이시요 구세주이신 우리 주 예수 그리스도”라는 이 협의회들의 떠벌리는 신앙고백들은 해석의 여지가 광범위하게 열려져 있다. 뉴욕에 있는 유니온 신학교(Union Theological Seminary)의 죤 낙스(John Knox)는 이 진술이 예수님을 단순한 상징으로서의 하나님으로 말하고 있다고 간주한다.

복음전도에 있어서 복음주의자들과 기독교의 기본적인 교훈들을 부인하는 자들과의 협력은 배제되어야 한다. 그것은 거짓 복음을 전하는 자에 대한 사도 바울의 저주(갈 1:8, 9)에 있어서 뿐만 아니라 사도 요한의 명령, 곧 “누구든지 이 교훈을 가지지 않고 너희에게 나아가거든 그를 집에 들이지도 말고 인사도 말라”(요한 2서 10절)는 명령 가운데서도 금지되어 있다. 물론 신자들과 불신자들의 모든 교제가 도무지 불가하다는 말은 아니다. 만일 그렇게 하려면 신자들이 세상 밖으로 나가야 할 것이기 때문이다(고전 5:10). 그러나 마이어(Meyer)가 그의 신약주석에서 밝히고 있듯이 “만일 그가 그리스도인 형제처럼 속이고 들어온다면 그 거짓 선생을 집에 환대하지 말아야 할 뿐 아니라 친절히 인사해서도 안 된다.” 이 “종교적 관용”(religious tolerance)의 시대에 처한 기독교회는 사랑의 사도에 의해 언급된 이 배타주의를 되새겨 볼 필요가 있다.

복음주의자들과 복음주의자들

복음주의자는 역사적 기독교의 근본적인 교훈을 지지하는 자로 정의될 수 있다. 이 정의에 암시되어 있는 내용은 복음전도에 있어 복음주의자들간의 협력의 **가능성**(可能性, possibility)이다. 또한 협력의 필요성(need)은 한 복음을 선포하는 사람들이 복음을 선포하는 일에 있어 연합전선을 펴야하지 않겠느냐 하는 점에서 추론될 수 있다. "백지장도 맞들면 낫다"(In unity there is strength)라는 속담은 적어도 어느 정도의 진리를 담고 있다. 인간적인 관점에서 보면 복음의 영향은 그 복음을 선포하는 사람들이 연합하게 되면 더 커지게 될 것이라고 기대하는 것이 당연하리라 여겨진다.

그러나, 이 협력의 **범위**(extent)에 대해선 연구해 볼 문제들이 있다.

모든 복음주의 교회들은 전세계적인 교회협의회를 결성해서 이 협의회에 세계 복음화를 위탁해야 하는가? 구체적으로 말해서 전국복음주의협회(the National Association of Evangelicals)와 세계복음주의협회(the World Evangelical Fellowship), 미국기독교회협의회(the American Council of Christian Churches) 그리고 국제기독교협의회(the International Council of Christian Churches) 등과 같은 기구들이 그 구성하고 있는 교파들로부터 세계 복음전도의 과업을 합병하고 인계받아야 하는가? 그렇지만 유감스럽게도 복음주의 교회협의회들이 서로 경쟁하는 터여서 그러한 형식의 협력에는 심각한 반대가 일어날 수 있다. 한 가지만 말하자면 앞에서 말한 장치는 사실상 초교회(super-church)를 생기게 할 것이다. 그러나 실제에 있어 교회협의회

자체는 교회가 아니다. 하나님께서는 복음선포를 특별히 그의 **교회**(church)에 위임하셨다.

만약 모든 복음주의 교파가 예수 그리스도의 참 교회라고 생각한다면 당연히 세계 선교분야에 있어서도 이런 생각을 갖게 될 것이다. 그러나 모든 경우에 있어서 그렇다는 것은 아니다. 서로 간에 가지고 있는 차이점들에도 불구하고 일반적으로 말해서 복음주의 교회들은 서로를 참 교회라고 인정한다. 그러나 이것은 그들이 모든 차이점들은 하찮은 것으로 여긴다는 의미는 아니다. 한 가지 예를 들면, 단순한 전통 때문에가 아니라 확신을 가지고 유아세례를 시행하는 교회는 신자들의 자녀가 은혜언약에 포함되어 있기 때문에 세례를 **받을 수 있을** 뿐만 아니라 **받아야** 한다고 주장한다. 반면에 침례교회는 원리상으로 보아 성년 신자에게만 세례를 베풀고 있다. 이러한 차이점은 복음전도와 관련될 수밖에 없다. 유아세례론자(paedobaptist)인 복음전도자는 회심자들의 어린 자녀에게 세례를 베풀 것이고 반유아세례론자(antipaedobaptist)인 복음전도자는 그렇지 않을 것이다. 이처럼 어느 정도의 분파주의는 선교분야에 있어, 심지어 복음주의자들의 선교에 있어서도 있을 수 있는 일이다.

분명히 모든 복음주의 교회들은 다음과 같은 선교활동에 협력할 수 있다. 협력 가능한 몇 가지의 예를 들자면, 성경을 여러 언어로 번역하는 일, 하나님의 말씀(성경)을 배포하는 일, 해외로 선교사를 파송하는 일을 원활하게 하기 위하여 세속 당국자들과 만나는 일, 정통 종교방송이 널리 퍼져나갈 수 있도록 적절하고 필요한 대책을 강구하는 일 등이 있다. 이러한 문제에 있어 복음주의 교회들은 손을 맞잡고 일해야 한다. 또한 서로를 그리스도의 몸의 참된 현시(顯示)로 존중하는 교회들은 어느 정도 "교회 예의"(church comity)라고 알려진 것을 준수해야 한다. 이 문맥에서의 교회 예의란 교회들이 일반적으로 서로를 간섭하는 일을 배제함으로써 서로의 복음전도 활동을 존중해야 함을 뜻한다. 더 적극적으로 말하자면 상호의 협력이 때때로 절실히 요구된다는 말이다.

복음주의자들 간의 자유로운 협력에 있어 가장 심각한 장애물에 대해 생각해 보아야 하겠다. 그 장애물 가운데는 직접적으로 복음전파에 영향을 미치는 어떤 교리적 차이점들이 있는데 이는 결코 사소한 문제가 아니다. 이 점에 있어 개혁주의 신앙과 알미니안주의의 신앙의 차이점이 언급되어야 할 것이다. 이 양자의 신앙이 구원을 베푸시는 하나님은 그에게 나오는 모든 자에게 참으로 진실하시며 모든 사람이 믿음으로 구원을 받아들이는 것보다 하나님을 더 기쁘시게 해드리는 일은 결코 없다는 점에 있어서는 전적으로 동의한다. 또한 이 양자의 신앙이 죄인은 그리스도를 믿어야 할 의무가 있으며 만약 이 의무에 실패한다면 그는 하나님 편에서의 어떤 허물로 말미암아서가 아니라 자기 자신의 허물로 말미암아 멸망하게 될 것이라고 하는 점에 있어서도 의견이 일치한다. 그러나 거기엔 알아볼 수 있는 차이점이 있다. 알미니안주의자는 모든 죄인들에게 하나님께서 그들을 구원하시기 위해 자기 아들을 죽음에 내어주기로 계획하셨다고 말한다. 그러나 칼빈주의자는 바울이 결코 한 번이라도 죄인에게 이같이 설교한 적이 없으며, 그 말에는 단지 인간에 불과한 자가 전능자의 계획을 실패시킬 수 있다는 의미를 가질 수 있기 때문에 그렇게 말할 수 없다고 주장한다. 알미니안주의자는 중생하지 못한 사람에게 그가 그리스도를 믿을 능력을 가지고 있으며, 그가 자유의지의 능력을 행사한다면 거듭나게 될 수 있다고 말한다. 그러나 칼빈주의자는 인간이 자기의 죄와 허물로 죽어 있어(엡 2:1) 하나님께서 성령의 불가항력적인 은혜로 그를 이끌지 아니하면 그리스도를 믿으려 하지 않을 것이며 또한 믿을 수도 없다고(엡 6:44) 주장한다. 이러한 차이점을 사소한 것이라고 여기거나 사소한 일로 따지는 것이라고 비웃어서는 안된다. 이 문제에 대해 벤자민 워필드(Benjamin B. Warfield)는 그의 책「구원의 경륜」(*The Plan of Salvation*)에서 이렇게 말했다. "이 문제는 참으로 근본적인 문제인데, 엄밀히 구분되는 문제이다. 우리를 구원하는 것은 주 하나님이신가 아니면 우리 자신인가? 그리고 주 하나님께서 우리를 구원하시는가, 아니면 하나님께서는 단지 구원의 길만 열어 놓으신 채 그 길로 걸어가고 걸어가지 않는 문제는 우리의 선택에 맡겨 두신 것인가? 이렇게 구원의 길이 다른 것은 기독교와 자기구원론(autosoterism) 사이의 구원의 길이 다름을 보여주는 것이다"(108쪽).

하지만 이 문제가 비록 심각하기는 하나 기뻐할 이유가 있다. 알미니안 복음전도자들도 자주 그들의 기도 가운데 회심을 위해선 인간이 전적으로 철저히 하나님을 의지해야 한다는 점을 고백하고 있기 때문이다. 역시 알미니안주의자들도 이렇게 노래하고 있다.

> 나는 주님을 찾으려 했네, 그러나 후에 내가 깨달은 것은
> 주님이 나를 찾으셔서 내 영혼이 주님을 찾도록 이끌어
> 주셨다는 사실이네

내가 참되신 구세주를 발견한 것이 아니라
참으로 주님께서 나를 발견하셨네.

많은 교파에 있어 수많은 복음주의자들이 예수 그리스도의 복음에 서로 완전히 일치하는 점들을 보게 될 때 하나님께 감사를 드린다. 복음주의자들은 하나님의 은혜의 좋은 소식을 전파하는 일에 온 열정을 쏟아 서로 협력해야 한다.

제17장

하나님과 복음전도의 효과

복음의 커뮤니케이션

최근에 새로운 학문이 생겨났다. 좀 더 엄밀히 말하자면 옛 학문에 새로운 이름이 붙여졌다고도 할 수 있겠다. 오래 전에 수사학(rhetoric)이라 불리웠고, 그 후에 웅변술(elocution)로, 좀 더 최근에는 대중연설(public speaking)로 불리웠던 것이 **커뮤니케이션**(communication)이란 용어에 포함되었다. 이것은 말이나 글이나 행동으로 어떤 메시지를 전달하는데 관한 학문이다. 웨슬리(Wesley) 휫필드(Whitefield), 에드워즈(Edwards), 스펄젼(Spurgeon), 무디(Moody), 선데이(Sunday) 그리고 월터 마이어(Walter A. Meyer) 등과 같은 복음전도자들이 얼마만큼이나 학문으로서의 커뮤니케이션에 대해 알고 있었는지에 대해선 말하기 어렵지만 그들이 이 기술의 대가였다는 점은 분명하다. 또한 복음전도자 빌리 그래함(Billy Graham)과 기독교 개혁교회의 라디오 방송의 「하나님께로 돌아오라」(Backto-God)의 시간을 담당하는 피터 엘더스펠트(Peter H. Eldersveld)가 이 기술의 대가들이란 점은 분명한 사실이다. 아마도 커뮤니케이션은 첫째로 타고난 은사이며, 둘째로는 하나의 기술이며, 좀 거리가 먼 이야기일지는 몰라도 하나의 학문이라고 할 수 있을 것이다.

때로 우리는 사도 바울이 위대한 웅변가이며, 심지어 기독교회의 역사상 가장 위대한 웅변가라고 칭송하는 소리를 듣는다. 그런데 그가 당시에도 그렇게 여겨졌을까 하는 점에 대해서는 의심을 해봄직하다. 사실 그리이스-로마 시대의 기준으로 본다면 그는 웅변가로서의 자격을 전혀 갖추지 못했다는 점이 분명하다. 세상 물정에 닳고 닳은 고린도에서는 그에 대하여 "그[의] 편지들은 중(重)하고 힘이 있으나 그 몸으로 대할 때는 약하고 말이 시원치 않다"(고후 10:10)고 말하는 자들이 있었다. 그는 스스로 고린도 사람들에게 말하기를 자기가 그들에게 나갈 때 "말과 지혜의 아름다운 것으로 하지 아니하였으며", 또 자기가 그들 가운데 거할 때에 "약하며 두려워하며 심히 떨었노라"고 하였다(고전 2:1-4). 심지어 그는 자신이 "말에는 졸(拙)하다"는 점을 인정하기까지 했다(고후 11:6). 분명히 바울은 데모스데네스(Demosthenes)가 아니었으며 키케로(Cicero)도 아니었다. 그러나 그가 청중들에게 준 영향을 보게 되면 그는 청중을 사로 잡는 방법을 알고 있었던 점이 분명하다.

커뮤니케이션은 기술(technique)이라기 보다는 퍼스낼리티(personality)의 문제이다. 어떤 연설자가 특정한 형태의 퍼스낼리티를 가지고 있다면 익숙한 방법을 사용하지 않고서도 분명히 청중들의 관심을 집중시킬 수 있다. 한편 그러한 특정 형태의 퍼스낼리티가 결여되어 있다면 아무리 교묘한 방법을 사용한다 해도 청중의 이목을 사로잡기에는 충분하지 못할 것이다. 이처럼 복음전도자의 퍼스낼리티는 참으로 중요하다.

성경은 정상적으로 구원이 하나님의 말씀의 **전파**(preaching)를 통해서 성취된다는 사실을 가르치고 있음을 우리는 깨닫게 된다. 물론 종종 죄인들이 하나님의 말씀을 단순히 읽음으로 구원을 받을 수도 있으나 일반적으로 하나님은 구원으로 인도하시기 위해 선포의 방법을 사용하시기를 기뻐하신다. 에디오피아의 국고를 맡은 자는 이사야 53장을 읽음으로 믿음을 가지게 된 것이 아니고 그 본문에 대한 빌립의 **복음전파**를 통해서 믿음을 가지게 되었다(행 8:26-39). 바울은 유대인들과 헬라인들에 대해 말하면서 "듣지도 못한 이를 어찌 믿으리요 **전파하는 자**(preacher)가 없이 어찌 들으리요"(롬 10:10)라고 수사학적인 질문을 던졌다. 그는 또 이렇게 외쳤다. "십자가의 도(道, 이 용어에 대해 저자는 preaching이라는 단어를 사용하고 있음-역자주)가 멸망하는 자들에게는 미련한 것이요 구원을 얻는 우리에게는 하나님의 능력이라", "하나님의 지혜에 있어서는 이 세상이 자기 지혜로 하나님을 알지 못하는 고로 하나님께서 **전도**(preaching)의 미련한 것으로 믿는 자들을 구원하시기를 기뻐하셨도다"(고전 1:18, 21). 이제 전도에 있어 복음전도자의 퍼스낼리티가 아주 중요한 역할을 차지할 수밖에 없게 되었다. 이 점에 대해서 필립스 브룩스(Phillips Brooks)는 전도를 "한 사람이 다른 사람에게 진리를 전달하는 것"이라고 여러 면에서 불완전한 정의로 달리 표현했다.

복음전도자는 그의 청중들이 복음에 집중하도록 하기 위해서 어떤 종류의 사람이 되어야 하는가? 몇 가지 구비조건을 분명히 갖추어야 한다. 그는 복음을 분명히 이해해야 하는데, 그 이유는 복음에 대해 모호하게 알고 있거나 혼동하게 되면 진리를 전달할 수 없으며 주목을 집중시킬 수도 없기 때문이다. 그는 “내가 믿는 고로 말하였다”(고후 4:13)라고 말하든지 “내가 받은 것을 너희에게 먼저 전하였노니 이는 성경대로 그리스도께서 우리 죄를 위하여 죽으시고 장사지낸 바 되었다가 성경대로 사흘만에 다시 살아나사”(고전 15:3, 4)라고 말할 수 있도록 복음의 진리에 대해 강한 확신을 가져야 한다. 그는 삶과 죽음의 문제, 더욱이 영원한 생명과 죽음의 문제에 대한 인간의 태도가 복음과 관련된 가장 중요한 문제라는 점을 절감해야 한다. 그는 스스로 “이를 인하여 내가 또 이 고난을 받되 부끄러워하지 아니함은 나의 의뢰한 자를 내가 알고 또한 나의 의탁한 것을 그 날까지 저가 능히 지키실 줄을 확신함이라”(딤후 1:12)고 증거할 수 있도록 구원을 이루는 복음의 능력을 체험해야 한다. 그는 하나님이 권면하시는 것같이 잃어버린 영혼들을 위해 권면하고 그리스도를 대신하여 “너희는 하나님과 화목하라”(고후 5:20)고 간구하는 열정을 가져야 한다. 그는 먼저 그를 사랑하신 구세주에 대한 절대적인 사랑을 가지고 이렇게 외쳐야 한다.

온 세상이 나의 것이 된다 하여도
그것은 너무나 작은 선물
너무나 놀라운 사랑, 하나님의 사랑
나의 영혼, 나의 생명, 내 모든 것을 다 드려도 그 사랑 못갚네.

그는 그 자신이 은혜로 구원받은 죄인이기 때문에 천사들보다도 더 감동적으로 하나님의 사랑을 선포해야 한다.

하나님께서는 이러한 복음의 커뮤니케이션을 축복하시고 사용하신다.

회심(回心)의 부여

커뮤니케이션(communication)이란 용어는 종종 앞의 논의에서 언급한 내용보다 더 포괄적인 의미를 지닌다. 연사들과 작가들과 연기자들은 자신이 말하고 있는 자들에게 자신들의 **신념**(convictions)을 전달하는 자들이라고 사람들은 말한다. 이러한 의미에서 커뮤니케이션은 가장 감동적이고 가장 경건한 복음전도자의 능력을 훨씬 넘어서는 것임이 강력하게 언급되어야 한다. 사람들에게 **복음**(the gospel)을 전달하는 것은 복음전도자의 과업이며 사람에게 **복음을 믿도록**(faith in the gospel) 하시는 것은 하나님의 특권이다.

구원에 이르게 하는 믿음은 복음전도자가 불신 청취자에게 주는 선물이 아니라 "하나님의 선물이다"(엡 2:8). 어떤 복음전도자가 결코 단 한 영혼에게라도 그리스도를 믿도록 믿음을 부여한 적은 없다. 그것은 성령께서 인간의 심령 가운데 역사함으로 일어나는 것이다. 왜냐 하면 "성령으로 아니하고는 누구든지 예수를 주(主)시라 할 수 없느니라"(고전 12:3)고 하였기 때문이다. 어떤 죄인도 결코 복음전도자에 의해서 회심한 경우는 없다. 회심케 하시는 분은 바로 하나님이시다. 성경은 루디아의 회심을 기록하고 있는데 그녀 자신이 마음의 빗장을 걷은 것도 아니며 그 위대한 사도의 확신에 넘친 논법(論法)과 감동적인 호소가 그녀의 마음을 부드럽게 한 것이 아니라 그녀가 바울의 말을 청종하도록 그녀의 마음을 열어주셨다고 강조하고 있다(행 1:14).

복음전도자가 효율성을 위해선 그의 사역을 전적으로 하나님을 의지해야 한다는 점을 충분히 인식해야 한다. 교회의 가장 유명한 선교사였던 바울은 이렇게 기록했다. "그런즉 아볼로는 무엇이며 바울은 무엇이뇨 저희는 주께서 각각 주신대로 너희로 하여금 믿게 한 사역자들이니라 나는 심었고 아볼로는 물을 주었으되 오직 하나님은 자라게 하셨나니 그런즉 심는 이나 물주는 이는 아무 것도 아니로되 오직 자라나게 하시는 하나님 뿐이니라"(고전 3:5-7).

어떤 사람이 믿게 되는 것에 대한 궁극적인 설명은 하나님이 그가 구원 얻도록 창세 전에 주권적으로 선택하셨다는 것이 성경의 깊은 가르침이다. "청함을 받은 자는 많되 택함을 입은 자는 적으니라"(마 22:14) 하신 예수님의 말씀 가운데는 복음으로 청함을 받은 많은 사람들 중에 소수의 사람들만이 믿게 되는 이유는 그들만이 영원 전부터 거룩하게 선택함을 받았기 때문이라는 점이 분명히 내포되어 있다. 그리고 누가는 바울과 바나바가 비시디아 안디옥에 있는 이방인들에게 말씀을 전파한 후 반응에 대해 "영생을 주시기로 작정된 자는 다 믿더라"(행 13:48)고 말했다. 하나님께서 작정하셨다. 하나님은 또한 구원에 이르는 믿음을 부여하심으로써 그의 선하신 작정을 이루신다.

런던 거리에서 비틀거리며 걷던 술취한 사람이 스펄젼(Spurgeon)과 부딪쳤다. 그는 이 설교가를 알아보면서 그에게 자신을 알지 못하겠느냐고 물었다. 스펄젼이 부정적으로 대답했을 때 이 술꾼은 "그러나 당신은 나를 분명히 알 것입니다. 내가 바로 당신의 설교를 듣고 회심한 사람입니다"라고 주장했다. 이에 대해 스펄젼은 "당신 말이 맞을 수도 있겠습니다. 만약 당신이 하나님에 의해 회심한 자라면 지금 이런 지경에 빠져 있진 않을 것입니다"라고 적절하게 대답했다.

종종 복음을 선포하는 사람들에게 "모든 것이 당신에게 달려있다는 듯이 말씀을 전파하라. 그리고 모든 것이 하나님에게 달려있다는 듯이 기도하라"는 충고가 주어지는데 이는 비난받아야 할 주장이다. 모든 것이 자신에게 달려있다는 듯이 전파하는 자는 그릇된 가정에 빠져 있는 것이다. 그것은 결코 좋은 것이 못된다. 또 모든 것이 하나님께 달려있다는 듯이 기도하는 자도 참된 가정을 그릇되이 선언하는 것이 된다. 이것도 마찬가지로 더 나을게 없다. 반면에 인도에 파송되었던 침례교 선교사 윌리암 캐리(William Carey)가 "하나님으로부터 위대한 것들을 기대하라. 그리고 하나님을 위해 위대한 일들을 시도하라"(Expect great things from God. Attempt great things for God.)고 충고한 말은 훌륭한 충고이다. 복음전도자는 참으로 그의 힘을 다해 일해야 하지만 결과에 대해선 온전히 성령을 의지해야 한다. 그렇게 한다면 그가 성령께 철저히 의지하는 고로 뜨겁게 기도할 수밖에 없게 된다. 그리고 또한 그렇게 기도하면 역사하는 힘이 많게 된다. "의인의 간구는 역사하는 힘이 많으니라"(약 5:16).

많은 경우에 있어 복음전도자는 영적으로 죽은 죄인들에게 복음을 전한다. 죽은 자가 스스로 일어날 수 없다는 점은 말할 필요도 없다. 마찬가지로 죽은 자에게 다시 생명을 줄 수 있는 사람은 단 한 사람도 없다는 점도 너무나 분명한 사실이다. 에스겔이 본 여러 환상 가운데 하나의 환상 중에 골짜기에 있는 마른 뼈들에게 "내가 생기로 너희에게 들어가게 하리니 너희가 살리라 너희 위에 힘줄을 두고 살을 입히고 가죽으로 덮고 너희 속에 생기를 두리니 너희가 살리라 또 나를 여호와인줄 알리라"(겔 37:5, 6)고 말씀하신 분만이 그 일을 하실 수 있다. 달리 표현하면 불신은 인간의 가장 깊은 의중의 문제, 곧 마음의 문제이다. 구원받지 못한 사람은 돌과 같은 마음을 가지고 있다. 그가 스스로 이 돌같이 굳은 마음을 부드러운 마음으로 바꿀 수 없으며 또한 복음전도자도 바꿀 수 없다. 그에게 새로운 마음을 부여하시는 것은 우상숭배하는 백성들에게 "내가 그들에게 일치(一致)한 마음을 주고 그 속에 새 신(神)을 주며 그 몸에서 굳은 마음을 제(除)하고 부드러운 마음을 줄 것이라"(겔 11:19)고 약속하신 성령의 특권이다. 성경에서 새로운 탄생이라고 말하는 심령의 근본적인 변화를 체험한 자만이 믿음으로 복음을 영접할 것이다. 왜냐 하면 "육에 속한 사람은 하나님의 성령의 일을 받지 아니하나니 저에게는 미련하게 보임이요 또 깨닫지도 못하나니 이런 일은 영적으로라야 분별함이니라"(고전 2:14) 했기 때문이다.

복음전도의 효과가 전적으로 하나님에게 달려 있다는 진리에서 불가피한 결론이 나오게 된다. 그것은 바로 참된 회심에 따른 모든 영광은 하나님께 속한 것이라는 점이다. 회심자가 자기 회심에 따른 명예를 취해서는 안 된다. 또 그에게 복음을 전한 복음전도자가 그의 회심에 따른 어떤 명예를 취해서도 안 된다. 모든 거만은 배제되어야 한다. "자랑하는 자는 주 안에서 자랑하라"(고전 1:31). 진정한 회심은 전부 하나님에게서 나오고, 하나님으로 말미암고 하나님에게로 돌아간다. 영광이 그에게 세세에 있을 것이다(롬 11:36).

때때로 복음전도의 열매가 복음전도자가 바라고 기도했던 것만큼 분명하게 나타나지 않는 경우가 있다. 그래서 그가 돌밭을 갈고 있으며 그가 뿌린 씨앗이 하나도 좋은 땅에 떨어지지 않은 것처럼 그에게 여겨질 수도 있다. 그런 때에는 실의에 빠질 수 있다. 그러나 열정적으로 그의 메시지와 방법을 하나님의 말씀에 조화시켜 나아가려 애쓰는 자는 결코 실망하지 않을 이유가 있다. 반대로 그는 결과에 대해 하나님께 의지할 수 있다.

전지하신 하나님만이 복음전도의 결과를 정확하게 평가하실 수 있다. 오직 그 분만이 회심한 자를 헤아리실 수 있다. 대중전도를 통해 수 천명이 그리스도를 믿는다고 고백하고 나올 때, 사람의 뜻과 마음을 살피시는 자(계 2:23)이신 그 분만이 그들 중 얼마의 사람들이 진정하고 참된 믿음을 소유하고 있는 지를 판단하실 수 있다. 그리고 중국 개신교 선교의 아버지인 로버트 모리슨(Robert Morrison)은 28년 동안 열정적인 선교사역을 감당한 후 믿음 안에 얻은 자는 불과 10명에 지나지 않았지만 하나님만이 얼마나 많은 새로운 심령들 가운데 그의 성령이 선한 일을 시작하려 하시는지 또한 이미 시작하셨는지를 알고 계셨다.

하나님은 내일의 일들을 마치 어제 일어난 일들처럼 알고 계신다. 그러므로, 하나님의 아들은 "한 사람이 심고 다른 사람이 거둔다"(요 4:37)라고 말씀을 하셨다. 하나님의 섭리의 인도하심을 따라 어떤 사람이 영국의 어떤 집에 소책자를 놓아두고 갔을 때 하나님은 리차드

백스터(Richard Baxter, 1615-1691)가 이 소책자를 읽고 회심하여 「성도의 영원한 안식」(*The Saints' Everlasting Rest*)이란 책을 쓰도록 계획하셨다. 그 논문을 읽고 변화된 필립 도드리지(Phillip Doddrige, 1702-1751)는 「영혼 안에서의 종교의 기원(起源)과 진척(進陟)」(*The Rise and Progress of Religion in the Soul*)이라는 책을 썼고 이 책의 영향을 받은 윌리암 윌버포스(William Wilberforce, 1759-1833)는 「실질상의 기독교」(*Practical Christianity*)를 썼다. 또 이 책에서 깊은 감명을 받은 스콧틀랜드 자유교회(Free Church of Scotland)의 창시자인 토마스 찰머스(Thomas Chalmers, 1780-1847)는 역사상 가장 위대한 설교가들 중 한 사람이 되었으며 그의 설교들은 그가 죽은지 2년 후에 25권의 책으로 출판되었다. 이러한 일들은 하나님의 섭리의 인도하심에 의한 것이었다. 하나님께서 다메섹 도상에서 다소의 사울을 변화시키셨을 때 이 한 사람의 회심자를 통해 수 백만의 영혼이 세상 끝 날까지 하나님의 나라로 옮겨질 것을 알고 계셨다. 그리고 하나님께서는 그의 아들이 범죄자의 죽음으로 죽게 되어 그의 지상사역이 완전히 실패하고 수치스러운 패배로 끝난 것처럼 보였을 때에도 하나님은 그리스도가 십자가에 들리게 되면 그는 모든 종족과 족속과 민족과 나라 가운데서 사람이 능히 셀 수 없는 무리를 자신있게 이끌 것이라는 점을 알고 계셨다(요 12:32).

하나님의 말씀 가운데는 복음으로 일하는 자들에 대한 대단히 크고 보배로운 약속들이 수없이 많다. 그 분은 "울며 씨를 뿌리러 나가는 자는 정녕 기쁨으로 그 단을 가지고 돌아오리로다"(시 126:6)라고 말씀하셨다. 하나님은 또 복음전도자에게 이렇게 확신시켜 주셨다. "비와 눈이 하늘에서 내려서는 다시 그리로 가지 않고 토지를 적시어서 싹이 나게 하며 열매가 맺게 하여 파종하는 자에게 종자를 주며 먹는 자에게 양식을 줌과 같이 내 입에서 나가는 말도 헛되이 내게로 돌아오지 아니하고 나의 뜻을 이루며 나의 명하여 보낸 일에 형통하리라"(사 55:11). 복음전도자는 그의 수고가 주 안에서 헛되지 않을 줄 아는고로 견고하며 흔들리지 말며 항상 주의 일에 더욱 힘쓰는 자가 되라는 권면을 받는다. 하나님은 신실하시고 그 분의 모략(謀略)이 설 것이기 때문에(사 46:10), 복음전도자는 영생을 주시기로 작정된 자들은 다 믿고 구원을 얻게 될 것이라는 사실을 확신할 수 있다(행 13:48).

하나님을 인도자로 모시고 있을 때 실망의 여지는 없다. 거기엔 다만 강한 믿음과 확고한 소망과 불타는 사랑만이 있을 뿐이다.

제18장

하나님과 복음전도의 장해요인

하나님과 사단

인류의 역사는 투쟁-여자의 후손과 뱀의 후손과의 투쟁(창 3:15), 교회와 세상의 투쟁, 즉 주로 그리스도와 적그리스도, 하나님과 사단의 투쟁 – 의 역사이다.

인간이 죄를 범해 타락한 이래로 사단은 복음의 확장을 저지시키고 복음이 전달된 자들의 경우에는 그 복음을 무력하게 하려는데 그의 온 정력을 쏟았다.

역사의 가장 은밀한 비밀 중 하나는 하나님께서 사단이 자신에게 강력하게 대적하도록 허락하신다는 점이다. 하나님이 전능하시다는 것은 의심할 바 없이 무엇이든지 허락하실 수 있다는 말이다. "땅의 모든 거민을 없는 것 같이 여기시며 하늘의 군사에게든지, 땅의 거민에게든지 그는 자기 뜻대로 행하시나니 누가 그의 손을 금하든지 혹시 이르기를 네가 무엇을 하느냐 할 자가 없도다"(단 4:35). 따라서 사단은 하나님의 허락없이는 움직일 수 없다. 하나님이 전지(全知)하시다는 사실은 또한 논쟁의 여지가 없다. 하나님께서는 그 지혜 가운데 종종 사단이 우리 인간들에게 하나님의 나라에 파괴적인 것으로 인상을 주는 것들을 행하도록 허락하신다는 것이 앞에서 내린 결론이다. 그러나 이 사실은 우리에게 불가사의한 비밀을 제공한다. 우리는 이렇게 외쳐야 한다. "깊도다 하나님의 지혜와 지식의 부요함이여, 그의 판단은 측량치 못할 것이며 그의 길은 찾지 못할 것이로다"(롬 11:33).

때로 하나님은 우리에게 사단의 사역들이 하나님의 나라가 임하는데 기여하도록 그것들을 지배하시는 하나님의 권세와 지혜를 볼 수 있는 눈을 주신다. 하나의 명백한 실례를 초대교회의 체험에서 찾아볼 수 있다. 스데반이 돌에 맞아 죽은 사건에 이어 "예루살렘에 있는 교회에 큰 핍박이 나서 사도 외에는 다 유대와 사마리아 모든 땅으로 흩어졌다." 그러나 "그 흩어진 사람들이 두루 다니며 복음의 말씀을 전하였다"(행 8:1-4). 핍박은 변장된 축복임이 입증되었다. 왜냐 하면 그 핍박으로 인해 복음이 전파되는 결과를 가져왔기 때문이다. 이러한 과정은 이어지는 교회 역사상에 매우 자주 반복되어서 순교자의 피가 교회의 씨앗이라는 격언이 생겨나기까지 하였다.

마귀의 사역들에 대해 하나님이 지배하신다고 하는 사실에 있어 어느 것과도 비교할 수 없는 가장 중요한 실례는 하나님의 아들의 죽음이다. 사단이 가룟 유다에게 들어가 주님을 배반토록 했다(눅 22:3). 유대의 종교지도자들은 사단적 증오가 폭발점에 이르도록 가득 차서 그들의 경쟁자(예수님)를 십자가에 못박으라고 요구했다. 그리고 본디오 빌라도가 예수님의 결백을 확신하면서도 대적들의 뜻에 따랐을 때 그가 사단의 강요 하에 있었다는 것을 누가 부인할 수 있는가? 이리하여 하나님의 아들이시며 이 땅에 사신 분으로 유일하게 완전하신 분을 공식적으로 죽음에 몰아넣은 극악한 범죄가 저질러졌다. 그러나 하나님은 그것을 지배하셔서 세상에 구원을 가져다 주셨다. 사실 하나님은 그것을 영원 전부터 계획하셨다. 하나님의 어린 양은 창세 전에 죽기로 되어 있었던 것이다(계 13:8).

이와 같은 안목을 가지게 되면 그의 대적에 대한 하나님의 방법이 우리의 유한한 이해범위를 넘어서는 무한하신 하나님의 권세와 지혜임을 신뢰할 수밖에 없게 된다.

하나님과 반기독교 통치자들

인간 정부는 축복인 동시에 저주이다. 그것은 인간관계에 있어 정의(正義)를 유지하는데 필요하다. 인간 정부가 없다면 죄가 만연할 것이며, 그렇게 되면 인간 정부가 짓는 죄보다 더 거친 죄가 만연하게 될 것이다. 또한 인간 정부는 죄에 대한 형벌을 규정해 놓고 있다. 에덴 동산에서 인간이 하나님의 완전한 통치에 거스려 반항하였을 때 하나님은 형벌로서 그의 죄많고 어리석은 동료들의 아주 불완전한 통치에 복종하도록 하셨다. 의심할 바 없이 세상 끝날에 가면 인간에 의한 인간 통치는 하나의 커다란 실패라는 점이 드러날 것이다. 오늘날에 있어서 시대의 징조들은 분명히 그런 방향으로 흘러가고 있음을 지적해 준다.

그리고 역사의 과정에 있어 반복적으로 복음이 정부에 의해 배척되어 왔던 사실은 그리 이상한 일이 아니다. 주목할 만한 것은 항상 그렇지는 않다고 해도 흔히 기독교 복음에 저항했던 세속 통치자들이 종교의 이름으로 그런 일을 했다는 점이다. 몇 가지 예를 들어 보도록 하자.

유대인의 산헤드린은 사도들이 예수님을 전파하는 것을 금했다(행 4:18). 그들은 그렇게 함에 있어서 종교적 열정에 의해 동기를 부여받았으며 유대교를 옹호하고자 그랬던 것이다. 초대교회의 역사를 살펴보면 로마 황제들에 의한 난폭한 박해를 수없이 보게 된다. 그들은 자신들의 거룩성을 주장하면서 가이사 대신 나사렛 사람을 경배하는 것을 용납하지 않았다. 스페인의 알폰소(Alfonso) 2세는 왈도파(Waldenses ; 12세기에 프랑스인 Peter Waldo가 창시한 기독교의 일파-역자주)를 어떠한 방법으로든 도와주거나 보호하거나 심지어 그들에게 듣거나 하는 자들은 누구든지 재산을 몰수하고 대역죄(lèse majesté)로 기소한다는 칙령을 내렸다. 이것은 교황의 금지령에 따라 내린 칙령이었다. 종교개혁 기간에 신교는 로마 카톨릭 정부로부터 법의 보호를 박탈당했다. 스페인의 종교재판이나 프랑스의 성 바돌로매의 대학살을 생각해 보라. 금세기에 있어서도 일본 정부는 신도(神道) 사당에서 천황을 태양여신인 아마테라스(Amaterasu)의 직계 후손이라고 하면서 그에게 경의를 표하라고 그 국민들에게 요구했었다. 이렇게 요구하는 행위는 애국의 행위인 동시에 종교적 행위로 이 양자는 신도에 있어 불가분리의 관계에 있다. 요점을 지적하자면 이는 일본은 일본을 숭배한다는 것을 뜻한다.

오늘날에도 역시 반기독교 국가들은 복음을 억압하고 있다. 이 또한 종교의 이름으로 자행되고 있다. 무신론을 뻔뻔스럽게 공언하는 공산주의도 하나의 종교이다. 헨리 넬슨 비만(Henry Nelson Wieman)과 월터 마샬 호톤(Walter Mashall Horton)은 그들의 방대한 분량의 저서 「종교의 성장」(*The Growth of Religion*)에서 공산주의를 그렇게 정의했는데 그것이 옳았다. 공산주의는 하나의 매우 광신적인 종교이다.

앞에서 말한 사실로 보아 하나님은 잠시 물러나 계시며 현재는 사단이 왕노릇하고 있으며 그리스도는 천년왕국이 임하기까지는 통치하지 않을 것이라고 가르치는 자들에 공감하기란 어려운 일이 아니다. 그러나 그들은 참으로 오류에 빠져있는 자들이 아닌가! 북쪽의 야만인들을 명하여 강력한 로마제국을 먼지처럼 부숴버리도록 하였고, 그의 입김으로 스페인의 무적 함대를 폐기하고, 제2차 세계대전에서 일본을 재기불능의 대패로 몰고 간 분은 바로 하나님이시다. 우리는 믿음으로 천국에 좌정하신 하나님이 웃고 계시며 땅의 왕들을 조롱하고 계심을 안다. 하나님께서는 그들에게 분을 발하시며 진노하사 저들을 놀라게 하신다. 하나님께서는 "내가 나의 왕을 내 거룩한 산 시온에 세웠다"고 선포하신다. 그는 이방을 유업으로 주었으며 그 소유를 땅 끝까지 이르게 하셨다(시 2:4-8). 그리고 때때로 믿음 안에서 시대의 징조를 살피는 자는 실제로 하나님의 웃으심을 식별할 수 있다.

하나님과 거짓 종교들

그리스도께서 그의 교회로 하여금 모든 족속으로 제자를 삼으라고 명하신지 20세기가 지났다. 현재 세계 인구의 3분의 1이 못되는 사람들이 그리스도인이라는 주장이 있다. 그리고 하나님만이 이 사람들 가운데 얼마나 되는 사람이 명목상의 그리스도인지 알고 계신다. 그러면 거짓 종교 신봉자들은 세계 인구의 3분의 2가 넘는다.

이제는 전세계적으로 개신교의 많은 신자들이 현대주의에 빠져 들고 있다는 당황스런 사실을 언급해야 하겠다. 참으로 현대주의란 정의하기가 어렵다. 현대주의에는 다양한 형태와 차이점들이 있기 때문이다. 그러나 주저함 없이 주장할 수 있는 것은 성경의 초자연적인 영감, 성경의 기적, 특히 실제의 역사적 사건인 그리스도의 동정녀 탄생과 그의 육체적 부활, 존재론적 삼위일체론, 그리스도의 영원하고 본질적인 신성(神性), 그리스도의 희생적이고 대속적인 죽음에 의한 하나님의 공의의 만족, 성령의 신성과 인격성, 성령에 의한 초자연적인 중생(重生), 그리고 인간의 노력이 아니라 은혜로 인하여 믿음으로 말미암은 구원 등을 부인하는 현대주의는 기독교가 아닌 다른 하나의 종교라는 사실이다. 기독교만이 참된 종교라는 점에서 보면 이러한 현대주의는 필연적으로 거짓 종교로 간주되어야 한다.

이 대목에서 간과할 수 없는 것은 몇몇 세계의 거짓 종교들은 크게 증가 되고 있다는 점이다. 극동지역에서 돌아온 선교사들은 불교가 크게 부흥하고 있다고 말한다. 그리고 참으로 놀라운 사실은 회교의 확장이다. 세계에는 현재 개신교도에 비해 두 배가 조금 넘는 회교도들이 있을 뿐만 아니라 이슬람의 물결이 파도치는 조수의 범위가 아시아와 아프리카의 광범위한 지역에 미치고 있다.

다시 한번 우리는 당황하게 된다. 만일 하나님께서 살아 계신다면 유일한 참 종교인 기독교는 아주 연약하고 무기력해 보이는데 거짓 종교들은 어찌 그렇게 강하며 영향력을 크게 미치는가? 이러한 의문에 대한 부분적인 대답으로 초대교회 선교에 의한 이방 서유럽의 정복과 732년의 뚜르(Tours) 전쟁에서 회교도의 패배 등과 같은 사건을 지적할 수 있다. 회교가 전 유럽을 공략하려고 위협할 때 하나님께서는 "여기까지만, 더 이상은 안돼"라고 말씀하셨다. 서유럽은 기독교를 위해 보호되었다. 이렇게 하신 하나님은 오늘도 살아 계신다. 그러나 궁극적인 대답은 근시안의 인간이 보든 못보든 간에 전능하신 주 하나님이 통치하신다는 사실이다(계 19 : 6). 그리고 하나님께서는 그의 교회에 이렇게 확신시켜 주셨다. "숯불을 불어서 자기가 쓸만한 기계를 제조하는 장인(匠人)도 내가 창조하였고 파괴하며 진멸하는 자도 내가 창조하였은 즉 무릇 너를 치려고 제조된 기계가 날카롭지 못할 것이라 무릇 일어나 너를 대적하여 송사하는 혀는 네게 정죄를 당하리니 이는 여호와의 종들의 기업이요 이는 그들이 내게서 얻은 의니라 여호와의 말이니라"(사 54:16, 17).

하나님과 불신자

이 장에서는 우리가 직면하고 있는 또 다른 비밀의 국면을 생각해 보려한다. 만약 하나님께서 구원하실 능력이 있고 "아무도 멸망치 않고 다 회개하기에 이르기를 원하신다"(벧후 3:9)면 어떻게 불신앙 가운데서 복음을 거절하여 영원히 멸망하는 자들이 있는가?

참으로 많은 사람들이 멸망한다는 사실에 관해서는 이상할 것이 전혀 없다. "모든 사람이 죄를 범하였으며 하나님의 영광에 이르지 못하더니"(롬 3:23). 본질상 모든 사람은 "허물과 죄로 죽은"(엡 2:1) 자들이다. 모든 사람은 영원한 죽음에 처해져 마땅하다. 이러한 사람들이 멸망받아야 한다는 것은 이상할 것이 없다. 그들 중에 얼마만의 사람들이라도 구원을 받게 되는 것은 놀라운 하나님의 은혜이다. 타락한 인류 가운데서 하나님이 영원 전에 특정한 사람들을 영생을 주시기로 선택하시고 때가 되어서 죽어 있는 그들에게 영적 생명을 부여하셔서 그리스도를 믿어 구원받게 하신 것은 참으로 놀라운 은혜를 나타내신 것이다.

성경은 하나님께서 모든 죄인들에게 영생을 주시고자 선택하시지 않았다는 것을 분명히 가르치고 있다. **선택하다**(choose)와 **뽑아내다**(elect)라는 말 자체가 그러한 사상을 배제하고 있다. 하나님께서는 주권적으로 어떤 이들을 선택하셨고, 또 주권적으로 다른 이들은 간과해 버리셨다. 그는 은혜로 어떤 이들을 구원코자 선택하시고 또 공의로 다른 이들은 유기(遺棄)하셨다. "토기장이가 진흙 한 덩이로 하나는 귀(貴)히 쓸 그릇을, 하나는 천(賤)히 쓸 그릇을 만드는 권(權)이 없느냐 만일 하나님이 그 진노를 보이시고 그 능력을 알게 하고자 하사 멸(滅)하기로 준비된 진노의 그릇을 오래 참으심으로 관용하시고 또한 영광(榮光) 받기로 예비하신 바 긍휼의 그릇에 대하여 그 영광의 부요함을 알게 하고자 하셨을지라도 무슨 말 하리요"(롬 9:21-23).

돌트신경(The Canons of Dort)은 성경과 완전히 조화를 이루어 이렇게 가르친다. "어떤 이들이 하나님으로부터 믿음의 선물을 받고 다른 이들이 그것을 받지 못하는 것은 하나님의 영원한 섭리에서 나온다. … 그 섭리에 따라 하나님께서는 택한 자들이 비록 강퍅할지라도 은혜로 그들의 마음을 부드럽게 하시사 그들로 믿게 하시지만 반면에 불택자(不擇者)들은 그들의 사악함과 완악함에 대해 공의롭게 심판하신다. 특히 여기에서 함께 멸망하여야 할 사람들 가운데서 깊고 자비로우시고 또한 의로우신 구별이 드러난다"(1장 6항).

그러나 유기의 섭리 가운데 나타난 하나님의 주권이 인간의 책임을 감소시키는 것은 결코 아니다. 하나님께서 유기된 자를 강제로 지옥에 보내는 것이 아니라 그들이 생명을 얻기 위해 그리스도께 나오려 하지 않기 때문에 멸망당하는 것이다(요 5:40). 하나님께서는 구원얻는 자들에게 믿음을 주시는 분이기는 하지만 멸망당하는 자들에게 불신앙을 주시는 분은 아니다. "하나님의 정하신 뜻과 미리 아신대로"(행 2:23) 주님을 배반한 가룟 유다가 자기의 악한 행위에 대한 책임을 지고 "제 곳으로"(행 1:25) 갔던 것처럼 유기된 자들은 자기 자신들의 의도적 불신앙으로 인해 멸망당하는 것이다. 불택자들 중에 그리스도를 믿으려 하였는데 하나님의 섭리가 가로막아서 믿지 못하는 일이 단 한 사람에게라도 있을 것이라고 생각해서는 결코 안된다. 어떤 경우에서나 유기자들은 생명보다 오히려 죽음을 더 사랑한다(잠 8:36).

돌트신경에서도 이 점을 이해하고 이렇게 말한다. "말씀의 사역으로 인해 부름을 받은 자들이 돌아와서 회개하기를 거절하는 것은 복음의 잘못도 아니고 그리스도의 잘못도 아니며 복음으로 인간들을 부르시고 그들에게 각양 은사를 부여하시는 하나님의 잘못도 아니다. 잘못은 그들 자신에게 있는 것이다"(돌트 신경, III-IV, 9).

분명히 이해하도록 하고 강조하여 언급해야 될 사실은 어떤 죄인이 구원받았다면 그 **모든**(all) 영광은 하나님께 속한 것인 반면에 어떤 죄인이 멸망당했다면 그 **모든**(all) 책임은 그 죄인에게 있는 것이다.

여기에 참으로 비밀이 있다. 단지 인간인 우리가 이 문제에 쓸데없이 참견해서는 안 된다. 한편으로는 영원한 유기의 섭리에 나타난 하나님의 주권과, 다른 한편으로 불신앙에 대한 불신자의 책임을 완하시키려고 역설적인 주장을 하는 어떤 시도도 허락해서는 안된다. 바울은 하나님에 관해 말하면서 이러한 역설을 보여주고 있다. "그런즉 하나님께서 하고자 하시는 자를 긍휼히 여기시고 하고자 하시는 자를 강퍅케 하시느니라 혹 네가 내게 말하기를 그러면 하나님이 어찌하여 허물하시느뇨 누가 그 뜻을 대적하느뇨 하리니 이 사람아 네가 뉘기에 감히 하나님을 힐문(詰問)하느뇨 지음을 받은 물건이 지은 자에게 어찌 나를 이같이 만들었느냐 말하겠느뇨"(롬 9:18-20). 바울이 말한 것은 하나님의 주권을 호소한 것이다. 사실상 그는 불신자에게 이렇게 말한 것이다. "하나님은 주권적이시기 때문에 너를 완고(頑固)하게 하실 완전한 권리를 가지고 계신다. 이와 똑같은 이유로 하나님은 주권적이시기 때문에 네게 마음을 완고하게 한 책임을 부과하실 완전한 권리를 갖고 계신다. 간단히 말하자면 하나님은 전능자이신 하나님이시다."

이것이 바울의 신정설(神正說, Theodicy; 악의 존재를 허용하시는 하나님에게 불의(不義)가 없다는 신학적 주장-역자주)이다. 이와 아주 유사한 신정설이 하나님의 아들의 설교 가운데서 나타난다. 주님께서 권능을 가장 많이 베푸신 고을들이 회개하지 않는 것을 호되게 질책하시고 심판의 날에 두로와 시돈이 그들보다 견디기 쉬우리라고 말씀하신 후에 이렇게 말씀하셨다. "천지의 주재(主宰)이신 아버지여 이것을 지혜롭고 슬기있는 자들에게는 숨기시고 어린 아이들에게는 나타내심을 감사하나이다. 옳소이다. 이렇게 된 것이 아버지의 뜻이니이다"(마 11:20-26).

사랑의 사도는 그의 복음서에서 조심스레 이러한 역설을 말하고 있는데 그도 역시 단 한 부분이라도 타협하는 것을 단호하게 거절했다. 많은 유대인들이 그리스도를 거부했을 때 요한은 이렇게 설명했다. "이렇게 많은 표적을 저희 앞에서 행하셨으나 저를 믿지 아니하니 이는 선지가 이사야의 말씀을 이루려 하심이라 가로되 주여 우리에게 들은 바를 누가 믿었으며 주의 팔이 뉘게 나타났나이까 하였더라 저희가 능히 믿지 못한 것은 이 까닭이니 곧 이사야가 다시 일렀으되 저희 눈을 멀게 하시고 저희 마음을 완고(頑固)하게 하셨으니 이는 저희로 하여금 눈으로 보고 마음으로 깨닫고 돌이켜 내게 고침을 받지 못하게 하려 함이니라 하였음이더라 이사야가 이렇게 말한 것은 주의 영광을 보고 주를 가리켜 말한 것이라"(요 12:37-41). 곧 이어 그는 예수님의 말씀을 기록함으로써 불신에 대한 책임이 불신자들에게 있음을 주장했다. "나를 저버리고 내 말을 받지 아니하는 자를 심판할 이가 있으니 곧 나의 한 그 말이 마지막 날에 저를 심판하리라"(요 12:48).

죄인들의 구원에 따른 모든 영광은 하나님에게 돌려져야 한다는 것이 성경에서 전반적으로 강조되고 있는 교훈이다. 또한 하나님은 유기된 자들의 파멸에서도 영광을 받으시는가? 우리는 이렇게 광범하고 다양한 경우들에서 하나님의 영광을 생각해 보지 않더라도 이 문제에 대해 명료하게 확언할 수 있다. 하나님께서 섭리하신 모든 것은 그가 자신의 영광을 위해서 섭리하신 것이다. 인간사에서 일어나는 모든 사건은 하나님의 예정하신 경륜을 따라 일어나는 것이며, 여하튼 하나님의 영광을 드러내는 일이 된다. 사단의 역할까지라도 하나님은 자신의 영광을 위해 지배하고 계신다. 복음전도자 바울은 복음전도의 결과에 관해 이렇게 말했다. "우리는 구원을 얻는 자들에게나 망하는 자들에게나 하나님 앞에서 그리스도의 향기니 이 사람에게는 사망으로 좇아 사망에 이르는 냄새요 저 사람에게는 생명으로 좇아 생명에 이르는 냄새라"(고후 2:15, 16). 칼빈은 이렇게 주석을 달았다. "여기에서 우리는 주목할만한 구절을 보게 되는데 이 구절은 만일 복음이 전파된다면 우리가 전하는 문제가 어찌되었든 간에 하나님을 기쁘시게 해드리는 일이며 우리의 헌신은 그 분에게 받아들여질 것이라는 점을 가르쳐 주고 있다. 그리고 또한 복음이 모든 사람에게 다 받아들여져 모두에게 유익을 주지 않는다는 사실이 복음의 존엄성을 손상시키는 것이 아님을 가르쳐 준다. 복음이 악한 자에게 멸망의 기회가 된다는 점에 있어서조차 하나님은 영광을 받으시는 까닭에 참으로 그렇게 되어야 하는 것이다." 그는 덧붙여서 이렇게 말했다. "복음은 구원을 위해 전파된다. 이는 복음의 속성을 합당하게 말해 주는 내용이다. 그러나 믿는 자들만이 이 구원에 참여한다. 한편 불신자들-

이는 그들의 잘못이다-에게는 죄의 선고의 기회가 된다." 불택자에 관해서 **웨스트민스터 신앙고백**(The Westminster Confession of Faith)에서는 이렇게 주장한다. "피택자 이외의 나머지 인류에 대하여, 하나님께서는 그의 피조물들 위에 행사하시는 그의 주권적인 능력의 영광을 위하여 그가 기뻐하시는대로 긍휼을 베풀기도 하시고 거두시기도 하는, 그 자신의 뜻의 측량할 수 없는 계획에 따라서, 그들을 간과(看過)하시고, 그리고 그들의 죄를 인하여 그들이 치욕과 진노를 당하도록 작정하시기를 기뻐하셨으니, 이는 그의 영광스런 공의를 찬미케 하려 하심이다"(3장 7항).

하나님은 주권적인 분이시다. 그의 주권을 손상시키는 것은 그가 하나님이신 것을 부인하는 것이 된다.

인간은 자유와 책임을 지닌 행위자(a free and responsible agent)이다. 불신자는 외적인 강요에 의해서가 아니라 그 자신의 선택으로, 곧 자신의 본성에 따라 그리스도를 거절한다. 그의 선택은 그 자신-하나님과 원수된 전적으로 부패한 죄인-에 의해 정해진 것이다. "육신의 생각은 하나님과 원수가 되나니 이는 하나님의 법에 굴복치 아니할 뿐 아니라 할 수도 없음이라"(롬 8:7).

제19장

하나님과 복음전도의 승리

확실한 승리

시편기자는 이렇게 노래했다. "땅의 모든 끝이 여호와를 기억하고 돌아오며 열방의 모든 족속이 주의 앞에 경배하리니"(시 22:27). 또 다른 메시아적 시편은 이렇게 예언했다. "저가 바다에서부터 바다까지와 강에서부터 땅 끝까지 다스리리니 광야에 거하는 자는 저의 앞에 굽히며 그 원수들은 티끌을 핥을 것이며 다시스와 섬의 왕들이 공세(貢稅)를 바치며 스바와 시바왕들이 예물을 드리리로다 만왕이 그 앞에 부복하며 열방이 다 그를 섬기리로다"(시 72:8-11). 느부갓네살 왕의 꿈에 나타난 사람의 손으로 조각하지 아니한 돌이 철, 진흙, 놋쇠, 은과 금으로 된 우상(偶像)을 쳐서 그 우상은 여름 타작마당의 왕겨와 같게 되어 "태산을 이루어 온 세계에 가득하였다"(단 2:31-35). 모든 것들이 다 그리스도 앞에 굴복하게 될 그 날이 다가오고 있다(고전 15:27, 28).

하나님의 말씀은 다가올 승리의 약속들로 가득 차 있는데, 이것은 의심의 그림자를 뛰어넘는 진리이다. 그러나 그것만이 전부인 것은 아니다. 성경은 하나님과 그리스도의 승리를 현재적인 실재인 것으로 묘사하고 있다. 하나님과 사단의 오랜 투쟁에서 하나님이 언제나 완전히 지배하신다는 것은 두 말할 필요가 없다. 이는 하나님에게 있어 본질적인 것이다. “하나님이 열방을 치리하시며 하나님이 그 거룩한 보좌에 앉으셨도다”(시 47:8). “대저 여호와는 크신 하나님이시요 모든 신 위에 크신 왕이시로다”(시 95:3). 그리스도의 중보적 왕권 역시 현재의 영광스러운 실재이다. 그리스도와 사단과의 결정적인 전투는 갈보리에서의 싸움이다. 사단이 그리스도의 발꿈치를 상하게 하지만 그리스도께서 사단의 머리를 상하게 하신 싸움이 바로 이 곳인 것이다(창 3:15). 신약에서 사단이 “세상의 임금”으로 세 번 언급되어 있는데, 각각 십자가를 지신 그리스도 앞에 내려와 굴복하였다고 말하고 있다. 예수께서는 십자가상에서의 그의 죽음에 관하여 직접 언급하시며 이렇게 말씀하셨다. “이제 이 세상의 심판이 이르렀으니 이 세상 임금이 쫓겨나리라”(요 12:31). 예수께서는 십자가의 그림자가 급속히 다가오는 것을 아시고 그의 제자들에게 이렇게 말씀하셨다. “이후에는 너희와 말을 많이 하지 아니하리니 이 세상 임금이 오겠음이라 그러나 저는 내게 관계할 것이 없으니”(요 14:30). 그리고 예수께서는 그의 제자들에게 그의 임박한 떠나심으로 인해 슬픔에 잠길 그들을 위로하기 위하여 성령이 오실 것이라고 약속하시면서 “이 세상 임금이 심판을 받았기 때문에”(요 16:11) 성령이 세상을 심판으로 책망하실 것이라는 점을 제자들에게 확신시켜 주셨다. 사단이 지금까지 인간사(人間事)에 미친 영향이 무엇이거나 간에 그 영향은 너무나 엄청나서 사람들은 “믿지 아니하는 자들의 마음을 혼미케 하여 그리스도의 영광의 복음의 광채가 비취지 못하게 함이니 그리스도는 하나님의 형상이니라”는 말씀에서 혼미케 하는 자가 “이 세상 신(神)”이라고 언급하고 있다(고후 4:4). 그러나 사단은 그리스도의 허락과 그의 지배 아래서만 영향력을 행사할 수 있다. 왜냐 하면, 그리스도께서 실로 “하늘과 땅의 모든 권세”(마 28:18)를 갖고 계시며, 또 사망으로 말미암아 사망의 세력을 잡은 자 곧 마귀를 없이 하시기 때문이다(히 2:14).

여기서 성경이 장래에 이스라엘 민족에게 영적인 축복을 줄 것이라고 가르치고 있는가 그렇지 않은가에 대해 의문이 제기될 수 있다. 유감스럽게도 성경을 믿는 자들 가운데 이러한 문제에 대한 합일점을 찾지 못하고 있다. 한편 개개인 유대인들이 때때로 그리스도께로 돌아오고 있기는 하지만 성경에서 유대 민족에게 약속한 모든 영적 축복들은 영적 이스라엘, 즉 교회에 상속된다고 주장하는 자들이 있다. 다른 한편으로, 그리스도께서 재림하시는 날, 바로 그 날에 유대 민족 전체가 영적 중생의 체험을 하게 될 것이라고 가르치는 자들도 있다. 필자는 독단에 빠지기를 원치않기 때문에 이 문제에 관해 결정적이라고 고려되는 성경의 세 진술에 주목하려고 한다. 이 세 진술은 모두 로마서 11장에 있다. 바울은 만약 유대인을 버리는 것이 세상의 화목이 된다고 하면 “그 받아들이는 것이 죽은 자 가운데서 사는 것이 아니면 무엇이리요”(15절)라고 반문한다. 바울 사도는 하나님의 아들을 배척했기 때문에 하나님으로부터 버림을 받은 유대 민족이 다시 하나님의 자비를 입게 되고 또 그리스도 왕국의 모든 풍성한 축복을 전해 주는 방편이 될 때를 마음에 그리고 있는 것 같다. 바울 사도는 계속해서 이렇게 말하고 있다. "형제들아 너희가 스스로 지혜있다 함을 면키 위하여 이 비밀을 너희가 모르기를 내가 원치 아니하노니 이 비밀은 이방인의 충만한 수가 들어오기까지 이스라엘의 더러는 완악하게 된 것이라"(25절). 우리는 여기서 이스라엘의 일부분만이 영적 소경 상태에 있으며, 이 부분적 소경 상태란 일시적인 것으로, 이방인의 충만한 수가 교회에로 영입될 때 하나님의 원래 백성인 이스라엘 큰 무리가 복음을 받아들이게 될 것이라고 말하고 있음을 보고 있지 않는가? 이제 다음과 같은 결론을 내릴 수 있겠다. "그리하여 온 이스라엘이 구원을 얻으리라"(26절). 비록 다수의 저명한 주석가들이 여기의 "온 이스라엘"이란 용어를 유대인과 이방인 신자들을 모두 포함한 것으로서의 영적 이스라엘을 언급한 것이라 확신하고 있으며, 또 다른 주석가들은 이 용어가 어떤 예외도 없이 유대 민족 전체를 가리킨다고 하는 견해를 가지고 있다. 어쨌든 유대인을 개별적으로 보지 않고 집단적으로 보는, 즉 전체로서의 유대민족을 규정하고 있는 데에는 상당한 근거가 있다. 고데(Godet)의 「로마서 주석」(Commentary on Romans)의 부록(Appendix E)에서는 이 점에 대해 잘 논의해 주고 있으며 또한 윌리암 헨드릭슨(William Hendriksen)의 소책자에서도 이 주제를 잘 다루고 있다.

고난을 통한 승리

그리스도의 교회를 위하여 장래에 예비되어 있는 것은 무엇인가? 이 문제에 관하여 하나님의 말씀을 연구하는 학자들 간에 상당한 견해 차이가 있다.

전천년설(premillennialism)을 주장하는 자들은 일반적으로 복음이 전 세계에 널리 퍼지게 되어 많은 사람들이 그리스도께로 돌아오게 된다고 할지라도 아직도 많은 사람들이 가까운 장래에는 그리스도에 대해 어둡다고 가르친다. 다가오는 세대, 아마도 가까운 장래에는 사단이 제 때를 만난듯 자기 마음대로 날뛸 것이다. 이 땅에는 큰 환난이 임할 것이다. 이 환란이 있기 전, 또는 환란 후에 성도들은 공중에서 그리스도를 만나기 위하여 들려 올려지게 될 것이다. 그리스도는 승리 가운데 재림하실 것이며 예루살렘을 중심으로 그의 천년왕국을 건설하실 것이다. 이 기간 동안에 사단은 묶여 있을 것이다. 그리고 천년왕국이 끝나갈 무렵에 사단은 풀려나게 될 것이며 이 소중한 도성 예루살렘을 대항하여 사방으로부터 민족들을 모을 것이다. 그러나 이 마귀는 패배당할 것이고 그의 동맹자들과 더불어 불못과 유황못에 던져지게 될 것이다.

후천년설(postmillennialism)을 주장하는 자들은 두 부류로 나뉘어진다. 그들 중 많은 사람들은 하나님의 나라가 사회개혁과 같은 인간의 노력을 통하여 올 것이며 이러한 과정의 완성이 그리스도의 통치를 임하게 할 것이라고 굳게 믿고 있다. 이같은 견해를 가진 자들은 하나님의 말씀이라기 보다는 오히려 진화론적인 역사관에 근거하고 있다고 볼 수 있다. 또한 초자연적 후천년설(supernaturalistic postmillennialism)을 지지하는 자들도 있다. 그들은 복음전파의 효과적인 결과로 궁극적으로 모든 민족들은 그리스도께로 되돌아오게 될 것이고, 기독교가 영광스럽게 승리하게 되어 황금시대가 계속될 것인데 바로 이 때 그리스도께서 모든 사람들의 구주로서 재림하신다는 것이 성경의 가르침이라고 생각한다.

이 점에 있어 주의를 요하는 것이 있다. 전천년설과 초자연적 후천년설 사이에는 서로 차이점들이 있고 그것이 중요하긴 하지만 이 두 가지 설 다 그리스도의 궁극적이고도 완전한 승리를 가르치고 있다는 중요한 사실을 모호하게 할 정도로 그 차이점들을 강조해서는 안될 것이다.

성경을 하나님의 말씀으로 받아들이는 자들 가운데 세번째 견해를 가진자들이 있다. 이는 무천년설(amillennialism)로 알려져 있는데, 이 견해가 앞에서 언급한 견해들보다 더욱 더 성경을 포괄적으로 이해하고 있는 것 같다. 이는 무천년설을 지지하는 자들이 이 주제에 관련된 **모든**(all) 성경적 자료에 대하여 지나침이 없이 공정하게 하기 위하여 열심히 노력한다는 말이다. 이 견해를 요약해 보면 다음과 같다. 요한계시록 20장의 "천년"(The thousand years)이란 상징적 언어로 하나의 길고 완전한 기간을 의미하는 것이다. 즉 그리스도의 승천으로부터 그의 재림까지의 역사적 기간을 의미하는 것이다. 그 기간 동안 내내 그리스도께서 통치하시고 성도들도 그와 함께 영광 중에 통치한다는 것이다(4절). 사단이 묶여 있다는 것은 이방민족들이 기독교에 반대하여 주도하는 것을 허락하지 않는다는 의미이다(2, 3절). 다른 말로 하자면, 이 기간 동안에는, 현재를 말하는 것인데, 소위 기독교 국가들이 지상의 국가들 중에서 그 힘과 영향력이 두드러진다는 것이다. 또한 이 기간 동안에 그리스도의 통치 아래 빛의 나라와 어두움의 나라가 병행하여 발전한다는 것이다. 이것은 성경에서 분명하게 가르치는 것이다. 예를 들면, 예수께서 말씀하신 겨자씨와 누룩에 관한 비유(마 13:31-33)가 그리스도 왕국의 성장에 대해 가르치고 있으며 또한 사단 왕국의 성장은 주님께서 명백하게 물으신 "인자가 올 때 세상에서 믿음을 보겠느냐"(눅 18:8)라는 질문 속에 분명히 함축되어 있다. 이러한 영적 진행과정이 오늘날의 사건들 속에서 나타나고 있다. 이방국가들이 서서히 기독교화 되어가는 반면 기독교 국가들은 우상숭배에 빠져들고 있다. "천년"의 끝날 무렵에 이르러 사단이 잠시동안 놓이게 될 것이다. 그 때에 하나님의 교회는 어두움의 날들을 맞이하게 될 것이다. 그리고 요한계시록 13장에 씌여진 사건들이 일어나게 될 것이다. 적그리스도의 전체주의적 통치 하에 인류는 정치적, 종교적, 그리고 경제적으로 강화될 것이다. 창세로부터 죽임을 당한 어린 양의 생명책에 이름이 녹명(錄名)된 자를 제외하고는 모든 사람들이 다 그를 따르게 될 것이다. 성도들은 박해를 받게 될 것이다. 사단은 세상의 사방에서 비기독교국가 곡(Gog)과 마곡(Magog) 등과 바다의 모래알 같이 많은 자들을 모아 교회와 기독교 왕국에 대항하여 싸우도록 미혹할 것이다. 그리고 그리스도의 왕국의 멸절이 필연적인 것처럼 보여질 것이다. 그러나 불이 하늘의 하나님께로부터 내려와 그의 적들을 멸하실 것이다. 그리하여 마귀는 그의 동맹자들과 더불어 불못과 유황못 속에서 영원한 고통을 받게 될 것이다(계 20:7-10). 그리스도께서는 말로 표현할 수 없는 영광 가운데서 재림하시어 죽은 자들을 일으키시며 모든 사람들을 심판하는 자리에 앉으실 것이다(계 20:12, 13).

이와 같이 승리는 전쟁을 통하여 성취될 것인데, 곧 고난을 통하여 얻게 될 것이다.

완성된 승리

비교적 적은 수의 개인들만이 회심한 것을 제외하고는 복음의 전파가 하찮은 결과로 나타나고 교회에 의한 세계의 복음화가 실패로 끝나게 될 것이므로, 갑자기 하나님의 아들이 격변하는 권세를 발휘함으로써 사단에게 억지로 승리를 얻어낸다는 결론에 이르게 된다는 것인가? 아니다. 그리스도께서는 결단코 그러한 방법을 사용하시지 않는다.

성경의 가르침은 명백하다. 말세로 치달으면서 그리스도는 실로 격변하는 권세로서 대적들을 섬멸하실 것이다. 그러나 모든 혈연과 언어, 그리고 민족과 국가들로부터 셀 수 없이 많은 무리가 열 두 대문-동쪽에 세 문, 북쪽에 세 문, 남쪽에 세 문, 그리고 서쪽에 세 문-을 통과할 것인데, 이는 거룩한 성, 곧 새 예루살렘으로 하늘에서 하나님께로부터 내려올 것이다(계 21:2, 13). 이 성 안에 거하는 자들은 아브라함의 영적 자손으로 해변의 모래알처럼, 어두운 밤하늘에 빛나는 별들처럼 수없이 많을 것이다. 그들이 함께 새롭고 진정한 인류를 형성할 것이며 또한 새 하늘과 새 땅에 거할 것이다(계 21:1). 그리고 많은 사람들이 **복음으로 말미암아**(through the gospel) 구원을 얻게 될 것이다.

수세기에 걸쳐서 인간들은 나뉘어져 있는 인류를 재연합하고자 노력해왔다. 이러한 노력들이 인류 역사를 이루고 있다고 말할 수도 있을 것이다. 이러한 목적을 성취하기 위하여 사용된 방법들 중에 다음 세 가지가 두드러진다. 먼저, 무력으로 민족들을 연합하려는 수많은 시도들이 있었다. 그래서 고대 역사의 세계 제국들 뿐만 아니라 중세와 근대의 제국들이 일어났던 것이다. 이러한 노력들은 한결같이 실패로 끝났는데, 이는 인간들이 무력에 의해서는 결코 연합될 수 없기 때문이다. 알렉산더 대왕(Alexander the Great)은 세계적인 언어를 수단으로 하여 그가 점령한 세계의 넓은 지역을 함께 묶어보려고 노력하였다. 그는 그리스어(Greek)를 전 세계적인 언어로 만들어 보려 하였다. 로마교회도 신자들을 함께 묶기 위하여 위와 같은 방법으로 라틴어(Latin)를 공통으로 사용하게 하였다. 그리고 볼라북어(Volapuk)나 에스페란토어(Esperanto)도 인종의 연합에 공헌하기 위해 최근에 시도된 것으로 위와 유사하다. 분열이라고 하는 질병은 너무나도 깊이 박혀 있어서 이처럼 연약하고 표면적인 치료에 의해서는 고쳐질 수가 없다. 최근들어 사람들은 국제연맹, 국제사법재판소, 국제연합 등과 같은 정치적 기구를 통해 인류의 분열을 치료하려 하였다. 누가 알겠는가? 이러한 기구들이 하나님의 일반은총으로 말미암아 세계의 고민거리를 다소나마 완화시킬 수 있을런지 모른다. 생각컨대 이것들이 한 두 번에 걸쳐 전쟁을 막아 주거나 지연시킬 수는 있었다. 그러나 이것들 역시 세계 평화를 이루는 데에는 불행히도 실패할 것이라는 것이 분명하다.

위에 언급한 인간들의 방법들 중 어느 하나도 지속적으로 세계의 연합을 가져올 수는 없다. 이유는 명백하다. 이것들은 인류의 질병을 단지 증상으로만 다루고 있지, 원인치료를 하지 못하고 있기 때문이다. 그 원인은 바로 죄이다. 분열과 분쟁과 전쟁의 근본이 죄에서 말미암는다. 그런데 죄란 무력이나 언어의 일치, 또는 국가들의 정치가들-비록 그들 대부분이 선한 뜻을 가졌다고 할지라도-이 힘을 합하는 일 등을 통해서 소멸될 수는 없다. 오직 하나님께서만이 죄를 정복하실 수 있다. 그리고 하나님의 아들이 이 일을 해내셨다. 그는 갈보리 십자가상에서 이루신 그의 죽음으로 죄를 정복하셨다. 이것이 복음의 주제(the theme of the gospel)이다. 기독교의 복음이란 오직 죄의 문제를 위하여 하나님께서 해결책을 제시해 주신 것이다. 이 복음이 전 세계에 전파되어지고 또 이 복음을 통하여 모든 국가들이 그리스도의 제자가 되어짐으로써만 "무리가 그 칼을 쳐서 보습을 만들고 창을 쳐서 낫을 만들 것이며 이 나라와 저 나라가 다시는 칼을 들고 서로 치지 아니하며 다시는 전쟁을 연습하지 않는"(미 4:3) 때가 이르게 될 것이다.

그러므로, 그리스도의 승리야 말로 바로 복음전도의 승리가 될 것이다. 예수님의 지상명령의 마지막 부분에 이러한 의미가 함축되어 있다. "볼지어다 내가 세상 끝 날까지 너희와 항상 함께 있으리라"(마 28:30). 이 말씀은 하늘과 땅의 모든 권세와 권위를 가지신 분이 세상의 끝날까지 복음전파에 있어서 그의 교회를 번성케 해주실 것이라는 의미가 아니고 무엇이겠는가? 그러므로 성경은 이같이 말씀하고 있다. "나의 거룩한 산 모든 곳에서 해됨도 없고 상함도 없을 것이니 이는 물이 바다를 덮음같이 여호와를 아는 지식이 세상에 충만할 것임이니라"(사 11:9). 성경은 이 투쟁에서 승리한 사람들에 관해 말하기를, "어린 양의 피와 자기의 증거하는 말을 인하여"(계 12:11) 그들이 이긴 것이라고 한다. 그리고 백마를 타고 하늘의 군대를 이끌고 승리를 완성하신 분의 이름은 바로 "하나님의 말씀"(계 19:13, The Word of God)이라고 일컬어진다.

찾아보기

나

다

라

마

바

사

아

자

차

옮긴이 : 신현광

총신대학교에서 기독교교육을 전공하고(B.A., M.A.) 同 대학원에서 실천신학을 전공하여 신학박사학위(Th.M., Ph.D.)를 받았다. 그는 CalvinTheological Seminary의 Henry Meeter Center for Calvin Studies에서 Faculty Research Fellow로 참여했으며, Emory University의 Candler School of Theology에서 Visiting Scholar로 연구했다. 또한 그는 총회교육국에서 집필간사로, 여러 교회에서 교육목사와 협동목사로 사역하였고, 안양대학교 교목실장과 신학대학장, 신학대학원장을 역임하였으며, 한국복음주의실천신학회 회장과 전국기독교대학교대학원장협의회 회장을 역임하였다.

현재 안양대학교에서 기독교교육학과 교수로 재직하고 있으며 학과장으로 일하고 있다. 저서로는 『교육목회와 교회성장』, 『하나님의 언약과 생활』, 『창세기, 살아숨쉬다』, 『출애굽기, No Turning Back』, 『그리스도인이 보는 세계종교』가 있고, 역서로는 『기독교교육학총론』(Herbert W. Byrne), 『하나님 중심의 복음전도』(R. B. Kuiper)가 있으며, 책임감수로는 『기독교교육학사전』(Michael J. Anthony ed.) 등이 있다. 그 외 다수의 공저와 논문이 있다.

하나님중심의 복음전도

지은이 R.B. 카이퍼
옮긴이 신현광
펴낸이 김동현
펴낸곳 민영사
펴낸날 초판 : 1988년 11월 20일
개정2쇄 : 2005년 12월 10일
제3판 : 2016년 3월 10일

주소 서울시 성동구 독서당로 39길 43 1층
전화 (02)711-1224, 711-1225
팩스 (02)711-1226
등록 2014년 1월 1일 제2014-000001호
Home http://www.minyoungsa.com
E-mail myspub@hanmail.net

ISBN 979-11-86378-11-3 03230
정가 13,000원

※ 잘못된 책은 바꾸어 드립니다.